ANGELIQUE KERBER

EINE FRAGE DES WILLENS

Mein Weg nach oben

Inhaltsverzeichnis

Wimbledon 2018, in den Katakomben – Ein Prolog ... 7

1 Im Dschungel der Großstädte – auf dem Weg zur Profispielerin ... 19
2 Viele Wege führen am Ziel vorbei – Tennis oder nichts ... 31
3 Den Schläger an den Nagel hängen? ... 49
4 Eine Entscheidung zwischen Herz und Herz ... 61

Wimbledon 2018, Finale, erster Satz – ein Zwischenspiel ... 69

5 Der Sprung in den Yarra River ... 79
6 Startschuss für den puren Wahnsinn ... 95
7 Ungebetene Gäste – Dämonen namens Zweifel ... 111
8 Ein Spinning-Kurs gegen die Krise ... 125
9 Ausgebrannt ... 141

Wimbledon 2018, Finale, Game, Set and Match – und noch nicht das Ende ... 167

10 Die neue Nachdenklichkeit ... 181
11 Tennis, Corona und die Liebe ... 191

Man sollte nie nie sagen – ein Epilog ... 211
Dank ... 221

WIMBLEDON 2018,
IN DEN KATAKOMBEN – EIN PROLOG

Ich blicke wie hypnotisiert auf meine Knöchel. Sie sind akkurat getapt, das beruhigt. Aber eigentlich blicke ich durch sie hindurch. Wie durch fast alles in diesen Minuten. Oder sind es Stunden? Nirgends verschwimmt die Realität so sehr wie in Wimbledon. Es ist wohl ein elementarer Teil dieses faszinierenden Mythos, der mich beim Warten im holzgetäfelten Locker Room wieder komplett erfasst hat. Längst hätte ich schon auf dem Platz stehen sollen, aber das Herrenhalbfinale zwischen Rafael Nadal und Novak Djoković muss noch zu Ende gespielt werden, es ist am Vorabend abgebrochen worden. Alles wird sich wohl um zwei Stunden verspäten, so ist es mir zumindest gesagt worden. Ein Zeitgefühl existiert längst nicht mehr in meiner kleinen Ewigkeit.

Vielleicht liegt es daran, dass die Ruhe vor dem Sturm an diesem magischen Ort so besonders wirkt. Es ist die himmlischste und zugleich intensivste Stille, die ich kenne. Durchsetzt von Etikette, Geschichte – und von der Hoffnung, hier, bei diesem Grand-Slam-Turnier, zu gewinnen. Und ich will gewinnen, nichts anderes habe ich mir vorgenommen, dafür habe ich die letzten Wochen und Monate hart trainiert, eigentlich die letzten Jahre, mein ganzes Leben lang. Auf diesem „heiligen Rasen" zu siegen, das ist für viele der absolute Gipfel im Tennis. Ich zähle mich zu diesen Menschen. Es ist mein persönlicher Traum, hier einmal im Finale zu stehen, auf dieser Tennisbühne, und das schon seit Kindheitstagen – und nun ist es so weit, sogar schon zum zweiten Mal. Um hier stehen zu können, habe ich in den Anfangsjahren jede Entbehrung in Kauf genommen, die Kraft gefunden, mich immer wieder zurückzukämpfen, und nie den Glauben verloren.

Allerdings ist jetzt nicht der richtige Zeitpunkt, weiter darüber nachzudenken. Der Centre Court ist mit fünfzehntausend Zuschauern voll besetzt, ich sehe ihn noch nicht, aber ich kann die Euphorie dort schon spüren. Meine Gegnerin ist wie im Juli 2016 die US-Amerikanerin Serena Williams; damals habe ich es verpasst, erstmals nach zwanzig Jahren, nach Steffi Graf, wieder einen deutschen Sieg bei den Frauen zu holen. Ich verlor das Endspiel, weil Serena, die Weltranglistenerste, einfach zu stark war. Ihre Dominanz war unüberwindbar, geradezu einschüchternd. Dabei hatte ich im Januar noch die Australian Open gewonnen. Serena hat jedoch besonders beim Aufschlagspiel ihre Stärken ausgespielt, sie punktete mit großer Wucht. Gnadenlos konterte sie, darin ist sie eine Meisterin.

Doch diesmal fühle ich mich bereit. Etwas hat sich geändert, ich bin eine andere Spielerin. Erfahrener und besser gerüstet als 2016 für das ersehnte erfolgreiche Ende meiner Mission. Aber auch Serena wird sich auf dieses Match wie immer bestens vorbereitet haben. Selbst mit sechsunddreißig ist sie weiterhin eine der besten Spielerinnen auf der Tour. Serena ist für mich die ultimative Herausforderung. Serena und der heilige Rasen, das kommt einer Symbiose gleich. Das eine ist ohne das andere kaum vorstellbar.

Bekannt ist Serena als Problemlöserin, als eine, die sich auf jede Situation im Match einstellen kann. Eine spielende Legende, jetzt schon als GOAT („Greatest of all Time") gefeiert. Aber mein Coach, der Belgier Wim Fissette, hat mich in dieser Hinsicht trainiert – und auf Fitness. Ich fühle mich gerade unglaublich fit. Wir haben uns auf meine Beinarbeit konzentriert, sie zählt zu meinen Stärken. Lange Ballwechsel werden mir wahrscheinlich weniger ausmachen als Serena. Konsequent die Chancen an der Grundlinie nutzen, das hat mir Wim immer wieder zu verstehen gegeben. Und ich weiß, dass sich in den vergangenen zwei Jahren mein Aufschlag verbessert hat, technisch bin ich versierter geworden, habe mehr Kraft und kann Bällen eine andere Richtung geben, sie variieren.

Das alles sage ich mir am 14. Juli 2018, als ich im Ladies Dressing Room stehe, dem Inner Sanctum der Anlage gewissermaßen. Korbstühle, weit ausladende Sessel und Chaiselongues zum Entspannen stehen herum, bezogen mit blumengemusterten Stoffen. Dazu geblümte Vorhänge zu Sprossenfenstern. Very british! Herrlich! Nur die Profis selbst und ihre Coaches haben Zutritt zu diesem Bereich, andere Team- oder Familienmitglieder sollten besser draußen bleiben, um die Konzentration nicht zu stören.

Serena sehe ich hier nicht. Bislang hat sie in Wimbledon schon sieben Titel gewonnen, zweimal ein Finale verloren. Wie wird es heute sein, an diesem Samstag, wo die Sonne warm in den „Frauentrakt" scheint? Die Herzoginnen von Cambridge und Sussex, Kate und Meghan, sitzen, soweit ich weiß, unter den Zuschauern, der Golfer Tiger Woods und Formel-1-Star Lewis Hamilton, nicht zu vergessen das elitäre Londoner Publikum – und die Fans aus aller Welt. Serena, die junge Mutter, hat angekündigt, dass sie für alle Mütter dieser Welt spielen werde. Alle Zeitungen haben vom „Comeback der Mama" beziehungsweise vom „Momback" gesprochen und damit die Erwartungen hochgeschraubt. Achtunddreißig Jahre lang hat keine Mutter mehr in Wimbledon gewonnen, nun wünscht man sich natürlich, dass es dieses Mal klappt. Und die letzte verbliebene Spielverderberin auf dem Weg zum triumphalen Comeback bin ich. Aber das soll mich nicht einschüchtern, und es schüchtert mich auch nicht ein. Das sind perfekte Drehbücher, die die Zeitungen schreiben, das hat nichts mit dem zu tun, was in einem Finale wirklich passiert. Da kommt es auf ganz andere Dinge an, Serenas Party hin oder her. Liegt der Fokus auf ihr, so habe ich freies Spiel, werde nicht von irgendwelchen Erwartungen erdrückt. Alle sehen mich als die, die schon einmal gegen Serena verloren hat, nicht als die, die an ihren Stärken gearbeitet hat. Und die gelernt hat, die Fehler ihrer Gegnerin zum eigenen Vorteil zu nutzen. Ebenso den eigenen Mut einzusetzen. Herausforderung, du kannst kommen, ich bin bereit.

Klar, eine Blamage ist auch möglich, eine zweite Niederlage gegen Serena. Das ignoriere ich auch nicht. Aber wenn ich nur Angst habe, tue ich mir keinen Gefallen. Mental würde mich das nur in die Knie zwingen, aber das lasse ich nicht zu. Trotz aller Anspannung will ich mein Bestes geben, Leistung erbringen, vielleicht sogar Historisches erreichen. Wer weiß.

In diesem Moment betritt Serena den Raum. Wir begrüßen uns, ein freundliches Kopfnicken, ein „Hello, how are you?". Aber das war's auch schon, kein weiterer Small Talk.

Sie wärmt sich gut fünf Meter entfernt von mir auf, dehnt ihren Schlagarm, tippelt auf der Stelle, redet mit ihrem französischen Trainer Patrick Mouratoglou. Ihr Selbstvertrauen durchdringt den Raum, das kenne ich schon. Sie tauschen kurze Sätze aus, sprechen leise. Sicher auch über mich, mein Spiel, meine Stärken, meine Schwächen – ihre ausgeklügelte Taktik, vor der ich Respekt, aber keine Furcht habe. Serena und ich, wir schätzen uns gegenseitig ungemein.

Heimlich schaue ich sie mir an, wie sie auch mich aus den Augenwinkeln betrachtet. Sie wirkt ein wenig müde, weniger beweglich als noch vor zwei Jahren. Die Geburt ihres Kindes hat sie merkbar verändert. Was sie wohl über mich denkt? Dass es dieses Mal schwieriger werden könnte, mich zu schlagen? Ich bin nicht mehr die krasse Außenseiterin, als die man mich noch 2016 gesehen hat.

Plötzlich spüre ich, dass ich Serena heute schlagen kann. Die Quelle der Überzeugung sitzt ganz tief in mir. Müsste ich sie anatomisch orten, würde ich sagen: irgendwo zwischen Herz, Bauch und Verstand. Diese unsichtbare Kraft hat eine enorme Ausstrahlung, sie fühlt sich wohlig warm an und reicht bis in die

Gliedmaßen. In dieser Form habe ich das vor einem so wichtigen Endspiel noch nie erlebt, das steht fest.

Das gute Gefühl könnte mir wie ein GPS den immer noch langen Weg zur Venus Rosewater Dish, der Siegertrophäe, weisen. Nichts würde mir mehr bedeuten, als hier zu gewinnen. Pokale fand ich immer toll, schon als junges Mädchen. Alles, was ich gewinnen konnte, nahm ich dankend mit. Es gab mir Selbstvertrauen. Trophäen schienen mich in dem zu bestätigen, was ich tat – nämlich Tennis zu spielen seit meinem dritten Lebensjahr. Die Silberschale war noch nicht in meiner kostbaren Sammlung, sie wäre ein Beweisstück der besonderen Art.

Auf einmal bin ich zuversichtlich, dass ich sie mit nach Hause bringen werde. Sie flößt mir eine Menge Ehrfurcht ein, ein wenig fühle ich mich, als würde ich gleich meinen Gang zum Schafott antreten müssen, aber in dem Bewusstsein, dass ich in der Lage sein werde, mein Schicksal lenken zu können. Ja, da ist sie, meine Angriffslust. Muss ich Serenas Aufschlag auch fürchten, sie wird sich vor meinen schnellen Beinen in Acht nehmen müssen.

Noch einmal schaue ich in ihre Richtung. Nichts, was mich aus der Fassung bringen könnte. Wie gesagt, Respekt und Ehrfurcht sind in Ordnung, aber ich weiß, was ich kann. Sollte ich verlieren, dann wäre es nicht mehr der Untergang wie früher. Aber ich werde nicht verlieren, heute werde ich es schaffen. Mit Präzision und Wendigkeit, ich werde rennen und keiner wird mich aufhalten können.

„Ladys!", ruft plötzlich ein smarter Gentleman im adretten Clubanzug und bittet uns mit einer freundlichen, aber bestimmenden Geste zum Aufbruch. Das untrügliche Zeichen, der Countdown läuft, ab jetzt gibt es nur noch ein Vorwärts, kein Zurück. Man muss sich zeigen, steht im Fokus der Öffentlichkeit, der Kameras auf dem Court, die jede unserer Regungen eins zu eins einfangen und in alle Erdteile schicken. Ohne Filter werden unsere Gefühle verfolgt, immer auf der Jagd nach dem, was entlarvend sein könnte, unsere Freude, unsere Wut, die in uns nagende Verbissenheit, die Hoffnungen, die Erleichterung, wenn etwas, das brenzlig aussah, doch noch glückt. Die ganze Palette. Am liebsten noch Ausraster, Wutanfälle, laute Streitereien mit Schiedsrichtern. Ein perfektes, präzises Spiel allein ist nur von mäßigem Interesse. Dieses optische „Ausgeliefertsein", als würde man sich nackt präsentieren, hat mir früher Unbehagen bereitet. Ich mochte es nicht, wenn man in mich hineinguckte, als wolle man meine Gedanken lesen. Aber das ist längst vorbei. Was auch mit Selbstsicherheit zu tun hat. Und mit Erfahrung – gesammelt in guten, aber vor allen Dingen in schlechteren Zeiten. Und davon gab es dann doch einige.

Nur noch wenige Minuten, dann beginnt das Match. Ich bin auf dem Weg zum Centre Court. Endlich. Es ist sicher das bislang wichtigste Spiel meiner Karriere. Ich höre die Zuschauer, einen Ansager über den Lautsprecher, sehe, wie die Sonne den Court in warmes Sommerlicht taucht. Doch im nächsten Moment ist alles ausgeblendet. Der Tunnelblick setzt ein, wie auf Knopfdruck mental antrainiert. In meiner Hand der Schläger, in der anderen gefühlt ein Ball. Nichts weiter zählt. Nichts kann noch um meine Aufmerksamkeit konkurrieren. Keine Herzogin, auch nicht Lewis Hamilton. Wunderbar, diese Möglichkeit des Gehirns, auf einmal nur ganz selektiv wahrzunehmen, Störfaktoren beiseitezuschieben, sich allein aufs Ziel zu konzentrieren. Und das Ziel heißt: Sieg. In diesem Moment will ich nur das.

Serena geht es nicht anders als mir. Sie läuft vor mir, den Blick starr nach vorn gerichtet, mittlerweile trägt sie Kopfhörer. Das kenne ich schon bei ihr, so schließt sie störende Geräusche aus, sorgt über ihre Playlist dafür, dass bei ihr der Tunnelblick einsetzt. Sie wirkt hochkonzentriert, aber auch angespannt. Wir Profis haben für die Gemütslage der Kolleginnen ein Gespür, das sich über die Jahre meist noch verfeinert. Tennis ist ein Kampfsport im edlen Gewand, bei dem es nicht nur um die eigene gute Leistung geht, sondern auch darum, sein Gegenüber zu bezwingen. Die Selbstwahrnehmung spielt dabei eine entscheidende Rolle. Denn je mehr ich mich selbst kennenlernte, je mehr ich die Fähigkeit entwickelte, die eigenen Emotionen wahrzunehmen, zu verstehen und zu kontrollieren, umso besser gelingt es mir seitdem, die Konkurrentinnen zu „lesen" – was nicht ohne ein gewisses Maß an Empathie funktioniert. Ob Serena mich ebenfalls so „lesen" kann wie ich sie, vermag ich nicht zu sagen. Aber ich gehe auch bei ihr von einer großen Menschenkenntnis aus, die sie einsetzt, um ihre Gegnerinnen zu bezwingen. Doch langsam wird auch sie immer weniger präsent, mein Tunnelblick greift perfekt. Serena wird erst wieder vollends in mein Bewusstsein dringen, wenn wir uns gegenüberstehen, getrennt durch ein Netz, und sie ihren ersten Aufschlag macht.

Nun passieren wir die Pforte des Centre Courts, anschließend werden wir durch das Clubhaus eskortiert, durch die langen Korridore, vorbei an unzähligen Fotos in Farbe und in Schwarz-Weiß, die viel zu erzählen haben. Hinter jedem einzelnen Bild verbirgt sich eine besondere Geschichte, die ich aber jetzt konsequent ausblende.

Vor den Eingängen zu den VIP- und Member-Bereichen sind uniformierte Ordner positioniert, sie sollen verhindern, dass jemand unerlaubt unseren Weg kreuzt. Das gilt sogar für die exquisiteste aller Logen, zu der nur Royals und ihre Gäste Zutritt haben. Ölgemälde von Queen Elizabeth II. und Prinz Philip weisen den Weg. Doch ganz gleich wie königlich es hier anmutet, ich zwinge mich, weiter fokussiert zu bleiben. Nur noch wenige Schritte bis zum Eingang des Centre Courts, alles andere zählt im Moment nicht.

In Gedanken gehe ich verschiedene Abwehrtaktiken durch, ich habe alle Schläge drauf, ich brauche mich nicht zu verstecken. Und Angst muss ich erst recht nicht haben. Ich spiele auf Rasen, das ist anders, als wenn ein Match auf Hartplatz stattfindet. Auf

Hartplätzen fühle ich mich wohl, auf Rasen zu Hause; das Spiel ist schnell, fast schon intuitiv. Es bleibt keine Zeit nachzudenken, man muss einfach nur reaktionsschnell sein und der Unvorhersehbarkeit im Spiel auf Rasen mit Leichtigkeit begegnen. Und ich bin momentan reaktionsschnell. Ich kann ein starkes Match liefern. Ich will ein starkes Match liefern. Und mich auf meinen Instinkt verlassen.

Wir gehen eine Treppe hinunter, an deren Seite sich eine imposante Glasvitrine über zwei Stockwerke erstreckt. Darin drapiert die Pokale ehemaliger Champions aus verschiedenen Jahrzehnten. Auf deren fast unwirklich glänzender Oberfläche kann ich mich spiegeln. Beim Anblick meiner Silhouette merke ich, wie plötzlich Nervosität in mir aufsteigt. Anspannung, die ich brauche, um alle Kräfte zu mobilisieren. Und da ist auch eine immense Sehnsucht nach diesem Pokal, der mir noch fehlt.

Wir sind im Vorhof angekommen, er wirkt wie das Foyer eines Fünf-Sterne-Hotels. Gleich geht es auf den Platz. Ich weiß: Ich kann nicht mit einem starren Plan auf den Court gehen, ich weiß, dass ich meine Taktik ändern muss, das Spiel wird nie so laufen, wie ich es mir im Vorfeld viele Male vorgestellt habe. Wenn ich merke, dass ich verliere, kann ich nicht so weiterspielen wie bisher, dann muss ich etwas ändern. Unberechenbar bleiben: eine wichtige Regel. Nicht ganz einfach für mich zu beherzigen, da ich ein Gewohnheitsmensch bin.

Am Treppenende leuchten anmutig wunderschöne Blumen, in allen erdenklichen Blau- und Violetttönen. Alles ist perfekt organisiert, nichts wird dem Zufall überlassen. Als würde man hier in die Seele der Profis schauen. Nicht anders wird mit dem Rasen umgegangen, unzählige Angestellte und Greenkeeper arbeiten auf den Plätzen und überprüfen jeden Tag Dichte, Härte und Feuchtigkeit für ideale Spielbedingungen. Nicht umsonst wird der perfekte englische Rasen weltweit glorifiziert (die Schwierigkeit der Pflege sollte ich später noch bei meinem eigenen

Wimbledon-Turnier in Bad Homburg kennenlernen). Das ist ein hoher Anspruch, aber den haben wir Profis ebenfalls. Wir wollen das Maximale geben. Auch hier, auch jetzt. Ich will die Revanche, ich werde keine Fehler machen, ich werde mich nicht aus der Ruhe bringen lassen. Immer wieder sage ich das still, wie ein Mantra. Lockerlassen, damit kannst du gewinnen. Letztes Mal wolltest du es in Wimbledon unbedingt schaffen. Du darfst dich aber nicht verkrampfen, du musst dich auf jeden einzelnen Punkt konzentrieren, der sich dir bietet. Ich weiß, dass ich dazu neige, sehr hart gegen mich selbst zu sein und mich schnell herunterzuziehen. Das darf mir auf dem Platz nicht passieren. Bleib optimistisch. Und was hat Wim gesagt: „Ein Grand-Slam-Titel ist kein Sprint, sondern ein Marathon." Alles leidvolle Erfahrungen, die ich machen musste, aus denen ich aber Konsequenzen zog – die richtigen. Daran glaube ich ganz fest. Ich bin nicht mehr so naiv wie vor zwei Jahren.

Ich merke, dass ich mein Körpergewicht im Wechsel von einem Bein auf das andere verlagere. Die Sohlen meiner Rasentennisschuhe quietschen dabei jedes Mal ein bisschen auf dem Parkettboden – das Geräusch passt so gar nicht in die hiesige Szenerie. Ich laufe deshalb etwas vorsichtiger, um Reibung zu vermeiden. Aber warum eigentlich? Wir sind in keiner Kirche, wir sind in Wimbledon, auf dem Weg zum Platz. Es ist mir nicht entgangen, dass sich Novak Djoković gegen Rafael Nadal in fünf Sätzen durchgesetzt hat – der Serbe wird morgen sein Finale bestreiten. Gute Nerven wünsche ich ihm. Doch jetzt heißt es: Ladies first. Oder: Frauen im Schatten der Männer, weil der Tag der Männer der letzte in Wimbledon ist? Man kann es so oder so sehen.

Eine fast gespenstische Ruhe umgibt uns, niemand redet. Es ist die Ruhe vor dem Sturm. Nach den zwei Stunden Wartezeit spüre ich jede Faser meines Körpers, Spannung und Anspannung in mir. Ich will raus auf den sattgrünen Rasen, mein Kampfgeist ist vollends erwacht, ich will über mich hinauswachsen, will

Serena schlagen, sie in die Knie zwingen. Es gewinnt nur, wer kämpft. Zieh es durch! Es gibt nichts geschenkt, doch du kannst Grenzen überschreiten, du kannst stärker, besser und schneller als deine Gegnerin sein. Du musst nur wollen. Und ich will. Ich will wieder an die Spitze.

„Okay!" Das erlösende Wort fällt. Es geht los. Fünfzehntausend glückliche Ticketbesitzer verbreiten eine knisternde Atmosphäre. Viele davon haben tagelang in Zelten in der berühmten „Queue" ausgeharrt. Serena und ich treten nach draußen, zeigen uns wie schon vor zwei Jahren. Ich laufe links um die Ecke, Serena rechts. Ein schmaler, asphaltierter Zubringerpfad führt uns zu unseren jeweiligen Plätzen, einzig eine grüne, blickdichte und hohe Bande trennt uns noch vom heiligen Rasen. Ich bin nervös, reichlich. Ich spüre, dass ich ein wenig an Gewicht verloren habe, weil ich schon während des gesamten Grand-Slam-Turniers kaum eine Mahlzeit ganz aufessen konnte. Herrje, habe ich Fieber? Es fühlt sich heiß in mir an, der Puls rauscht, mein Herz klopft. Nach ein paar Metern biegen wir nach rechts ab. Es ist so weit ...

Ich werde noch auf dieses Match zurückkommen. Auf den wichtigsten Sieg in meiner Karriere. Auf meinen Wimbledon-Triumph, mit dem mein größter Traum in Erfüllung ging. Doch was kommt nach solchen Erfolgen? Nach dem Gewinn eines Grand-Slam-Turniers? Was kommt nach dem Weltranglistenplatz 1? Niemals kann man die Tenniswelt im Handumdrehen erobern. Geschweige denn für immer an der Spitze bleiben. Die Realität holt alle wieder ein.

Ich war unten, nicht nur einmal, sondern mehrere Male. Das gehört wohl zu meinem Leben dazu. Aber immer wieder ist es mir gelungen, aus der Tiefe heraus den nächsten Höhenflug zu starten. Nie blieb ich in dem Dunkel, ich musste mich nur motivieren. Aufgeben ist keine Option, jedenfalls nicht für mich. *An seinen Träumen festhalten*! Genau darum geht es, davon möchte ich in diesem Buch erzählen. Und das ist es auch, was ich anderen Menschen mit auf den Weg geben möchte. Den Mut nicht zu verlieren. Den Kampf wagen – auf dem Platz, aber auch außerhalb davon.

Denn es geht im Leben nicht nur um Siege und Niederlagen, um Erfolge und sportliche Durststrecken, um Selbstvertrauen oder Selbstzweifel. Es kommen Momente, wo andere Dinge wichtiger werden als der Profisport. Die Sehnsucht nach einem „normalen" Leben, nach Beständigkeit. Auch dafür lohnt es sich zu kämpfen.

Mein Tennisleben beginnt jedoch mit dem Kampf um schnöde Weltranglistenpunkte. Mit Reisen zu Turnieren in Südamerika oder Thailand, fernab jeglicher öffentlichen Wahrnehmung. Mit Hotels, die nicht zu den schönsten zählten und oft in den Außenbezirken der Metropolen lagen. Doch verzichten möchte ich darauf nicht, denn diese Anfänge haben mich das Leben gelehrt. Demut. Den Umgang mit Krisen allemal, denn nichts ist einfach gewesen, auch später nicht.

Kapitel 1

IM DSCHUNGEL DER GROẞSTÄDTE – AUF DEM WEG ZUR PROFISPIELERIN

Ich saß im Auto einer wildfremden Person auf dem Beifahrersitz. Mitternacht war gerade vorüber, es war 2010, Anfang März, vor knapp zwei Monaten war ich zweiundzwanzig geworden. Von Paris sah ich nicht wirklich viel. Genau genommen: gar nichts. Wie auch. Es war stockdunkel und der Regen prasselte wie wild auf die Windschutzscheibe des Kleinwagens. Was den Fahrer aber nicht davon abhielt, das Gaspedal in unregelmäßigen Abständen zu malträtieren. Jemandem mit einem nervösen Magen konnte bei diesem Stop-and-go leicht übel werden. Zum Glück war ich in dieser Hinsicht nicht empfindlich.

Und doch: Irgendwie hatte ich gerade überhaupt kein gutes Gefühl. Um ehrlich zu sein: Mir war sogar extrem mulmig zumute. Still fragte ich mich: Wie konntest du nur so etwas machen? Was hat dich dazu gebracht, dich zu einem fremden Mann ins Auto zu setzen? Ausgerechnet du, du bist doch sonst immer so übervorsichtig. Noch ehe ich mir überhaupt Gedanken über den Ansatz einer Antwort machen konnte, wurde ich unvermittelt nach vorn geschleudert. Der Sicherheitsgurt katapultierte mich im selben Moment aber schlagartig wieder zurück in meinen Sitz, trotz altertümlicher Anmutung schien er zu funktionieren. Eine Straßensperre! Wie aus dem Nichts. Die ganze Autobahn war zu! Auch das noch. Die vielen Regentropfen auf der Frontscheibe verwandelten die aufleuchtenden Bremslichter der Autos vor uns in ein Meer aus verzerrten und wild tanzenden grellroten Punkten.

Pierre – ich glaube jedenfalls, dass der Fahrer sich mit diesem Namen vorgestellt hatte – schlug mit seinen Handballen auf das Lenkrad. Nicht sonderlich fest, eher kontrolliert. Als ob diese Geste so selbstverständlich zu seinem Alltag gehörte wie das Herausfriemeln einer Zigarette aus der zerdrückten Packung, die unter der Sonnenblende klemmte. „Mon dieu", zischte er plötzlich. Verständlich, wer steht schon gern im Stau. Unmittelbar danach sah Pierre mich von der Seite an, zuckte mit den Schultern und sagte entschuldigend: „Match de Football."

„Ein Fußballspiel? Mitten in der Nacht?", wunderte ich mich.

Die Partie sei schon zu Ende, wie ich erfuhr, und das Verkehrschaos deshalb in vollem Gange. Damit die Pkw von den überfüllten Zufahrten schneller zu uns auf die Autobahn gelangen könnten, erklärte Pierre, stoppten die Sicherheitskräfte den fließenden Verkehr auf der zweispurigen Schnellstraße in strikt festgelegten Zyklen, und zwar komplett.

Ich blickte mich um und nahm auf der Rückbank mein Racketbag und meine Sporttasche ins Visier. Die Vollbremsung hatten beide Gepäckstücke gut überstanden. Trotzdem beruhigte es mich, dass ich den kleinen Pokal, den ich als Finalistin beim WTA-Turnier in der kolumbianischen Hauptstadt Bogotá bekommen hatte, in ein Handtuch gewickelt hatte. Ihm war hoffentlich nichts passiert, denn jeder Pokal war für mich so kostbar wie für andere Diamanten oder eine Oldtimer-Sammlung.

Vor wenigen Tagen war er mir überreicht worden, ich hatte in Bogotá im Finale gestanden, war gegen die Kolumbianerin und Lokalmatadorin Mariana Duque Mariño angetreten – hatte das Match aber leider verloren. Immerhin wurde ich Zweite, es war mein erstes Finale bei einem WTA-Turnier. Keine andere Deutsche hatte an der Turnierserie in Süd- und Mittelamerika teilgenommen – was wohl daran gelegen haben mochte, dass die Turniere nicht in die erste Kategorie fallen und damit nicht zu den begehrtesten zählen. Nicht jede Tennisspielerin mag das unbedingte Nachjagen von Weltranglistenpunkten, aber genau darum geht es. Besonders am Anfang sind diese Turniere ein wichtiges Sprungbrett. Ich jedenfalls war gerade dabei, mir eine gute Position zu erarbeiten, dafür nahm ich einiges in Kauf, war bereit, selbst die widrigsten Umstände zu akzeptieren.

Viele Spielerinnen meiden die abgelegenen WTA-Turniere auch deshalb, weil sie nicht immer dem professionellen Standard der restlichen Tour entsprechen. Die angemieteten Hotels sind oft ein Zugeständnis an den Kostendruck des Veranstalters und haben nicht selten das Niveau von Jugendherbergen, wenn überhaupt. Manchmal sind das schon ziemlich improvisierte Verhältnisse, mit denen man es zu tun hat, weit entfernt von der großen weiten Tenniswelt. Die Busse zu den Spielstätten fahren oft nur unregelmäßig. Und sie sind vielfach nicht in einem solchen Zustand, dass man sie als TÜV-konform bezeichnen könnte. Die Sandplätze haben manchmal mehr mit Getreideanbau als mit Tennisplätzen zu tun, und bei den Trainingseinheiten gibt es nicht selten alte, unzählige Male benutzte Bälle. Von den hygienischen Standards in der Players' Lounge ganz zu schweigen.

Doch mich konnte das alles nicht erschüttern. Ich war nicht zimperlich, was die Unterkünfte betraf – mit meinem Vater hatte ich in den Anfangsjahren schon die schlimmsten Zimmer bezogen, mit zweifelhaften Hygienestandards und herumflitzendem Getier –, und ohnehin wollte ich einfach nur spielen, spielen, spielen. Was nicht heißt, dass ich kein Auge für die faszinierenden Momente dieser Orte bereithielt. Meine Neugierde an den verschiedenen Spielorten wurde immer größer, und ich verstand zunehmend das Privileg, die Welt bereisen und kennenlernen zu dürfen.

Bogotá zum Beispiel. Die Metropole war damals im Grunde ein einziger Moloch mit hoher Kriminalitätsrate. Drogenbosse und Guerillakämpfer beherrschten viele Viertel, eine heile Welt sah anders aus. So wurden beispielsweise die Shuttle-Fahrzeuge des Turniers bei Ankunft auf der Anlage von paramilitärischem Personal auf Bomben untersucht. Dennoch, das wusste ich vom ersten Moment an, hatte ich die Zeit dort nicht missen wollen, die Gespräche mit den kolumbianischen Spielerinnen, die von ihrer Stadt schwärmten, von den unzähligen prähispanischen und kolonialen Bauten. Ich mochte den atemberaubenden Ausblick, den man in der Stadt genoss, die elektrisierende Atmosphäre in den Straßen, die bunten, lauten Lokale, die Menschen, die mit Händen und Füßen redeten. Wer wie ich in Kiel im Norden Deutschlands aufgewachsen ist, konnte über dieses unglaubliche Temperament der Kolumbianer nur staunen.

Von Kolumbien war ich dann weiter nach Mexiko geflogen, nach Acapulco, gelegen am Pazifischen Ozean, mit vielen Sandstränden und Touristenattraktionen. Welch ein Kontrast zur Gebirgslandschaft. Auch hier stand ein weiteres Turnier auf dem Plan, wobei meine Teilnahme glücklos blieb. Ein schnelles Aus in der ersten Runde. Abhaken und vergessen. Aber jedes Spiel bot die Möglichkeit, Erfahrungen zu sammeln, jedes Spiel stellte mich vor neue Herausforderungen, sodass ich am Ende mehr über mich wusste. Und das war viel wert. Gerade in der frühen Phase meiner Karriere, in der ich mich befand. Aber wie überall gab es unterschiedliche Meinungen.

Es gab immer wieder jemanden, der kritisch hinterfragte, ob ich nicht an zu vielen Turnieren teilnehmen würde oder gar eines Tages ausgebrannt sein könnte. Ich hatte die Frage nie wirklich nachvollziehen können, da ich das Reisen nie als Strapaze, sondern als großes Abenteuer empfand – auch wenn sich immer mal wieder das Gefühl von Heimweh und die Sehnsucht nach Geborgenheit daruntermischten.

Vielleicht wäre es anders gekommen, wenn ich schon als Teenager große Erfolge gefeiert hätte, etwa wie die sogenannten Wunderkinder Martina Hingis und Jennifer Capriati. Beide feierten schon früh große Siege, aber ebenso früh mussten sie ihre Karrieren beenden – die Gründe waren unterschiedlich und doch ähnlich. Als junger Mensch ist man unglaublich naiv und fühlt sich siegessicher, gerade wenn man von einem Sieg zum nächsten eilt. Aber die Siegeserwartungen in der Folge zu erfüllen, gerade wenn die Psyche noch hinterherhinkt, ist immens belastend. Das war bei Steffi Graf, auch ein „Wunderkind", nicht der Fall gewesen, sie hatte von Anfang an eine starke Psyche gehabt und einen enormen Willen, verknüpft mit einer eisernen Disziplin.

Und ich selbst? Irgendwie war es wohl ein Glück für mich, dass ich in meiner Teenagerzeit nie so gehypt, nie als das Ausnahmetalent hingestellt wurde, sondern dass mein Weg in jungen Jahren im Windschatten großer sportlicher Biografien stattfand. Sicher, ich hatte auch einen großen Willen und Disziplin und versuchte bei jedem Spiel das Maximum herauszuholen, doch ich konnte meine Augen nicht davor verschließen, dass ich immer wieder Phasen hatte, in denen ich richtig schlecht spielte und nichts zusammenpasste. Anders konnte ich es nicht sagen. Womöglich zweifelte ich zu viel, das konnte gut sein. Talent hatte man mir bescheinigt, aber irgendwie war man dann doch überrascht gewesen, als ich in Bogotá im Finale stand. Als hätte man es mir nicht zugetraut. Ich jedenfalls hatte es mir zugetraut. Ich hatte das Feld mit all meiner Kraft von hinten aufgeräumt. In Mexiko war es dann aber schon wieder anders gewesen, als wäre ich eine Amateurin und nicht schon einige Jahre Profispielerin. Über die Gründe meiner Aufs und Abs – manchmal innerhalb recht kurzer Zeit – würde ich wohl noch intensiver nachdenken müssen.

Pierre startete wieder den Motor, es ging weiter – fragte sich nur, wie lange. Jedes Mal war es aufs Neue umständlich, in Paris die Flughäfen zu wechseln. Besonders suboptimal war es allerdings, wenn man spätabends aus Mexiko kam, in Orly landete und sehr früh am nächsten Morgen vom über vierzig Kilometer entfernten Charles-de-Gaulle-Airport weiterfliegen musste.

Zumal – ungeachtet der vorgerückten Stunde – die Menschenschlange am Taxistand in Orly endlos war und ich aus Kostengründen noch den billigsten Flug hatte nehmen müssen, selbstverständlich mit vielen Stopovers.

Auf jeden Fall hatte ich spontan zugestimmt, als ein halbwegs vertrauenswürdig aussehender Autofahrer neben mir anhielt und in gebrochenem Englisch anbot, mich mitzunehmen. „Charles de Gaulle? Oui, no problem! But first … pick up … an old friend, d'accord?", hatte er gefragt. Wir mussten auf der Fahrt also noch einen Freund von ihm abholen. Warum auch nicht, ich stieg ein. Denn der Preis, den er verlangte, war deutlich unter dem, was ein normales Taxi gekostet hätte. Das war eine große Verlockung gewesen, da ich zu der Zeit immer wieder auf die Finanzen schauen musste. Immerhin waren die Preisgelder niedrig und die Ausgaben hoch. Außerdem: Ich hatte Bogotá und Acapulco unbeschadet überstanden, ohne ausgeraubt zu werden. Wie absurd wäre es, jetzt in Paris abgezockt zu werden? Pierre, ich musste es zugeben, sah mit seinen dunklen Locken und der markanten Nase ziemlich gut aus, Charme hatte er auch, nur war er ein miserabler Fahrer. Während er mich im Pariser Stockdunkel von A über B (Freund abholen) nach C wie Charles de Gaulle brachte, hoffte ich still, dass alles gut gehen würde.

Hoch rechnete ich ihm an, dass er sich nicht verpflichtet fühlte, unentwegt auf mich einzureden. Er ließ mich in meinen Gedanken, doch nach einer halben Stunde, während wir immer noch auf freie Fahrt warteten, sah ich plötzlich auf dem Armaturenbrett eine gelbe Lampe aufblinken. Kein gutes Zeichen, oder? Eine deutliche Reaktion von Pierre war Antwort genug. Erneut schlug er mit seinen Handballen auf das Lenkrad, diesmal aber sichtlich unbeherrschter als zuvor, seine Locken wirbelten wild um seinen Kopf. Kurz danach riss er die Fahrertür auf, sprang mit einem Satz auf die Straße und öffnete mit einem beherzten

Ruck die Motorhaube. Für eine gefühlte Ewigkeit tauchte er im Herzstück seines Wagens ab und war für mich nicht mehr sichtbar. Was tun? Sollte ich die Gelegenheit nutzen, einfach mein Zeug schnappen und verschwinden, weil der Wagen seinen Geist aufgegeben hatte? Aber was hieß schon verschwinden? Ich würde verloren auf der Autobahn stehen, um ein Uhr nachts, im Regen, im Nirwana zwischen zwei Flughäfen. Die Chance, ausgerechnet hier, im Match-de-Football-Chaos, ein freies Taxi zu bekommen, ging wohl gegen null. Und teurer wäre es allemal.

„Ich muss da jetzt durch", sagte ich mir, hörbar und mit Nachdruck. Als könnten Lautstärke und Vehemenz meiner Worte mich tatsächlich davon überzeugen, dass alles noch gut ausgehen würde. Aber was, wenn das hier ein abgekartetes Spiel war, wenn Pierre auf vertrauenswürdig machte, um in der Finsternis hilflose Frauen zu verladen und dann zu verschleppen? Was könnte ich machen, wenn dieser Verdacht tatsächlich stimmte? Ich könnte meine Mutter anrufen und um Hilfe bitten. Aber wenn Beata das Klingeln nicht hörte, weil sie schon schlief? Sie war bestimmt längst im Bett. Doch das wäre nicht das einzige Hindernis: Meine Mutter war die wichtigste Person; sie organisierte meine Reisen, machte meine Termine, beriet mich, kümmerte sich um mich und hielt ihre beschützende Hand über mich – so gut es eben ging. Aber was sollte sie von Kiel aus gegen einen möglichen Unhold ausrichten können? Nichts. Zudem war ich mehr oder weniger erwachsen und hatte schon andere Krisen bewältigt. Ich war für mich allein verantwortlich, ich würde auch diese Situation meistern. Seit Jahren war ich auf vielen Kontinenten unterwegs und hatte gelernt, auf meinen Bauch zu hören, wenn es um Menschen ging, die ich nicht kannte, die mir fremd waren. Bislang hatte ich mich nur in wenigen Fällen getäuscht, und bei diesen war es auch nie um etwas Bedrohliches gegangen. In gefährlichen Situationen wären meine Sinne auch stärker geschärft gewesen.

Vielleicht hatte ich in Kolumbien einfach nur zu viele Gewaltgeschichten gehört, sodass meine Fantasie gerade mit mir durchging. Bei aller Angst machte sich durch die Erschöpfung der langen Reise auch etwas Gleichgültigkeit breit. Höchstwahrscheinlich war Pierre ein netter Kerl, der seinen Mitmenschen gern einen Gefallen tat – oder der wie ich gerade finanziell klamm war und sich mit seinen Fahrten etwas dazuverdienen wollte. Da sein Gefährt nicht gerade das neueste Modell war, erschien mir das sehr logisch.

Ein lautes Geräusch holte mich zurück in die Realität. Pierre hatte die Motorhaube zugeklappt und saß einen Augenaufschlag später wieder neben mir. Seine entspannte Miene verriet: alles in Ordnung. Das Anlassen des Motors gelang auch gleich beim ersten Versuch. Mittlerweile war mein Gemütszustand im Bereich der völligen Gelassenheit angekommen. Nichts würde mich mehr überraschen.

„Voilà", meinte Pierre sichtlich zufrieden.

„Voilà", entgegnete ich, womit mein Französischwortschatz ehrlicherweise erschöpft war. Doch mehr musste ich auch nicht sagen, denn genau in diesem Moment sah ich, dass das Meer aus grellroten Punkten auf der von Regentropfen übersäten Windschutzscheibe sukzessive verblasste. Die erloschenen Bremslichter der vor uns stehenden Autos signalisierten: Weiter geht's! Langsam setzte sich die Karawane in Bewegung, und wie auf Kommando hörte auch der Regen auf.

Ich war froh, dass ich im Wagen geblieben war und weiterhin meinem ersten Eindruck von Pierre vertraute. Er wollte nun offenbar von der Autobahn abfahren, denn er hatte den Blinker gesetzt. Station B war wohl dran, der Freund, der abgeholt werden musste.

Und schon bestätigte Pierre meine Vermutung: „Un ami ... you know", sagte er und versuchte, die ihm fehlenden Worte durch erklärende Handbewegungen zu ersetzen. Dann schnappte er sich sein Handy, und wenig später sprudelte es förmlich aus ihm heraus. Ich verstand nur Satzfetzen. Offenbar sollte der Freund an irgendeiner Straße auf uns warten. Ein paar Minuten nachdem Pierre das Gespräch beendet hatte, tauchte der im Scheinwerferlicht am Straßenrand auf, wie Pierre etwa Mitte, Ende zwanzig, kastanienbraune Haare, fast streichholzkurz.

„Salut", rief er beim Einsteigen zur Begrüßung und warf mein Racketbag kurzerhand auf meine Sporttasche, um auf der Rückbank Platz zu finden. Ob ich wollte oder nicht, die Reisegruppe wurde größer.

Die beiden Männer fingen sofort an, munter miteinander zu reden. Ich versank ein bisschen tiefer im Sitz und stellte erleichtert fest, dass Pierre wieder zurück auf die Autobahn fuhr.

Während die zwei Männer weiter in ihr Gespräch vertieft waren, tauchten vor meinem inneren Auge Bilder von mir auf, wie ich schon als kleines Mädchen für den Tennissport brannte. Meine Großmutter mütterlicherseits erzählte gern die Geschichte, dass ich selbst die Zeit beim Zähneputzen im Bad genutzt hätte, um einen Softball mit einem Minischläger an die Wand zu schlagen, irgendwie zwischen Waschbecken und Badewanne. Das XS-Racket hatte ich dann im Alter von drei Jahren zu Weihnachten geschenkt bekommen, damals zogen wir von Bremen – der Stadt, in der ich geboren wurde – nach Kiel um. Und danach hatte ich den Schläger quasi nicht mehr aus der Hand gelegt. Nachts stand er neben meinem Bett an einen Schrank gelehnt. Behütet wie der heilige Gral. Alte Fotos zeigen, wie ich ihn durch unsere Wohnung ziehe, die sich über der Gastwirtschaft einer Tennishalle in Kiel befand. Meine Eltern hatten die Wohnung bekommen, als mein Vater den Job als Tennistrainer annahm.

Nur eine Treppe trennte mich von den sechs Courts mit dem grünen Teppichbelag. Wenn meine Mutter unten im Büro der Halle arbeitete und mich mitnahm, ließ ich mir diese Chance so gut wie nie entgehen und funktionierte das benachbarte Foyer mit seinen zahlreichen Scheiben kurzum in meinen kleinen Centre Court um. Ich liebte Tennis. Ich lebte Tennis. Von Kindesbeinen an. Es war eine Selbstverständlichkeit, dass sich bei uns zu Hause fast alles um diesen Sport drehte. Meine Eltern spielten selbst meisterhaft Tennis und gaben mir Unterricht. Und da sie beide zeitweise als Coaches arbeiteten, nahmen sie mich jedes Mal am Wochenende zu ihren Punktspielen mit. Die Weichen waren früh gestellt.

Beide Großeltern hatten einen Sportbezug – mein Großvater väterlicherseits war ein leidenschaftlicher Tennisspieler, und als ich dann 2003 ins Profigeschäft einstieg, war der Großvater mütterlicherseits wiederum meine erste Bezugsperson, wenn ich Rat brauchte. So manches Match habe ich nur für ihn gespielt, aus Dank für den bedingungslosen Rückhalt. Er hat immer an mich geglaubt und war bei meinen Spielen immer mit vollem Herzen dabei, ganz gleich ob er vor Ort war oder sie zu Hause vor dem Fernseher verfolgte. In seinem Wohnort Puszczykowo, nahe Poznań, betrieb er das „Tennis Centrum Angie". Nicht nur die Namensgebung war eine gewisse Bürde, er ließ über die Jahre sogar einen Trainingskomplex bauen. Ich fand das toll, denn ich liebte es, wenn der Tenniscourt und die Familie ganz in meiner Nähe waren, für mich waren das optimale Trainingsbedingungen.

Die Anfangsjahre meiner Profizeit waren für meine Eltern nicht leicht gewesen, sie zahlten lange drauf, obwohl sie selbst nicht viel hatten und auf vieles verzichteten, was für andere Eltern Normalität war: Urlaube, bestimmte Anschaffungen, hin und wieder sich selbst etwas gönnen. Doch weil sie an mich glaubten, niemals sagten, ich solle mit dem Sport aufhören, ich würde nie damit Geld verdienen, auch nie mir gegenüber äußerten, Profisport gehe mit einer hohen Verletzungsquote einher, ein schnelles Aus sei oftmals garantiert, hatte ich immer das Gefühl gehabt, unterstützt zu werden. Dieses Engagement meiner

Familie, der immense Zusammenhalt und all die Opfer, die sie brachte, sie trieben mich an, treiben mich immer noch an. Ich wollte ihnen unbedingt etwas zurückgeben. Starke Familienbande führen aber eben auch dazu, tendenziell alles intern regeln zu wollen. Der Familienrat war die oberste Instanz und Keimzelle der Entscheidungsfindung. Auch in Zeiten, in denen eine Stimme von außen vielleicht ratsam gewesen wäre. Abgesehen davon schien meine Mutter alles im Griff zu haben, auch weil sie sich vieles autodidaktisch angeeignet hatte und den Anspruch vertrat, mich mit den Themen aus dem „Backoffice" nicht behelligen zu wollen; gecoacht wurde ich bislang von meinem Vater. Je mehr ich darüber nachdachte, desto klarer wurde mir, dass ich noch weitere Hilfe von außen benötigen würde, um mich weiterzuentwickeln. Doch bislang hatte ich es nicht gewagt, das Thema zu Hause anzusprechen.

Nach rund zwanzigminütiger Fahrt mit keinen weiteren Zwischenfällen und zwei redseligen Franzosen entdeckte ich endlich das ersehnte Schild: Aéroport Charles de Gaulle. Das gute Ende war ganz nah. Ein letzter wilder Rechtsschlenker und der Wagen hielt vor einer längst verwaisten Abflughalle.

„Merci!", platzte es aus mir heraus. So laut, dass Pierres Freund auf der Rückbank, dessen Namen ich nie erfahren habe, leicht zusammenzuckte.

Pierre stellte mir noch meine beiden Gepäckstücke an den Straßenrand, ich überreichte ihm das vereinbarte Geld. Kurz darauf verschluckte die Dunkelheit den Wagen. Au revoir!

Gern hätte ich ein warmes Hotelzimmerbett gehabt, aber ein solches war in Flughafennähe besonders teuer und in meinem Budget nicht drin. In wenigen Stunden ging mein Flug nach Hamburg, diese Stunden musste ich entweder auf meiner Tasche verbringen oder auf Stühlen in der Nähe anderer Passagiere, die ähnlich gestrandet waren wie ich. Ich konnte nur noch einen

Entschluss fassen, bevor ich meinen Platz für die Nacht suchte: Es musste in Zukunft etwas angenehmer werden. Das würde aber nur gelingen, wenn der harte Kampf ums „Überleben" in den Niederungen der Tenniswelt aufhörte. Es ging mir nicht um möglichst viel Geld, das war nicht die Triebfeder meiner Motivation. Angefeuert wurde ich von meiner Liebe zum Sport, der Leidenschaft am Wettkampf und der festen Überzeugung, nichts lieber machen zu wollen, als Tennis zu spielen. Ohne benennen zu können, wie weit es noch gehen konnte, wusste ich, dass mein Weg gerade erst begonnen hatte.

Ich schleppte mein Gepäck in die Halle, von der aus mein Rückflug nach Deutschland startete, und fand noch einen leeren Platz.

Kapitel 2

VIELE WEGE FÜHREN AM ZIEL VORBEI – TENNIS ODER NICHTS

Im Flugzeug nach Deutschland konnte ich nicht schlafen, obwohl ich eigentlich todmüde war. Die kurze Nacht auf dem Flughafen war alles andere als entspannend gewesen. Immer wieder war ich im Halbschlaf aufgeschreckt, in der Furcht, jemand könnte sich meine Habseligkeiten unter den Nagel reißen oder noch viel schlimmer – meine Schläger. Mein kostbarstes Gut. Nun fuhren meine Gedanken Karussell, die Überlegungen, die ich in Pierres Auto begonnen hatte, sie hatten etwas ins Rollen gebracht. Ein Nachdenken über meine bisherige und zukünftige Profikarriere. In ihren Anfängen war sie in gewisser Weise ein Abenteuer mit ungewissem Ausgang gewesen. Wie so vieles im Leben. Letztlich ging es immer wieder darum, Erfahrungen zu sammeln, in welcher Form auch immer, ob positiv oder negativ. Und dabei den richtigen Weg zu finden. Am meisten begleiteten mich Zweifel – und auch jetzt tauchten sie wieder auf. Konnte ich einen großen Sieg erringen? Es wirklich bis ganz nach oben schaffen? Was fehlte mir noch, um tatsächlich alles aus mir herauszuholen? Mehr Technik? Mehr Spiele? Andere Gegnerinnen? Mehr mentales Training? Insgeheim dachte ich: Du kannst das alles, und doch blockierst du dich immer wieder selbst. Ich war davon überzeugt, nicht genügend an meine Stärken zu glauben. Mehrmals hatte ich schon gehört, dass ich in den entscheidenden Momenten zu zögerlich agierte, dass mir meine Emotionen im Weg stünden, ich in wichtigen Situationen einknickte und nicht genügend Kampfgeist an den Tag legte. Was letztlich bedeutete, dass ich nicht mit Druck umgehen konnte.

Aber stimmte das? Und wenn ja – konnte ich mich ändern? War das überhaupt möglich: so zu sein, wie man ist, und doch auch irgendwie anders? Herrje, was für komplizierte Gedanken.

Mein Vater war einst polnischer Jugendtennismeister gewesen. Mein Halten und meine grenzenlose Begeisterung, einen Ball stundenlang übers Netz zu schlagen, hatte seinen Ehrgeiz geweckt, mich zu fördern und immer mehr von mir zu verlangen. In einer tennisbegeisterten Familie war das allerdings nicht wirklich eine Überraschung. Wie in jeder anderen Profession gibt es auch im Tennis Eltern, die ihre Kinder um jeden Preis zu Profis machen wollen. Das war bei uns nicht der Fall, der Ehrgeiz, Turniere zu spielen und um jeden einzelnen Weltranglistenpunkt zu kämpfen, ging von mir aus. Dennoch war es so, dass das Engagement meines Vaters, die volle Konzentration auf meine Karriere, einen gewissen Druck aufbaute. Mein Vater war mein erster Coach, zeigte eine Engelsgeduld mit mir, musste jedoch erst in seine neue Rolle hineinwachsen. Denn fortan drehte sich alles um die Planung meiner Profikarriere.

Dass ich mit Links spiele, habe ich meiner Beobachtungsgabe in Kindheitstagen zu verdanken. Weil ich bei meinen ersten ansatzweise ernst zu nehmenden Schlägen auf dem Court mit knapp drei Jahren meinem Vater gegenüberstand, hatte ich ihn einfach imitiert und das Racket in die vermeintlich gleiche Hand genommen. Meine Eltern registrierten es mit großer Verwunderung, da ich sonst im Alltag alles mit der rechten Hand mache, inklusive Schreiben. Mit der rechten Hand Tennis zu spielen fühlte sich für mich eher unnatürlich an.

Mein Vater hatte Tennis selbst als kleines Kind von der Pike auf gelernt und liebte den Sport, ebenso wie ich, über alles. Als kleines Kind war ich bei seinen Turnieren oft mitgefahren und hatte bei seinen Spielen mitgefiebert. Tennis war in der Familie meines Vaters in der DNA verwurzelt, auch seine Brüder spielten Tennis. Ohne diesen Hintergrund hätte ich bestimmt nicht den

Zugang und womöglich auch nicht das Talent gehabt. Er wusste so gut wie alles über den Sport und führte mich behutsam heran. Daher verstand er auch, wie wichtig es war, meinen Spaß am Spiel hochzuhalten, und setzte sich vehement dafür ein, dass ich der ganzen Trainingseinheiten nicht überdrüssig wurde.

Tagsüber stand er acht, neun Stunden auf dem Platz, um Trainerstunden zu geben, und abends wollte ich am liebsten noch mit ihm spielen, was nicht immer möglich war. Am Wochenende, wenn ich ihn wieder und wieder bedrängte, erklärte er oft: „Jetzt reicht's auch mal mit dem Tennis. Lass uns lieber an den Strand fahren oder Spaziergänge machen! Vielleicht mal Inlineskaten! Ein bisschen Abwechslung kann nicht schaden." Strenge sah anders aus.

Aber dann kam der Moment, an dem ich mich entscheiden musste, 2004, es war kurz nach Beginn meiner Profikarriere, als ich mir die Frage stellte, mit wem an meiner Seite die Tennis-Tour fortgesetzt werden sollte. Später sollte ich noch viele solche schweren Entscheidungen treffen müssen, was die personelle Zusammensetzung meines Teams anging. Die Verantwortung lastete schwer auf meinen Schultern. Bis dahin hatten mein Vater und ich wichtige Meilensteine zusammen erreicht. Ich war damals 16 Jahre alt, wusste aber schon ziemlich genau, in welche Richtung es gehen sollte.

Wenn ich weiter mit meinem Vater auf Tour gegangen wäre, hätte er seinen Job aufgeben müssen, denn wir wären 36 Wochen im Jahr unterwegs gewesen. Für mich wäre der Druck zudem immens gewesen: Was, wenn der Erfolg ausgeblieben wäre oder ich mich womöglich schwer verletzt hätte? Das Risiko wollte ich einfach nicht eingehen.

Alles auf eine Karte zu setzen und unsere Familie sämtlichen Unwägbarkeiten auszusetzen, finanziell und emotional, das wäre für mich zu viel gewesen.

Meine vier Jahre jüngere Schwester Jessica musste sich ihren Kopf über solche Dinge nicht zerbrechen. Als Kinder hatten wir uns ein Zimmer geteilt, sie bekam meine Faszination für Tennis hautnah mit, die sie jedoch nicht teilte. Jessica suchte sich schon bald andere Hobbys. Sie liebte es, einen normalen Rhythmus zu haben, zur Schule zu gehen ohne Ausnahmeregelungen, wie meine Eltern sie für mich ausgehandelt hatten, damit ich an diesem oder jenem Jugendturnier teilnehmen konnte. Später absolvierte sie eine Ausbildung zur Kosmetikerin und plante sich ein eigenes Studio aufzubauen. Mein Lebensweg erfuhr zu diesem Zeitpunkt eine Neuausrichtung. Nicht privat, aber beruflich. Meine Mutter übernahm noch mehr Verantwortung und ich teilte meinem Vater mit, dass ich mir einen neuen Trainer suchen werde. Ich wusste, dass ich diese Entscheidung treffen musste, mochte sie noch so schwer sein. Es dauerte seine Zeit, bis die Vernunft über die Emotionen siegte. Mit meinem Vater war ich die ersten großen Schritte gegangen, nun führte mich mein Weg in eine andere Richtung.

Natürlich hatte ich immer wieder mit meiner Entscheidung gehadert und sie kritisch hinterfragt. Aber am Ende verließ ich mich auf mein Bauchgefühl, was auch in Zukunft die Grundlage all meiner wichtigen Entscheidungen war. Ob bei Trainerwechseln, Turnierplanungen oder dem Austausch von Vertrauenspersonen, die mich berieten und begleiteten. Am Ende musste es meine Entscheidung sein. Das verstand ich in diesen Tagen. Ich wusste allerdings, dass ich diesen Schritt machen musste, er gehörte für mich zum Erwachsenwerden dazu.

Dieses „Erwachsenwerden" war bei mir jedoch anders. Ich wohnte noch bei meinen Eltern, hatte vorerst auch nichts anderes geplant, während meine Freunde schon längst daran dachten, bald von zu Hause auszuziehen, in einer WG zu leben, ins Studium aufzubrechen oder sogar in einer eigenen Wohnung zu sein. Auf der anderen Seite war ich jedoch schneller reif geworden, stand fast mitten im Berufsleben, während andere erst mit Ende zwanzig dort ankommen sollten. Mit zwölf war ich das erste Mal nach Amerika geflogen, mit dem Tennisverband, aber dennoch war ich auf mich allein gestellt gewesen, hatte keine Familie um mich herum, die mir Sicherheit gegeben hätte. Sehr früh musste ich selbst auf mich aufpassen, was nicht immer leicht war. So wusste ich am Anfang überhaupt nicht, wie ich reagieren, was ich machen sollte, wenn beispielsweise ein Flug Verspätung hatte oder womöglich gestrichen wurde. Was wurde aus meinem Gepäck? Wie wurde umgebucht? All das und viel mehr musste ich in jungen Jahren schnell lernen.

Und jetzt wollte ich in sportlicher Hinsicht den nächsten Schritt machen. Auch weil ich davon überzeugt war, dass es mir in meiner Entwicklung weiterhelfen würde. Nicht zuletzt im Sinne meiner sportlichen Karriere. Auf dem Tennisplatz spielt sich während eines Matches manchmal ein ganzes Leben ab. Da gibt es Stress, Wut, Glück, Zufriedenheit – und das alles innerhalb von wenigen Sekunden. Emotionen übernehmen das Steuer, und nicht selten spielt man im Grunde gegen sich selbst. Das „Inner Game", wie es heißt, nimmt Fahrt auf und diktiert den Spielverlauf. Wie sollte ich lernen, die Kontrolle auf dem Platz zu bekommen, wenn ich bei wichtigen Entscheidungen neben dem Platz so zögerlich war? Das musste sich ändern.

Oft habe ich mir die Frage gestellt, wie ich reagieren würde, sollte eines meiner Kinder Tennis spielen wollen, womöglich gar als Profi. Würde ich die Geduld aufbringen, stundenlang alles noch einmal von Anfang an durchzuleben, oder meinem Kind einen anderen Weg nahelegen? Die Grenzen, die uns bei der Suche nach dem eigenen Weg gesetzt werden, sind die Limitierungen unseres Glücks. Dabei gibt es oft keine Ideallinie, man kann nur an dem, was einem widerfährt, wachsen und auf den Prozess vertrauen. Und dabei immer bei sich bleiben.

Alle Passagiere wurden per Ansage der Stewardess aufgefordert, sich wegen Turbulenzen aufzusetzen und anzuschnallen. Das stürmische Wetter machte aus der Maschine zwar keine Wohlfühloase, aber es störte mich auch nicht weiter. Es kehrte eine besondere Stille ein, alle Passagiere hofften inständig darauf, dass bald gemäßigtere Luftschichten kommen würden. Perfekt, um weiter nachzudenken, über die Anfänge meiner Profikarriere. Nachdem mein Vater nicht mehr mein Trainer war, rückte Torben Beltz an meine Seite. Ein ehemaliger Tennisspieler und Clubtrainer aus meiner nordischen Heimat, geboren in Itzehoe, nicht weit von Kiel entfernt.

„Was erwartest du von deinem Trainer?", fragte er mich. „Möchtest du, dass sich unsere Zeit auf den Tennisplatz beschränkt und sich alles um Vorhand, Rückhand, Taktik dreht – also eher professionell distanziert –, oder willst du ein Team sein und gemeinsam das Abenteuer angehen?"

„Wieso fragst du das?", wollte ich wissen, ohne auf seine Frage konkret einzugehen.

„Na ja, es ist doch wichtig zu wissen, wie ich mit dir umgehen soll."

„Kannst du denn auch mal einstecken, wenn es die Wahrheit ist?", fragte ich belustigt zurück. Wahrscheinlich hatte sich Torben bei meiner Frage gedacht: Aha, da haben wir es mit einem ganz eigenen Mädchen zu tun, die muss man mit Samthandschuhen anfassen, die ist sicher sehr kompliziert.

„Und?", hakte ich nach, weil Torben nicht antwortete. „Lass uns anfangen und sehen, wie weit wir es gemeinsam schaffen können", fuhr ich fort.

Ich hatte einen mutigen Schritt gewagt und mich durch die Verpflichtung eines neuen Trainers aus meiner familiären Komfortzone gewagt. Die Erwartungshaltung war nicht unerheblich. Dass Torben mich als ein Mensch mit Stärken und Schwächen sah, aber eben nicht als x-beliebige Spielerin, über die man einfach bestimmen konnte, war für mich wichtig. Torben schien jemand zu sein, der selber zwar noch wenig Erfahrung, dafür aber ein gutes Gespür für Menschen und Situation hatte. Für den es eine große Chance bedeutete, sich gemeinsam aus den Niederungen des Trainerlebens auf Vereinsebene herauszukämpfen. Und er war offenbar jemand, der gern lachte, Fröhlichkeit verbreitete und ein unverbesserlicher Optimist war. Ich konnte mir gut vorstellen, mit ihm den anstrengenden Touralltag zu überstehen und ihn tagelang an meiner Seite zu haben. Er würde ein guter Weggefährte sein.

Dass es die richtige Entscheidung war, stellte sich schnell heraus. Als Kind von Eltern, die bedingt durch ihren Job immer in meiner Nähe waren, hatte ich oft Heimweh, wenn ich bei Jugendturnieren irgendwo auswärts übernachten musste. Zu Beginn der Reiserei plagte mich das Heimweh, und es half mir, wenn ich mir das Zimmer mit anderen Juniorinnen teilen konnte, denen es nicht anders zu ergehen schien. Beklemmend war oft das Ende eines Turniers, wenn die meisten schon wieder zu Hause waren und ich allein zurückblieb. Ich hasste das, litt extrem und einmal sogar so sehr, dass ich absichtlich verlor, um ja mit den anderen zurück nach Kiel fahren zu können. Ein anderes Mal gab ich Bauchschmerzen vor, um nicht länger allein in einem Zimmer sein zu müssen. Das waren aber nur Ausnahmen, schnell sollte sich mein Heimweh legen. Auch weil meine Ziele für mich immer klarer wurden und ich begriff, dass die Reisen eine Chance für mich bedeuteten, der Erfüllung derselben näher zu kommen.

Eine der ersten Reisen mit Torben führte uns auf die britische Kanalinsel Jersey; außer gepflegten Gärten und älteren Herrschaften bot die Insel für eine inzwischen Siebzehnjährige wenig. Ich fühlte mich deplatziert, und der Gedanke an lange Tage fernab der Heimat und das Alleinsein in meinem Hotelzimmer führte bei mir zu Unbehagen. Unweigerlich kam der Augenblick, in dem ich in meinem Bett lag – Torben hatte das Nebenzimmer bezogen. Zu meinem Glück – kaum zu seinem – war er krank und hatte eine schlimme Erkältung, die ganze Nacht über musste er gut hörbar husten. Ich fand das auf eine Art tröstlich, auch wenn es mir den Schlaf raubte. Stand ich nicht auf dem Tennisplatz oder im Gym, spielten wir Backgammon oder Kartenspiele. Der Einsatz war nebensächlich, denn es ging gefühlt immer um alles. Der Wettkampfgeist ging weit über den Tennisplatz hinaus. Dazu sei erwähnt, dass wir beide ziemlich schlechte Verlierer sind. Wir hatten Spaß daran, uns während der langen Leerlaufzeiten an Turniertagen gegenseitig beim (Karten-)Spiel anzustacheln, schimpften theatralisch nach verlorenen Partien, empfanden aber zwischenzeitlich auch tief empfundene Missachtung bei Niederlagen. Getreu dem Motto: Wenn, dann richtig und immer mit vollem Einsatz. Danach war aber schnell wieder alles gut. Für mich war es ein großes Glück, dass er ein genauso leidenschaftlicher Spieler wie ich war. Ehrgeiz wurde unser gemeinsamer Begleiter, ein Teil unserer Mission.

Ein anderes Mal, es war 2005, waren wir in Barcelona, zur selben Zeit fand dort im legendären Camp Nou der Clásico zwischen dem FC Barcelona und Real Madrid statt. Wir hatten im Voraus kein Hotel gebucht, da wir angenommen hatten, wir würden vor Ort ein günstiges finden. Da wir von dem Duell der Giganten nichts gewusst hatten, stellten wir unseren Mietwagen, einen kleinen grünen Seat, irgendwo ab und klapperten sämtliche Hotels in der Innenstadt ab, um nach zwei freien Zimmern zu fragen. Vergeblich. Selbst in den teuren Unterkünften war nicht ein einziges frei. Irgendwann fragte uns eine Frau, ob wir eine Herberge bräuchten, und als wir nickten, meinte sie, sie wisse eine. Uns blieb keine andere Wahl, als dieses Angebot anzunehmen. Sie gab uns einen Schlüssel und eine Wegbeschreibung – durch diese war aber nicht ersichtlich, dass es fast zwei Autostunden brauchte, um das Haus irgendwo im Nirgendwo auf einem Hügel zu finden.

Es war ein uraltes Gemäuer, dunkel, richtig gruselig. Die ganze Nacht konnte ich kein Auge zumachen.

Am nächsten Tag fuhren wir in die Stadt zurück, nahmen am Turnier teil, und als es für mich ziemlich schnell vorbei war, nahm ich Torben die Autoschlüssel ab – als Entschädigung für den völlig vergeigten Tag.

„Ich kann schon Auto fahren", rief ich und wedelte dabei mit dem Schlüssel in der Luft.

„Wie, du kannst schon Auto fahren?", fragte Torben.

„Überrascht? Ich bin zwar noch keine achtzehn, aber auf dem Hof klappt es mittlerweile schon ganz gut."

„Na dann, ein bisschen Schritttempo gefälligst?", willigte er ein.

So kam es, dass ich schließlich in den Seat stieg und aus der Parklücke herausfuhr. Torben stand draußen und beobachtete mein Tun, erst zufrieden, dann mit entsetztem Gesicht.

„Angie, du musst bremsen!", schrie er.

Ein anderes Auto querte gerade auf dem Parkplatz, und ich hatte in meiner Panik, Ermüdung und Turnierenttäuschung Bremsen und Kuppelung verwechselt. Jedenfalls fuhr ich in den anderen Wagen hinein. Torben sprintete auf mich zu, riss die Autotür auf und rief: „Raus hier, ich sitze hinter dem Steuer, sonst kriegen wir Ärger."

Der Ärger blieb aus. Der andere Autofahrer, ein Schiedsrichter, untersuchte seinen Wagen, und Gott sei Dank hatte ich nur eine kaum sichtbare Schramme hinterlassen. Er winkte ab, wir sollten uns deshalb keine Sorgen machen. Es war noch mal gut ausgegangen, aber statt wütend über Torben zu sein, dass er mich nicht aufgehalten hatte, schweißte uns diese Geschichte zusammen, wie ein Geheimnis, das nur wir beide kennen.

Überhaupt konnte ich mich auf ihn verlassen. Er machte alles ohne Murren mit, durchstand jede Situation geduldig und verlor dabei nie seine positive Einstellung. Lange überlegten wir, ob wir – es war ebenfalls 2005 – das Risiko auf uns nehmen und nach New York zu den US Open fliegen sollten. Der Stand war, dass ich als Ersatzspielerin in der Qualifikation gelistet war, sollte sich eine der Spielerinnen verletzen. Ich wusste also gar nicht, ob ich überhaupt ins Turnier reinkommen würde.

„Was meinst du?", fragte ich angesichts dieser Ungewissheit.

„New York ist superteuer", zögerte Torben ein wenig. Er wusste, wie wichtig die Finanzen waren, zumal ja auch sein Trainerhonorar bezahlt werden musste.

„Aber wir könnten dort Punkte, den nächsten Schritt machen", gab ich zu bedenken, wieder einmal im Jagdfieber.

„Wenn du spielen kannst. Doch das ist ja nicht sicher."

„Da hast du auch wieder recht. Und was machen wir nun?"

Die Entscheidung nahmen mir meine Großeltern ab, zu meiner Erleichterung. „Wir unterstützen dich", sagten sie. „Ihr fliegt nach New York. Wir bezahlen euch die Tickets und was ihr sonst noch braucht."

Kurz vor dem Abflug Ende August packte ich die Videokamera meines Großvaters ein, um ihm und meiner Großmutter zu zeigen, wo ich mich in New York bewegen würde. Sozusagen als kleines Dankeschön. Doch zum Sightseeing hatten wir kaum Zeit. Torben und ich waren Tag für Tag auf dem Turnierplatz, von morgens neun bis abends neun, immer in der Hoffnung, es würde sich eine Chance auftun. Ich saß förmlich auf gepackten Taschen und musste dabei zusehen, wie andere Spielerinnen meinen Traum lebten. Meinen Traum, an einem Grand-Slam-Turnier teilzunehmen. Meinen Traum, ganz vorn mitzuspielen – zum Greifen nah, aber doch so fern. Geradezu unerträglich fern.

Es tat sich letztlich keine Chance auf, und so wie wir in Barcelona kein Hotelzimmer bekommen hatten, so verletzte sich keine der Spielerinnen in der Qualifikationsrunde, für die ich hätte einspringen können. Es bestand kein Bedarf nach einem „Alternate" – so nennt man die Ersatzspieler oder Ersatzspielerinnen, die ins Feld nachrücken, wenn jemand ausfällt. In der Hackordnung der Tour konnten wir beide, Spielerin und Trainer, dadurch nicht tiefer sinken. Wir waren zwar Teil der Tenniswelt, aber eher als lästiges Fußvolk, das nur eine minderwertige Akkreditierung besaß und beschränkten Zugang zur Anlage hatte. Trainingsplätze durften von uns nur gebucht werden, wenn die Spielerinnen im Tableau eine Lücke im Trainingsplan ließen. Also ganz früh morgens oder unter Flutlicht spätabends.

Während ich die Situation ziemlich erniedrigend fand und immer wieder schmollte, konnte Torben unserem ungewissen Ausharren immer noch eine positive Seite abgewinnen. „Schau mal, wie die Spielerin zu ihrer Rückhand steht – das passt nicht!" Oder ein andermal: „So sollte man nicht ausrasten! Das ist ja ein einziges Hickhack, was diese Frau veranstaltet, das ist doch kein Tennis. So sollst du nie spielen, Angie. Und wenn du eine solche Gegnerin hast, dann lass dich nicht darauf ein."

Torbens Analysen halfen mir, mich als Spielerin zu sehen, Format zu gewinnen und zu entwickeln. Und genau das wollte ich ja. Bei diesen US Open konnte ich genau verfolgen, wie sich die Topspielerinnen und die schlechter platzierten Spielerinnen verhielten, konnte sehen, dass einige von ihnen es sogar von unten nach oben schafften. Wenn die das können, dachte ich, kann ich das ebenfalls. Daran sollte ich mich orientieren.

Es war gut, dass Torben und ich nach New York geflogen waren. Auch wenn ich nicht spielen konnte, so hatte sich die Reise doch gelohnt. Weil ich wieder in dem Gefühl bestärkt wurde, alles daranzusetzen zu wollen, schon bald aus eigener Kraft bei den großen Turnieren mitspielen zu können. Mein Ehrgeiz war durch die gefühlte Erniedrigung in den Tagen des Rumsitzens deutlich spürbarer als zuvor. Der Hunger, aus dieser Situation kurz vor dem Existenzminimum herauszukommen. Der Hunger, mich zu verbessern, an mir zu arbeiten. Der Hunger, für meinen Traum, ganz oben mitzuspielen, zu kämpfen.

„Das wird mir nie wieder passieren", sagte ich zu Torben, als wir uns an unserem letzten Abend in New York in einem Deli etwas zu essen holten. „Das nächste Mal bin ich im Hauptfeld, auf den großen Courts. Nicht wie die letzten Tage als Randfigur, im Abseits. Du wirst sehen", sagte ich angriffslustig. „Ich möchte einmal ganz oben in der Weltrangliste stehen. Ich meine es ernst."

Torben widersprach nicht, schaute aber verdutzt angesichts meiner flammenden Rede.

„Weil ich für den Sport brenne, bedingungslos hinter ihm stehe und nichts anderes will, als Tennis zu spielen. Es sind die ganz großen Emotionen, die ich spüren möchte."

Jetzt war auch Torben erwacht: „Klingt überzeugend, was du sagst. Dann wirst du auch die Energie haben, Hindernisse wie die Warterei hier zu meistern. Davon darfst du dich nicht aus dem Konzept bringen lassen."

Für mich stand fest, ich würde es schaffen. Auch um meinen Großeltern etwas zurückzugeben und allen, die für mich einiges riskiert hatten, um mir die ersten Schritte als Profi zu ermöglichen. Die Etatkalkulationen fanden oftmals am Küchentisch bei meinen Großeltern in Puszczykowo statt. Das Schwierigste war dabei, eine gesunde Balance zwischen Realitätssinn und Risikobereitschaft zu finden. Aber: Gab es die überhaupt? Letztlich war es eine gewagte Rechnung mit vielen Unbekannten. Nicht zuletzt in finanzieller Hinsicht. Ich hatte schlichtweg keinen Verband, keinen Mäzen, keine Vermarktungsagentur, die alles bezahlte. Aber solche Gedanken durften mich auf meinem Weg nicht bestimmen.

„Deine Großeltern wissen, dass du ihr Geld nicht einfach aus dem Fenster hinausschleuderst. Sie haben es gern getan, und sie erwarten nicht, dass du gleich eine Gegenleistung erbringst. Setz dich damit nicht unter Druck. Wir arbeiten weiter, alles andere ergibt sich daraus."

Ich nickte und seufzte, als ich in meinen Bagel biss. Ich spürte meine Ungeduld, das Gefühl würde nur schlimmer werden. Ich konnte und wollte so nicht weitermachen, über die kleineren Turniere tingeln und anderen Spielerinnen dabei zusehen, wie sie meine Sehnsucht lebten. Es fühlte sich an, als ob man am Bahngleis steht und zusehen muss, wie der Zug den Bahnhof ins gelobte Land verlässt. Nur ich war nicht dabei, mein Ticket war nicht gültig. Den Zustand würde ich nicht lange durchhalten, weder finanziell noch emotional. Ich konnte aber auch kämpfen und voll durchstarten. Ja, ich war bereit, Opfer zu bringen, denn einmal wollte ich einen Grand-Slam-Coup landen. Ich wollte diesem Ziel alles andere unterordnen. Und im Grunde war der Weg bereits vorgezeichnet. Der schrittweise Prozess, mich ganz und gar dem Profitennis zu verschreiben, hatte bereits in der Schulzeit begonnen.

Ich erinnere mich an einen Schultag im Winter, ich war dreizehn und es wurde von unserer Lehrerin in der ersten Stunde unerwartet ein Geschichtstest angekündigt. Mist. Ich wusste sofort, dass ich nichts wissen würde, ich hatte am Wochenende nicht gelernt, sondern Tennis gespielt, bei einem Turnier – wie eigentlich jedes Wochenende. Verzweifelt saß ich vor dem DIN-A4-Blatt mit fünf Fragen zur römischen Antike. Keine Chance. Selbst mein ausgeprägter Kampfgeist stieß hier an seine Grenzen. „Game over", und das, bevor es so richtig angefangen hatte. Ein Szenario, das so gar nicht zusammenpassen wollte mit meinem Selbstverständnis, nicht gleich klein beizugeben. Auch meine beste Freundin Saskia, eine ausgezeichnete Schülerin und Banknachbarin, konnte mir nicht helfen, da sie mit Grippe im Bett lag.

Ich blieb noch ein paar Minuten vor dem Blatt Papier sitzen und betrachtete gedankenverloren meinen Stift, der ohne reelle

Erfolgsaussichten auf seinen Einsatz wartete. Es war sinnlos, dass ich mich hier anstrengte. Schließlich erhob ich mich und ging schnurstracks zum Pult der Lehrerin, legte ihr das leere Blatt vor und drehte mich rasch wieder um, um schnell zurück auf meinen Platz zu kommen. In diesem Moment stand meine Lehrerin auf und steuerte geradewegs auf mich zu.

„A-n-g-e-l-i-q-u-e", sagte sie mit aufgebrachter Stimme in die Stille hinein. Dabei betonte sie die letzte Silbe meines Namens so, dass es spitz und schrill klang. Meine Mitschüler blickten erschrocken von ihrem Test auf. „Du musst dir wirklich überlegen, was dir im Leben wichtiger ist: Schule oder Sport? Mit Tennis kommst du nicht weit im Leben, was willst du denn später mal machen?" Mit stechenden Augen schaute sie mich an.

Ich wich ihrem Blick nicht aus, ich war bereit, meinen Traum zu verteidigen, und sagte, ohne lange zu überlegen: „T e n n i s   i s t   m i r   w i c h t i g e r!" Ich erschrak vor meiner eigenen Courage, war ich doch sonst eher Teil der stillen Fraktion in der Klasse. Aber wie konnte man mir nur eine solche Frage stellen, was ich später einmal machen wollte? Ich wollte nichts anderes, als auf einem Platz Tennis zu spielen – wobei ich nicht einmal ansatzweise ahnen konnte, wie viel ich später in der Welt umherreisen und welche Schwierigkeiten ich haben würde, Freundschaften außerhalb der Familie zu halten und zu pflegen, auch Partnerschaften mit dem Leben einer Profispielerin zu vereinbaren. Das zu erfahren, war auch nicht immer leicht.

Viele meiner Altersgenossen hatten Schwierigkeiten zu verstehen, was mich dazu antrieb, dem Sport alles unterzuordnen – in vielerlei Hinsicht Verzicht zu üben. Geburtstage, Hauspartys oder Klassenfahrten? Ohne mich, Angie war unterwegs. Tennis mal wieder, natürlich. Die Entfremdung hatte eingesetzt, langsam, aber stetig. Während meine Klassenkameraden Vorstellungen für ihre Zukunft entwickelten, die weit von dem abwichen, was für mich mittlerweile Alltag war, verlangte der Leistungssport mir immer mehr ab.

Meine Lehrerin zeigte sich überrascht von meiner direkten, unmissverständlichen Antwort. Sie wirkte nicht wirklich erschüttert, eher erstaunt. Vielleicht verstand sie nun ein bisschen mehr, wie viel mir Tennis bedeutete. Jedenfalls schüttelte sie nur den Kopf, murmelte etwas, ließ mich aber weiter in Ruhe. Ich nahm mir vor, mehr für ihren Unterricht zu lernen; es sollte bei dem kleinen Zwischenfall bleiben. Auch wenn mein Interesse für die meisten schulischen Fächer hinter dem Sport zurückblieb, wobei es anfangs nicht immer nur Tennis sein musste. Schon als Kind schwamm ich bei Wettbewerben auf der Fünfundzwanzig-Meter-Bahn und sammelte Urkunden (leider gab es dort keine Pokale). Das Problem war nur: Die Pause zwischen den ohnehin kurzen Rennen war mir jedes Mal wie eine Ewigkeit vorgekommen. Nichts für ungeduldige Gemüter. Vergeudete Zeit, wie ich fand. Beim Abstecher zum Hockey kristallisierte sich schnell heraus, dass mich die Übungsleiter fördern wollten, ich indes benutzte das Mannschaftstraining in Kiel lediglich als Ausgleich zum Tennis.

Was immer mich damals bewegte, der Ball stand im Mittelpunkt meiner Gedanken. Nicht auf den handgroßen Ball einzudreschen und freudlos draufzuhauen, sondern ihn mit filigraner und ausgeklügelter Technik übers Netz zu preschen, das hielt mich in Atem, das machte Tennis so spannend. Raffinesse, Intuition und taktisches Vermögen. Nicht umsonst hatte ich in Kiel und Umgebung Bekanntschaft mit sämtlichen Tenniswänden gemacht. Sie waren meine unerbittlichsten Gegnerinnen gewesen, unfassbar herausfordernd, eine Gewalt aus Beton, ohne ein Fünkchen Gnade, schier unerbittlich. Und deshalb so prägend für mich. Eine Konkurrentin, die man verfluchte, aber deren Fähigkeit man still und heimlich irgendwie bewunderte. Die meiste Zeit aber eher eine Zweckehe, da kein anderer Spielpartner verfügbar. Eine

Ballwand war eben nicht vergleichbar mit dem realen Court und einer Gegnerin, die es zu lesen galt.

Nichts elektrisierte mich mehr als der Wettkampf, der direkte Schlagabtausch mit unterschiedlichen Charakteren. Der nonverbale Zweikampf, das schonungslose Offenlegen der eigenen Stärken und Schwächen im Verlauf des Matches. Ohne sich hinter einer Mannschaft oder einem Unentschieden verstecken zu können. Gemeinsam mit der Hilfe meines Trainers verstand ich es immer besser, die verschiedenen Spielertypen zu lesen und mein Spiel auf die Gegnerin abzustimmen. Wobei das Hadern mit den eigenen Unsicherheiten, Irrungen und Wirrungen es noch viel zu häufig beeinträchtigte. Der richtige Umgang mit der eigenen Erwartungshaltung war zuweilen lähmend. Ein Problem, für das es keine schnelle Abhilfe gab. Eigentlich war der Druck selbst nicht das Problem, sondern mein Kopf. Ich hatte schon damals gemerkt, dass ich einen Spagat betrieb. Ich träumte von den großen Emotionen, wurde aber am Ende zu sehr von meinen Gedanken gesteuert. Ich war nicht diejenige, die auf dem Platz viele Gefühle zeigen konnte, zumindest zu Beginn keine positiven. Das raubte Energie und hinderte mich daran, mein volles Potenzial auszuschöpfen.

Die Turbulenzen waren inzwischen vorbei, die Menschen hatten wieder zu reden angefangen, die Maschine befand sich in der Landephase. Wir mussten die Tische nach oben klappen, die Blenden vor den Fenstern hochziehen, damit die Flugbegleiter einen freien Blick nach draußen hatten. Ich sah die Elbe unter mir, mit dem großen Containerhafen. Bald, so dachte ich, würde ich in Kiel sein. Mit den Fingern massierte ich die Halspartie, viel zu oft ignorierte ich den Schmerz in dieser Gegend. Manchmal konnte ich morgens kaum den Kopf bewegen, manchmal nachts vor Schmerzen nicht einschlafen. Mein Physiotherapeut sagte mir einmal: „Du gehst knallhart über den Schmerz." Der

Kopf bestimmt mich. Über den Kopf bestimme ich, ob ich etwas will oder nicht. Wenn ich etwas ankündige, dann kann ich von einem Tag auf den anderen den Schalter umlegen. Aber Kopf und Herz müssen es auch wirklich wollen.

Die Räder setzten auf, eine weitere Strecke meiner Lebensreise war beendet.

Kapitel 3

DEN SCHLÄGER AN DEN NAGEL HÄNGEN?

„Ich kann nicht mehr, ich komme nicht weiter." Ich saß im Haus meiner Großeltern am Küchentisch in Puszczykowo, Tränen rollten über mein Gesicht. Es war der Sommer 2011, draußen rauschten die Bäume leise im Wind, meine Mutter rührte im Topf, der auf dem Herd stand; bevor sie sich versah, entlud sich meine aufgestaute Frustration der letzten Wochen in einem mittelschweren Gefühlsausbruch. Wenige Minuten zuvor hatte ihre volle Aufmerksamkeit noch dem Barszcz-Rezept gegolten, einer Suppe aus Roter Bete. Ich hatte sie in der Küche aufgesucht, denn ich benötigte Halt in der Orientierungslosigkeit und Verzweiflung, die mich aufgrund einer anhaltenden Niederlagenserie von mehreren Matches in Folge umgab. Ob sie wollte oder nicht, sie war meine geistige Reinigungsanlage, durch die ich einige dunkle Gefühle waschen musste. Niemand sonst kannte mich so gut.

„Angie, was ist denn los?", fragte sie und wischte sich ihre Hände an einer blauen Schürze ab, die in der Nähe des Herds hing. Sie setzte sich zu mir auf den leeren Holzstuhl und umfasste mein Gesicht mit beiden Händen. „Sag, Angie, was hast du auf dem Herzen?"

„Ich weiß einfach nicht mehr, warum ich noch Tennis spiele", sagte ich, um Fassung ringend. Seit acht Jahren war ich nun als Profi auf der Tour unterwegs, hatte die Welt mehrfach umrundet auf der Jagd nach Weltranglistenpunkten. Nur der Durchbruch wollte mir nicht so recht gelingen, meine Bemühungen waren in den Wochen zuvor meist glücklos geblieben. „Je mehr ich versuche zu erzwingen, desto weniger gelingt mir. So schaffe ich es niemals", beendete ich meinen mehrminütigen Dialog.

„Und diese Hoffnung hast du nicht mehr?" Meine Mutter nahm ihre Hände von meinem Gesicht.

„Keine Ahnung. Irgendwie nicht. Langsam geht mir die Kraft aus."

Die Bestandsaufnahme war schonungslos: Seit Saisonbeginn waren es nunmehr elf Auftaktniederlagen, so viele wie noch nie. Verzweiflung hatte sich breitgemacht. Meine Hoffnungen hatten noch auf Wimbledon beruht, doch auch an der Church Road verlor ich gleich in der ersten Runde gegen Laura Robson. Die Britin war in der Weltrangliste weit hinter mir, sie belegte aktuell Platz 257.

„Ich habe überhaupt kein Selbstvertrauen mehr; alles, was ich mir aufgebaut habe, ist verschwunden", resümierte ich, betrogen und entzaubert von der Tenniswelt, die mir alles bedeutete. Es war der Punkt gekommen, an dem ich nicht mehr wie bisher weitermachen konnte.

„Ich sehe das nicht so", sagte sie. „Du musst mehr Geduld mit dir haben und dich nicht so von deinen Niederlagen unter Druck setzen lassen, deine Zeit wird noch kommen. Da bin ich mir ganz sicher. Du weißt, was du kannst. Fang endlich an zu spielen. Mach es dir nicht immer so unendlich schwer", entgegnete sie mir in aller Deutlichkeit, nach der ich gefragt und gesucht hatte. Mit Selbstmitleid konnte man bei ihr nicht punkten. Dafür war sie zu ehrlich und pragmatisch.

Was wirklich in meinem Kopf vor sich ging, konnte ich ihr in diesem Moment nicht sagen. Seit Tagen dachte ich daran, alles hinzuschmeißen. Ich bestand nur noch aus Angst. Angst, es nicht zu schaffen. Angst, nicht gut genug zu sein. Angst, vor aller Augen zu versagen. Angst, andere zu enttäuschen. Besonders die, die an mich glaubten. Und tief in mir drin existierte auch die Angst, am

Ende den Glauben an mich selbst zu verlieren. Wohl so etwas wie eine Urangst von mir.

„Vielleicht sollte ich doch Physiotherapeutin werden." Da war er wieder, der Plan B.

„Nun mach mal halblang", sagte meine Mutter etwas entnervt, da sie eigentlich den Plan gefasst hatte, vor dem Essen noch mit dem Hund durch den Wald zu gehen. „Die Probleme machst du dir vor allem selbst."

„Wie meinst du das?", hakte ich nach.

„Sie meint, dass du innerlich manchmal viel zu zerrissen bist und du dir damit selbst im Weg stehst", übernahm meine Großmutter, die jetzt dazugestoßen war und mit ihrer frisierten schwarzen Lockenmähne und einem roten Kleid aussah, als würde sie gleich an einem Meeting teilnehmen. Ein bisschen war es auch so, nur ohne Dresscode. Während sie sprach, nahm sie meiner Mutter den Kochlöffel aus der Hand und führte am Kochtopf fort, was meiner Mutter durch meinen unangekündigten Auftritt verwehrt geblieben war – die Suppe musste fertig werden. „Du haderst und zauderst, und das wirkt sich wiederum auf deine körperliche Fitness aus", führte meine Mutter weiter aus.

„Und um genau diesem Teufelskreislauf zu entkommen, werde ich eben nie wieder einen Schläger anfassen", erwiderte ich trotzig und frustriert.

„Angie, du bist gerade erst dreiundzwanzig und zählst zu den Top 100 der Welt", meinte meine Mutter, die sich dieses Mal nicht von meiner Großmutter die Worte aus dem Mund nehmen ließ. „Es wäre doch verrückt, jetzt alles hinzuschmeißen, nur weil du einen Durchhänger hast. Klar ist das enttäuschend, wenn es nicht läuft. Aber du hast so viel investiert. Wir alle haben viel investiert, weil wir an dich glauben. Und du hast es schon so weit geschafft. Dafür musst du kämpfen. Du kannst das, ich weiß es."

„Und du musst auch nicht auf das hören, was die Medien sagen", warf meine Großmutter ein.

„Ach, das ist doch auch egal, das tue ich nicht", war alles, was ich dazu sagen wollte, um das Thema im Keim zu ersticken. Witzigerweise war es gerade meine Großmutter, die alles über mich las, jeden Klatsch und Tratsch, und nur in seltenen Fällen ein Gerücht unkommentiert ließ. Manchmal, so schien es mir, glaubte sie den Medien sogar mehr als mir. Letztlich fieberten aber meine Großeltern bei jedem Spiel von mir mit, fragten auch, wie ich mich bei diesem oder jenem Turnier gefühlt hatte. Genauso wichtig war es meiner Großmutter jedoch, ob ich ihr etwas zum Waschen mitgebracht hätte und ob sie mir etwas kochen könnte. Sie war nicht jemand, die mir sagte, wie ich das oder jenes zu tun hätte. Ihr Motto war: „Das musst du selber wissen, wir sind da, wenn du uns brauchst."

Irgendwann war alles gesagt. Ich war im Lauf des Gesprächs wieder zu mir gekommen. Zu meinen Großeltern, besonders zu meinem Großvater, hatte ich eine enge Beziehung, aber noch enger war die zu meiner Mutter. Sie hatte vieles auf sich genommen, hatte mich besonders in der Anfangsphase unterstützt, hatte mir vieles abgenommen, den ganzen Papierkram, das Flügebuchen, die Anmeldungen zu den Turnieren. Trotz der Zeitumstellungen war sie immer erreichbar gewesen, Tag und Nacht konnte ich sie anrufen. Hatte sie gemerkt, ich brauchte Unterstützung, begleitete sie mich zu Turnieren. Letztlich hatte sie sich aufgeopfert für diese gemeinsame Mission. Denn es war ja für sie nicht nur ein Zweiwochenprojekt, sondern auch ein Lebensprojekt. Ich konnte immer auf sie zählen.

Dafür bin ich ihr unglaublich dankbar. Auch weil sie eine starke Meinung vertrat und nicht zu allem Ja sagte, was in meinem Kopf vorging. Egal was für einen Mist ich gebaut hatte oder noch bauen würde, sie würde da sein. Viele Male knallte es zwischen uns und in der Hitze des Gefechts ging es oft hoch her, aber es folgte zuverlässig die Versöhnung. Die feste Fehlerkultur, sich zu entschuldigen und Fehltritte einzugestehen, war Teil unserer direkten Umgangsform. So kamen wir immer wieder zusammen. Und selbst wenn wir uns gestritten hatten, wusste ich, dass sie hinter mir stand. Und dieser Halt würde auch nach dem Ende meiner Karriere bleiben.

Nach diesem Küchengespräch nahm ich mir eine Auszeit. Vier Wochen ignorierte ich jeden Tennisplatz, fuhr Fahrrad, joggte, genoss den warmen Sommer. Keiner fragte nach, wie es weitergehen würde. Ich brauchte Zeit, um mir über meine Absichten klar zu werden. Einfach weitermachen war nicht die Lösung und weit von meinem eigenen Anspruch entfernt. Entweder ganz oder gar nicht. Ich war kein Mitläufer und wollte nie als solcher gesehen werden. Da musste noch mehr sein. Langsam verzog sich mein Missmut, zum Vorschein kam ein anderer Gedanke: Willst du wirklich so aufhören und einfach im Nichts verschwinden?

Und dann, eines Morgens nach dem Aufwachen, wusste ich es: Nein, das mit dem Aufhören ist noch zu früh! So nicht! Ich darf mich von den Niederlagen nicht einschüchtern lassen, nicht defensiv spielen, ich muss es noch einmal probieren. Auch wenn deine Karriere nicht geradlinig ist, du bist eine Kämpferin. Ich fing bei mir an, anstatt mich an Ranglistenplätzen, Meldelisten und fremden Erwartungshaltungen zu orientieren. Losgelöst vom Endresultat setzte ich mir das Ziel, die beste Tennisspielerin zu werden, die ich sein kann. Wo auch immer mich das hinführen würde. Ich war davon überzeugt, dass ich nur dann die Kontrolle zurückgewinnen würde, wenn ich anfangen würde, mich auf das zu konzentrieren, was auch in meiner Macht stand. Alles andere musste ich lernen, konsequent auszublenden. Das war die bittere Lektion der letzten Wochen. Wenn du es selbst willst, kannst du dich auch wieder nach oben katapultieren.

Petko, meine Trainingspartnerin in den kommenden Wochen, sah es ähnlich. Sie wusste von meinen Plänen, den Schläger an den Nagel zu hängen, und sagte mir deutlich, dass sie das für eine dumme Idee hielt. An dem Punkt war ich mittlerweile auch angekommen. Stattdessen sollte ich mich zusammen mit ihr auf den anstehenden Trip in die USA vorbereiten. Die US Open, das letzte Grand-Slam-Turnier des Jahres – ein Sehnsuchtsort von mir, seit vielen Jahren. Bis dato aber nur eine einseitige Liebe.

Fortan trainierte ich wie noch nie in meinem Leben zuvor. Ich setzte mir kurze Ziele, zunächst nur für eine Woche. Es ging darum, die Kontrolle zurückzugewinnen. Auch scheute ich nicht davor zurück, neue Trainingsmethoden auszuprobieren, mit meiner Bespannungshärte zu experimentieren und alles kritisch zu hinterfragen.

Bevor ich mich versah, wurden aus der einen Trainingswoche schnell fünf. Die Zeit verging rasant, ich konzentrierte mich mit aller Kraft auf das Hier und Jetzt. Keine Gedanken mehr an die Zukunft. Eine intensive Trainingseinheit reihte sich an die andere. Eingefahrene Strukturen wurden aufgebrochen, Trainingsschwerpunkte neu gesetzt. Ich verstand zum ersten Mal, was es bedeutet, einen ganzheitlichen Ansatz zu verfolgen und alle Bereiche im Training mitzudenken. Die Fitness, die ich gern vernachlässigt hatte, wurde als Schlüssel zum Erfolg gesehen (und ich sperrte mich auch nicht mehr gegen diese Einsicht), dazu gehörte auch eine Ernährungsumstellung. Es reichte nicht mehr, die zwei bis drei Stunden auf dem Tennisplatz konzentriert zu sein, hart zu trainieren. Das hatte ich auch schon vorher getan. Nein, um den nächsten Schritt gehen zu können, musste ich ab sofort meinen kompletten Tagesablauf professionalisieren. Bei allem, was ich tat, schwang die Frage mit: Bringt mich das weiter? Hilft mir das, eine bessere Spielerin zu werden?

Der neue Lebenswandel zeigte jedenfalls rasch Wirkung. Ich wurde drahtiger, ein neues Körpergefühl stellte sich ein. Die Zukunftsängste aus der Vergangenheit wichen einer neuen Zuversicht. Die Motivation war zurückgekehrt. Ich war voller Elan und

Kraft und spürte, wie meine Fitness von Tag zu Tag besser wurde. Todmüde fiel ich abends ins Bett; es war wirklich harte Arbeit, und ich glaubte fest daran, dass sie sich auszahlte.

Als Vorbereitung auf die US Open spielte ich dann das WTA-Turnier in Dallas, das erstmals nach zwölf Jahren wieder ausgetragen wurde. Ich war dort Qualifikantin, da mein Ranking durch die Niederlagenserie in der ersten Jahreshälfte stark gefallen war. Die Temperaturen in Dallas waren extrem heiß, über vierzig Grad Celsius, man fühlte sich wie in einem Backofen. Aber die sengende Hitze machte mir nichts aus. Ich hatte endlich mal wieder ein Auftaktspiel gewonnen und nach einem etwas anstrengenden 4:6, 6:2 und 7:5 gegen die Südafrikanerin Chanelle Scheepers die Runde der letzten sechzehn erreicht. Diese mentale Hürde war also überwunden. So kann es weitergehen, dachte ich. Doch im Halbfinale wurde mein Lauf gestoppt. Hinzu kam, dass ich in der Weltrangliste aus den Top 100 flog – die US Open waren sozusagen meine letzte Chance, nicht komplett den Anschluss zu verlieren.

New York. Diesmal wohnte ich in einer etwas besseren Unterkunft als 2010, aber das war unerheblich. Auch mit einem Zelt im Central Park hätte ich mich arrangiert. Meine neu gewonnene Fokussierung galt einzig und allein der sich mir darbietenden Chance bei dem letzten Grand Slam des Jahres. Jegliche Ablenkung abseits des Turniers war unerwünscht. In den harten Trainingswochen war ich oft an meine Grenzen gegangen, wobei mich der Gedanke an das größte Tennisstadion der Welt, das Arthur Ashe Stadium, immer weiter gepusht hatte. Rückblickend war es das erste Turnier, bei dem ich den für mich wichtigen Tunnelblick entwickelte, der mich später noch durch viele Grand-Slam-Wochen tragen sollte.

Es war Anfang September, und in der Stadt war es kaum kühler als in Dallas. Die Hitze war nur nicht so trocken, sondern durch die hohe Luftfeuchtigkeit fast nicht auszuhalten. Von morgens bis abends drehte sich in meinem Kopf alles nur um die Vorbereitung auf die US Open. Mit meinem Trainer führte ich lange ausführliche Gespräche im Park oder auch beim Essen, aber die Quintessenz war ganz simpel. Ich musste meine größte Schwäche zu meiner Stärke machen. Ich kämpfte manchmal gegen mich selbst und war zu negativ, meine Emotionen waren der Verstärker für die größten Leistungen und schwächsten Spiele. Ich konnte sie bisher nur nie gezielt einsetzen. Mit meinem Trainer versuchte ich einen Weg zu finden, meine Emotionen zu kanalisieren. Diese Eigenschaft konnte mir helfen, mich vorn durchzusetzen. Wenn ich wollte, hatte ich glasklare Vorstellungen davon, wie ich meine Ressourcen einsetzen konnte. Dann multiplizierten sich meine Fähigkeiten um ein Vielfaches. Das war der Schlüssel für mich, so viel hatte ich verstanden.

Und es funktionierte. Als erste deutsche Tennisspielerin seit fünfzehn Jahren erreichte ich das Halbfinale der US Open. Es war mein bislang größter Erfolg. Mein Ziel war es gewesen, in die zweite und dritte Runde zu kommen, und nun stand ich unter den letzten vier. Ich konnte es kaum fassen. Es war wie in einem Traum. Ich wusste nach dem Viertelfinalmatch gegen die Italienerin Flavia Pennetta gar nicht mehr, wohin mit mir und meinen Gefühlen. Jahrelang hatte ich dafür trainiert – und dann war es so unerwartet passiert. Vielleicht auch gerade deshalb, weil ich zwischendurch nicht mehr damit gerechnet hatte.

Unentwegt erhielt ich SMS oder E-Mails, viele wollten mir gratulieren. Weil ich nie zuvor so etwas erlebt hatte, fühlte ich mich leicht überfordert. Irgendwann schaltete ich das Handy aus, es wurde mir zu viel. Jeder wollte mir etwas anderes zu verstehen geben. Die einen waren begeistert, dass ich endlich einmal meine Faust geballt hatte und vor Freude auf dem Boden kniete, als klar war, dass ich zu den letzten vier gehörte. „Angie, du kannst ja Emotionen zeigen!" Als ob ich zuvor ein Eisschrank gewesen wäre. Andere meinten, dass meine Karriere nun gesichert sei, auch finanziell müsse ich mir keine Gedanken machen, da ich ja schon durch das Achtelfinale ein stattliches Preisgeld in der Tasche hätte.

Es änderte sich in diesen Tagen eine ganze Menge und ich fing an, eine Ahnung davon zu bekommen, wie es wohl sein musste, in die erste Riege des weltweiten Tenniszirkus aufzusteigen – ich konnte das jedoch noch gar nicht überblicken und rang immer noch um Fassung. Seitdem ich Halbfinalistin war, hatte sich die Welt für mich um hundertachtzig Grad gedreht. Plötzlich redeten alle in der Umkleidekabine mit mir, selbst die, die mich vorher nie wahrgenommen hatten. Dabei hatte ich bei gemeinsamen Trainingseinheiten immer gemerkt, dass es da keinen so großen Unterschied zwischen den Topspielerinnen und mir gab. Es fehlte mir aber wohl die Zuversicht – und ein großer Erfolg. Der war nun da. Und damit sollten auch die letzten Zweifel beseitigt sein. Und die verpassten Möglichkeiten vergessen.

Als ich nicht glauben konnte, dass ich im Halbfinale stand und Petko in den Katakomben über den Weg lief, sagte sie mit einem Lächeln und ohne Neid: „Ich hab es dir doch prophezeit!" Eine wahre Freundin.

Meine Gegnerin im Halbfinale war die French-Open-Finalistin von 2010, Samantha Stosur aus Australien. Wir hatten nie gegeneinander gespielt oder miteinander trainiert, ich wusste wenig von ihr und sie genauso wenig von mir. Höchstens, dass ich Linkshänderin war.

Wegen Regen war das Halbfinale auf Samstag verschoben worden. Der Spielplan war so durcheinandergeraten, dass wir erst am Abend spielen konnten, mit Flutlicht, dazu nur auf dem drittgrößten Platz am Rand der Anlage, im Louis Armstrong Stadium. Das Arthur Ashe Stadium stand uns nicht zur Verfügung, der Boden war durch die heftigen Regenfälle aufgeweicht und hatte hinter der Grundlinie einen Riss. Egal. Immerhin waren noch ein paar hundert Menschen gekommen, um sich das Spiel anzusehen, und ich wollte es einfach genießen.

Ich war sehr nervös, vielleicht weil ich das alles immer noch nicht ganz verkraftet hatte. Ich merkte, dass ich mich nicht so konzentrieren konnte, wie ich es gern gewollt hätte, und das spürte Samantha Stosur genau. Die Weltranglistenzehnte spielte stark und offensiv. War der Ball länger im Spiel, konnte ich durch Schnelligkeit einiges wettmachen, und langsam legte sich auch meine Anfangsnervosität. Nun fing auch meine Gegnerin zu zittern an, doch immer wieder vergab ich leichtfertig Chancen. Ich gab aber nicht auf, gab das Spiel noch längst nicht verloren und mich nicht geschlagen. In jeder Sekunde wollte ich, dass das Match zu meinen Gunsten ausging. Doch am Ende waren meine Bemühungen vergebens. Nach einer Stunde und sechsundvierzig Minuten nutzte Samantha ihren zweiten Matchball – Sieg für sie. Große Enttäuschung für mich. Es wäre auch zu schön gewesen, im Finale zu stehen. Mein erstes Halbfinale auf der Tour zeigte mir, dass Nuancen über Sieg und Niederlage entscheiden, gerade in der zweiten Woche eines Grand-Slam-Turniers und noch viel mehr in der Vorschlussrunde. Da die Situation gänzlich neu für mich war, hatte mich die Freude über das Erreichen des Halbfinales einiges an Kraft gekostet. Kraft, die mir letztendlich in den entscheidenden Momenten fehlte. Dennoch war ich hochzufrieden, alles andere wäre vermessen gewesen. Die Lektion hatte ich dennoch mitgenommen.

„Hast du großartig gemacht", sagte mein Trainer, nachdem ich geduscht und mich umgezogen und vielen Menschen die Hände geschüttelt hatte. „Lass uns feiern. Party ist angesagt. Das hast du dir verdient."

„Nichts dagegen", sage ich und lachte.

Am nächsten Tag schaute ich mir das Finale der Frauen an, ein bisschen wehmütig. Der Gedanke, eine große Chance verpasst zu haben, weil ich mich ablenken ließ, hielt mich in der Nacht noch lange wach. Das Finale, Samantha gegen Serena Williams, fand ohne mich statt. Fast hätte es einen handfesten Skandal gegeben, denn Serena beschimpfte immer wieder die Stuhlschiedsrichterin, pöbelte herum. Würde man sie disqualifizieren? Irgendwie schaffte sie es aber, im Spiel zu bleiben – verlor aber haushoch. Für Samantha war es ihr erster Grand-Slam-Titel. Sie hatte souverän gespielt, ihre Emotionen im Griff gehabt, ohne irgendwelchen Allüren. Serena hatte vor dem Spiel angekündigt, sie werde heute, am zehnten Jahrestag des Terroranschlags auf das World Trade Center, ihren Landsleuten unbedingt den Sieg schenken. Vielleicht war sie deshalb so darauf aus gewesen, alles zu versuchen. Vielleicht war es aber auch ein zu hoher Anspruch gewesen.

Immer mehr fing ich nun an, meine Gegnerinnen zu studieren und aus ihren Stärken und Fehlern zu lernen. Nur wenige Matches der Topspielerinnen auf der Tour entgingen mir. Dabei achtete ich auf ihre Körpersprache und ihr taktisches Verhalten in engen Situationen. Jede Lektion würde mich helfen, mich weiterzuentwickeln. In New York war etwas in Gang gekommen. Zum ersten Mal hatte ich gespürt, wie es sein könnte, oben mitzuspielen. Und ich wollte mehr davon. Nicht mehr zurück zur Basis, zum Überlebenskampf auf der Tour. Ich hatte auf großer Bühne gezeigt, was in mir steckte. Jetzt galt es, den Erfolg zu bestätigen und nicht als Eintagsfliege im Jahresrückblick zu verkommen.

Kapitel 4

EINE ENTSCHEIDUNG ZWISCHEN HERZ UND HERZ

Auf einmal hatte ich ein Gesicht. Natürlich hatte ich schon immer ein Gesicht gehabt, aber plötzlich wurde ich auch von den Medien wahrgenommen, nicht nur von meinen Mitspielerinnen in der Umkleidekabine. Was für Topspielerinnen Normalität war, ich musste mich noch daran gewöhnen. Es war ein Prozess, den ich mit gemischten Gefühlen anging. Sogar bei meiner Rückreise von New York nach Europa wurde ich von einem Fan auf dem Flughafen erkannt, der mich um ein Autogramm bat. Ich schrieb etwas in ein Buch, in dem er gerade gelesen hatte, danach verabschiedete er sich mit einem Dankeschön.

Flughäfen sind ein eigener Mikrokosmos, für mich ein wunderbarer Ort, um Menschen zu beobachten und zu studieren. Ich überlege gern, warum sie unterwegs sind, ob sie einen Businesstermin wahrnehmen, am Wochenende zu ihrem Partner wollen, weil sie eine Fernbeziehung führen, womöglich traurig sind, weil eine nahe Person krank oder verstorben ist. Es gibt viele Gründe, sich in ein Flugzeug zu setzen. Am Flughafen kapseln sich manche Menschen regelrecht ein, andere sind offen, wollen mit einem reden, um von einem Fremden etwas zu erfahren, womöglich aus einem Land, von dem sie nur gehört hatten, aber in dem sie noch nie gewesen waren. Ich mag diese Gespräche, wenn sie zwanglos sind. Auf dem Flug von Dallas nach New York hatte ich mitbekommen, was die US-Amerikaner über Barack Obama dachten und die politischen Entscheidungen, die derzeit in den Medien kontrovers diskutiert wurden. Diese Unterredungen holten mich zuverlässig in die Realität zurück. Ich war so gut darin geworden, mich auf die Tenniswelt zu konzentrieren, dass ich zwischenzeitlich alles um mich herum vergaß. Zwischen Terminals und Trolleys, Landebahnen und Lounges lag auch die Transitzone zwischen meinen Welten. Ich wollte jedenfalls gar nicht wissen, wie viele Stunden zusammenkämen, wenn man all die Zeit addieren würde, die ich auf Flughäfen verbrachte. Mit traumwandlerischer Sicherheit steuerte ich durch sie hindurch, mal beschwingt und triumphal nach guten Turnieren, an anderen Tagen wieder zu Tode betrübt und niedergeschlagen, wenn die Erwartungshaltung an der Realität zerschellte.

Je öfters ich angesprochen wurde und mich in den Zeitungen wiederfand, drängte sich unweigerlich die Frage auf, wie ich mich und meine Privatsphäre schützen könnte, sollte ich einmal stärker ins öffentliche Interesse geraten.

Natürlich konnte man mich auf Reisen erkennen, allein daran, dass ich immer mein Racketbag bei mir trug. Niemals würde ich die Tasche mit meinen Schlägern als normales Gepäck aufgeben. Kein Tennisspieler, den ich kenne, würde das tun. Unsere Schläger sind auf uns justiert, sie sind das Kostbarste, was wir haben, unser verlängerter Arm. Das war es aber nicht, was mich umtrieb. Mir ging es vielmehr darum, Privates von Persönlichem zu trennen. Ersteres wollte ich nicht mit der Öffentlichkeit teilen. Die unterschiedliche Handhabung, was den Umgang mit den Medien angeht, hatte ich bei meinen Kolleginnen zur Genüge beobachtet. Manche stürzten sich ins Abenteuer und kannten nahezu keine Grenzen. Andere pflegten einen diplomatischen Ton, der nichts über ihr Innenleben preiszugeben schien. Meine Tennistasche machte mich auf Reisen zu einem leicht zu ortenden Ziel. An den Blicken der Reisenden konnte ich sehen, wenn sie überlegten, was für eine Sportart ich wohl betrieb. Aber ihre Überlegungen hatten bislang nichts mit meiner Person zu tun gehabt. Das änderte sich nun langsam. Dieses Flüstern und Tuscheln hinter vorgehaltener Hand, von dem jeder glaubt, es sei leise genug, damit es nur der gewünschte Adressat hört – in vielen Fällen ist es nicht so. Der Klang des eigenen Namens ist so zuverlässig einprogrammiert, dass er einem selbst aus dem größten Stimmenwirrwarr nicht entgeht.

Von Serena Williams oder anderen Topspielerinnen wusste ich, dass sie kaum noch mit einer üblichen Verkehrsmaschine fliegen, sondern meist in Privatjets steigen. Auch eine Möglichkeit, sich den Blicken der Öffentlichkeit zu entziehen, wenn auch eine sehr kostspielige. Doch bei ihren Preisgeldern war das wohl kein Problem. Mir war auch bekannt, dass für sie bei den Turnieren eine Sonderbehandlung bereitgehalten wurde, sie auch in anderen Hotels wohnten, mit Hinterausgängen und Sicherheitsvorkehrungen, in Suiten, die nicht auf einem Flur lagen, wo auch andere Hotelgäste ihre Zimmer hatten. Sie führten ein Parallelleben auf der Tour, wobei die Schnittmenge zum Rest des Feldes lediglich auf dem Platz stattfand. Es interessierte mich zwar nicht sonderlich, aber ich fragte mich schon, ob ich irgendwann in den Genuss der ganzen Annehmlichkeiten kommen würde. Oder besser gesagt: Es machte mich neugierig, was die Tenniswelt noch alles für Türen öffnen kann. Nicht aus einem Luxusgedanken heraus oder aus Bequemlichkeitsgründen, sondern schlicht und einfach, weil ich Herausforderungen liebe. Derweil wurde mein Ehrgeiz auf der sportlichen Seite immer ausgeprägter. Ich wollte siegen wegen des unbedingten Willens zum Siegen. Wenn ich Herausforderungen annahm und ich mich mit jemandem messen konnte, fühlte ich mich lebendig und leistungsfähig. Ich wollte zu den Topspielerinnen gehören, ich wollte Erfolge feiern, und dafür war ich bereit, alles zu geben.

Sollte ich mal bekannter werden, so machte ich mir klar, würde ich mehr in der Öffentlichkeit stehen. Der Druck würde sich verändern, es würde nicht mehr so unbeschwert sein wie früher. Würde es mir etwas ausmachen? Ich stellte mir den Tennis Court wie eine Bühne vor. Zwar hatte ich Lampenfieber, bevor ich den Platz betrat, aber begann das Spiel, war es verflogen, dann wollte ich gesehen, wollte ich wahrgenommen werden.

Nach dem Halbfinale bei den US Open nahm ich abermals eine Bestandsaufnahme mit meiner Mutter vor. „Ich will nicht länger Mitläuferin sein, für mich war New York erst der Anfang", sagte ich.

„Soll mich das jetzt verwundern?", entgegnete sie trocken, da ihr meine Entwicklung nicht entgangen war. Ich hatte einiges an Selbstvertrauen hinzugewonnen.

„Nein, eigentlich nicht. Aber ich musste es laut sagen, um es in meinem Kopf zu verankern."

„Vielleicht solltest du auch mal überlegen, wie du dich in Zukunft breiter aufstellst. In allen Bereichen. Nicht nur in sportlicher Hinsicht. Wenn das erst der Anfang war, wird in der nächsten Zeit noch vieles dazukommen."

„Du bist doch die weltbeste Beraterin", protestierte ich.

„Sicher, das werde ich auch bleiben", besänftigte mich meine Mutter. „Aber da, wo du hinmöchtest, kann dich ein größeres Team noch besser unterstützen."

„Aber ich würde euch gerne etwas zurückgeben. Ihr habt so viel für mich getan."

„Das ist verständlich und lieb von dir, aber das kann noch ein wenig warten, wir kommen auch so zurecht."

Es war nicht falsch, was meine Mutter vorgeschlagen hatte. Jedenfalls dachte ich das, nachdem unser Gespräch beendet war. So wie das Training vor New York mich weitergebracht hatte, wollte ich mich auch sonst weiter professionalisieren.

Zurück in Deutschland standen viele Termine an, ich sollte Pressekonferenzen geben, Interviews vor Fernsehkameras absolvieren und erhielt Einladungen zu besonderen Events. Musste ich früher für die ein oder andere Lokalzeitung ein Interview geben, wusste ich manchmal nicht, wie ich mich ausdrücken sollte. Bevor der Termin stattfand, machte ich mir stundenlang vorher in meinem Zimmer Gedanken, versuchte die Fragen zu antizipieren und zugleich die richtigen Antworten darauf zu finden. So fühlte ich mich sicherer, auch wenn die meisten Interviewer nicht unbedingt das von mir wissen wollten, was ich angenommen hatte. Aber ich hatte mental eine andere Einstellung zu solchen Ereignissen gefunden, ich hatte keine Angst mehr vor einem Mikrofon oder einem Journalisten. Dennoch sagte ich lieber eher weniger als zu viel. Natürlich hatte ich nichts dagegen, mit positiven Schlagzeilen in den Medien aufzutauchen, und mir war auch klar, dass es ein Teil des Ganzen war. Wobei meine Privatsphäre nicht dazugehörte.

Was sollte man auch darauf antworten, wenn man gefragt wurde, ob man einen Freund hatte oder schon ans Heiraten dachte? Frau Kerber, wie sieht Ihr Traumprinz aus? Mit welchem männlichen Kollegen würden Sie sich gern mal verabreden? Die Liste an Absurditäten war lang. Und persönliche Geschichten über meine Gegnerinnen oder Klatsch hatte ich ohnehin zu einem Tabu erklärt. Genauso wie politische Themen, da ich es vermeiden wollte, einer breiten Öffentlichkeit als Meinungsmacherin entgegenzutreten, ohne alle Fakten zu kennen. Nur weil man gut Tennis spielt, befähigt es einen nicht automatisch, das Weltgeschehen für Millionen von Menschen zu kommentieren.

Die entscheidenden Dinge im Sport waren ohnehin nur schwer in Worte zu fassen, wie etwa die unbändige Leidenschaft für diesen Sport, die mich immer weitermachen ließ. Bei genauerer Betrachtung war und ist es auch immer eine Hassliebe, darin verborgen all meine Zweifel. Im Grunde musste ich jedes Mal gegen mich selbst spielen, lernen, mich selbst zu überwinden, über mich selbst zu siegen. Für eine Topspielerin, die ich sein wollte, war das nicht gerade die beste Voraussetzung, denn es erforderte viel Kraft, sich dagegenzustemmen. Und wer interessierte sich schon dafür? Oder für meine innere Zerrissenheit – auch nicht gerade ein Medienthema, das ich zu Beginn meiner Karriere öffentlich diskutieren wollte. Wie ich sie mehr und mehr akzeptierte, wie ich mit ihr umging, welche Perspektive ich einnahm, wenn ich spürte, wie sie mich beherrschen wollte. Das Entscheidende war der Umgang mit ihr, der Blickwinkel. Immerhin zeigte sie mir inzwischen auf, was mir im Leben wichtig war. Ich betrachtete sie noch nicht als Verbündete, aber ich fühlte eine gewisse Demut ihr gegenüber, weil sie zum Menschsein gehört, ein überlebenswichtiger Mechanismus ist, um Situationen aus dem Weg zu gehen, die Gefahr bedeuten.

„Wenn ich nach diesem verlorenen Halbfinale schon so viel Aufmerksamkeit bekomme, wie wird es dann sein, wenn man erst einen Grand-Slam-Titel hat?", fragte ich eine gute Freundin von mir, als wir wieder einmal beisammensaßen.

„Bislang ist das noch graue Theorie", sagte sie voller Ehrlichkeit.

„Richtig, aber es könnte doch sein ..."

„Dann ist es aus mit deiner Anonymität, dann wird man dir in jedem Restaurant, das du betrittst, den besten Platz zuweisen. Jeder wird versuchen, deine Leistung anzuerkennen, auf diese oder jene Weise. Du kannst nicht mehr mit deinen Freunden so einfach in der nächsten Kneipe ein Glas Wein trinken. Und du wirst nach einem Grand-Slam-Titel noch mehr Fragen beantworten müssen, auf die keiner von uns gekommen wäre. Vergiss auch nicht: Herber Kritik wirst du ausgesetzt sein, wenn es nach einem Sieg plötzlich nicht mehr so klappt, wie man es gern hätte. Siege kann man nicht in Serie abrufen, das hast du inzwischen mehrfach erlebt."

Ich nickte. „Das kann man wohl sagen."

„Und denke auch daran, in einem solchen Fall wirst du noch mehr über deinen eigenen Schatten springen als zuvor", fuhr sie fort. „Du wirst ein gewisses Maß an Unabhängigkeit erlangen, insbesondere finanzieller Art, aber du wirst auch einen völlig neuen Druck erleben, der dich wieder abhängiger fühlen lässt – abhängiger von deinen Zweifeln. Eine ambivalente Sache wird das."

Das Gespräch mit meiner guten Freundin sollte noch lange in mir nachhallen. Und sie hatte absolut recht. Der Erfolg war ein zweischneidiges Schwert. Auf der einen Seite die Aufmerksamkeit, die Annehmlichkeiten, und auf der anderen Seite der Verlust an Freiheit und Selbstbestimmtheit. Die zahlreichen Einladungen zu diversen Events beispielsweise fand ich klasse. Ich liebte es, sofern es nicht mit meinem Turnierkalender kollidierte, schöne Kleider anzuziehen, mich von meiner Schwester, die inzwischen ihr Beauty-Studio eröffnet hatte, schminken zu lassen oder, wenn zu viele Kilometer zwischen uns waren, von ihr Make-up-Tipps abzuholen. Die richtige Lippenstiftfarbe zu einem roten oder schwarzen Kleid, das ist eine Kunst für sich. Ich staunte, was ich alles beachten konnte, denn im Grunde war ich bisher nur firm darin gewesen, in jedem Land die richtige Sonnencreme mit dem ausreichenden Schutzfilter aufzutragen.

„Ich finde, dir steht ein glamourös-sportlicher Look", stellte meines Schwester Jessica zufrieden fest, als sie mich wieder einmal schminkte.

„Wenn du das sagst, glaube ich dir. Ich habe nicht das Geringste dagegen einzuwenden."

Eine Schattenseite des Erfolgs war, dass es für solche ungezwungenen Gespräche mit meiner Schwester, in denen es einmal nicht um Tennis ging, immer weniger Gelegenheiten gab. Meine Schwester und ich sind sehr verschieden, sie war nie sonderlich sportinteressiert, hatte sich mehr auf die Schule konzentriert und wusste danach schon relativ früh, was sie beruflich machen wollte. Über meine sportlichen Ambitionen konnte sie manchmal nur den Kopf schütteln. Sie hatte es nie wirklich verstanden, weil sie es nie gespürt hatte, diese Konkurrenz, diesen Sportlerehrgeiz. Was ich aber nicht schlimm fand. Im Gegenteil, denn so konnte ich mit meiner Schwester über andere Themen sprechen.

Jessica verfolgte viele meiner Matches, freute sich immer mit mir, wenn ich gewonnen hatte, aber es war nicht so, dass sie immer wusste, auf welchem Turnier ich gerade war. Wir telefonierten aber immer miteinander, wenn etwas Wichtiges in ihrem Leben vorgefallen war.

Als ich langsam erfolgreich wurde, war es anfangs auch eine Umstellung für sie. Wer findet es schon ansprechend, als die „Schwester von" wahrgenommen zu werden?! Jeder sprach sie auf mich an. Zeitweise war sie deswegen ziemlich genervt, was ich nachvollziehen konnte. Es gab daher auch eine Phase, wo sie sagte: „Dieses blöde Tennis. Es geht nur darum, es gibt nur dieses Thema."

Es waren aber nicht nur die ungezwungenen Gespräche mit meiner Schwester, die ich vermisste. Generell hatte ich nun immer weniger Zeit für die Familie. Zwar hatte ich durch das Mehr an Aufmerksamkeit eine gewisse finanzielle Unabhängigkeit, auch durch neu gewonnene Sponsoren. Auf der anderen Seite fehlte mir die Freiheit, einfach nach dem Lustprinzip zu leben und etwa das Training ausfallen zu lassen, um mit meiner Mutter oder meiner Schwester shoppen zu gehen. Beides war mir unheimlich wichtig, die Familie genauso wie der Profisport, aber mir wurde immer schmerzlicher bewusst, dass ich mich strikt für eines entscheiden musste. Keine Entscheidung zwischen Kopf und Bauch, sondern zwischen Herz und Herz. Wobei das Tennisherz noch lange als Sieger hervorgehen würde.

WIMBLEDON 2018, FINALE, ERSTER SATZ – EIN ZWISCHENSPIEL

Ich atme tief durch, geschafft. Das erste aussagekräftige Zwischenfazit fällt durchweg positiv aus. Alles läuft nach Plan. Rund dreißig Minuten sind gespielt. Satzball für mich beim Stand von 5:3. Aufschlag Serena. Nach einem Grundlinienduell bleibt der Rückhandschlag von ihr an der Netzkante hängen und fällt zurück in ihre Hälfte.

Wimbledon und ich. Diese Magie zwischen uns hat sich über Jahre aufgebaut, sie war allerdings auch immer wieder von empfindlichen Rückschlägen gepflastert. Stress pur, verwirrende Emotionen, bittere Tränen, Albträume – ein ewiges Hin und Her. Ein regelrechtes Gefühlschaos. Vielleicht braucht es das einfach, um eine Verbindung letztlich noch stabiler und einzigartiger werden zu lassen. Wie bei einer innigen Freundschaft, in der man über die Jahre gemeinsam durch dick und dünn geht. Durch Höhen und Tiefen. Unerschütterlich. Gerade diese verrückten Aufs und Abs schweißen ungemein zusammen.

2011 besiegelte ausgerechnet eine Niederlage in Wimbledon fast mein Karriereende. Zwei Jahre später gab es nach meiner Zweitrundenniederlage gegen die Estin Kaia Kanepi einen gewaltigen Shitstorm auf meiner Facebook-Seite, beleidigende Äußerungen waren da zu lesen, aber es ging sogar noch weiter, manche anonymen User wünschten mir gebrochene Hände, andere äußerten Morddrohungen. Wohl einer der harmlosesten Beiträge lautete: „Einfach nur peinlich, Angelique. Schreckliche, schreckliche Vorstellung. Sehr enttäuschend."

Die britische Tageszeitung *Daily Mail* vermutete hinter den Angriffen enttäuschte Sportwetter, die durch meine Niederlage viel Geld verloren hatten. Ich war völlig geschockt, fühlte mich ein Stück weit ausgeliefert, war auch verletzt und hilflos über die Tatsache, dass eine Niederlage derart viele negative Reaktionen hervorrufen konnte. So etwas hatte ich nicht für möglich gehalten. Die Kommentare entfernte ich. Das trifft auch auf Posts auf Twitter oder Instagram zu. Ich versuche die Schattenseiten von Social Media möglichst zu ignorieren, aber hat man die Kommentare erst einmal gelesen, bekommt man sie nicht so schnell wieder aus dem Kopf. Warum machen Leute das? Jede Wette birgt das Risiko zu verlieren, ich bin auch keine gute Verliererin. Aber ich würde niemals in Gemeinheiten abrutschen. Triftige Erklärungen für derartige Angriffe gegen eine Person habe ich noch nicht gefunden.

Sicher, durch meine Halbfinalteilnahme in Wimbledon 2012 hatte ich Erwartungen geschürt. Auch ich war maßlos enttäuscht und äußerst selbstkritisch, weil ich meinem eigenen Anspruch nicht gerecht geworden war. Ich brauchte danach erst einmal eine Auszeit in Form eines Urlaubs. Doch jede Niederlage hat ihre eigene Geschichte. Wir Tennisprofis sind keine Roboter, sondern Menschen und haben gute und schlechte Tage. Und gerade der Druck in den ersten Tagen eines Grand Slams ist so immens, dass normale körperliche Bedürfnisse oftmals vernachlässigt werden. Nicht selten gerät das ganze System aus dem Gleichgewicht. Gemeinhin nimmt man an, dass Topspielerinnen gegen diese Art von Extrembelastung immun seien. Aber niemand kann immer und überall funktionieren. *Ich* kann nicht immer und überall funktionieren. Man muss nicht nachsichtig mit Profisportlern sein, aber eine faire, objektive Behandlung hat jeder Mensch verdient.

Ich sitze noch auf meinem Stuhl, atme tief durch, rücke meinen Visor zurecht und merke, wie die Anspannung nach dem erfolgreichen ersten Satz ein wenig weicht. Mein Körper fühlt sich in diesem Stadion locker an, gleichzeitig ist mir bewusst, dass noch nichts entschieden ist. Wer nach einem gewonnenen Durchgang gegen Serena glaubt, die Bühne sei schon bereitet für den Sieg, der hat schon verloren. Eine Weisheit, die in Wimbledon, im Tennis-Mekka, vermutlich noch unerschütterlicher ist als an jedem anderen Ort. Ich vermeide auch weiterhin den Blick in die Royal Box, ein gutes Zeichen. Ich weiß, dass ich meinen Plan nur durchziehen kann, wenn ich komplett bei mir bleibe. Meine Gedanken drehen sich um diesen Court, diese Herausforderung, diese Chance. Um meinen alten Traum, den ich fast aufgegeben hatte. Aber Träume gibt man nicht auf. Man kämpft um sie.

Ich visualisiere, wie ich mir schon als Kind vorgestellt habe, wie es ist, ein Grand-Slam-Turnier zu gewinnen. Nicht irgendeines, sondern dieses hier. Meinen Freundinnen und Freunden in der Schule waren die Australian Open, die French Open, die US Open kein Begriff, aber Wimbledon kannte durch Boris Becker und Steffi Graf jeder. Mein erster Matchball – ich bin in meinem Zimmer in Kiel ganz allein mit mir und diesem Augenblick. Ich entscheide den langen, umkämpften Ballwechsel mit einem Vorhand-Winner die Linie entlang für mich. Ich reiße die Arme in die Höhe. Diese Vorstellung reicht mir völlig, um mich wieder auf Spur zu kriegen. „Wimbledonsiegerin Angelique Kerber", flüstere ich ein paarmal und balle langsam meine Hand zur Faust, ehe meine Fantasiereise fürs Erste endet.

„Time", ruft Stuhlreferee Kader Nouni mit seiner markant sonoren Soulstimme. Der unmissverständliche Aufruf für den zweiten Durchgang. Der Vorsprung beruhigt, klar, Serenas Weg zum Ziel ist in diesem Moment, ganz nüchtern betrachtet, länger als meiner. Um hundert Prozent. Zahlenspiele. Doch die sind Theorie. Gefährliche Theorie. So darf man nicht denken in der Praxis. Schon gar nicht in einem Grand-Slam-Finale gegen Serena. Für mich ist es bislang ein erster Schritt, nicht mehr und nicht weniger. Alles andere blende ich aus, die Reset-Taste ist gedrückt. Alles auf null. Und die Satzführung? Irgendwo verstaut im Hinterkopf.

Ein kurzer Blick in meine Box, ich sehe entspannte Gesichter bei meinem Team. Danach nehme ich kurz die Anzeigetafel schräg darunter ins Visier, die sich ungeachtet ihrer Größe und der digitalen gelben Schrift auf schwarzem Hintergrund harmonisch einfügt in dieses geschichtsträchtige Ambiente. Das hat mich schon beeindruckt, als ich mir früher nachträglich die Matches von Steffi und Boris auf Video anschaute. Was war das für ein Ereignis, als sie am selben Tag, am 9. Juli 1989, ihre Endspiele in Wimbledon hatten und anschließend beide innerhalb von wenigen Stunden mit dem Siegerpokal in ihren Händen auf dem Centre Court standen. Das hatte sich fast schon unwirklich angefühlt, weil so etwas kaum wieder passieren wird. Steffi und Boris spielten am selben Tag, weil das Wetter in den Tagen zuvor so schlecht gewesen war, unaufhörlich hatte es geregnet. Kein Wetter für Rasentennis. Für Steffi war es der zweite Sieg gewesen, schon im Jahr zuvor hatte sie in Wimbledon gewonnen. Wie präzise sie gespielt hatte! Wenn sie sonst auch immer bei ihren Matches etwas unterkühlt gewirkt hatte, an diesem Tag schrie sie sogar laut auf und zeigte nach besonders gelungenen Punkten die Faust. Ich hatte mich an ihr kaum sattsehen können. Nach dem Matchball saß sie auf ihrem Stuhl und hatte Tränen in den Augen – ich war hin und weg und fühlte mit ihr. Hatte all die Mühen miterlebt, die Steffi durchgemacht haben musste. Denn ihre Rivalin Martina Navratilova hatte nicht minder leidenschaftlich gespielt.

Das Match von Boris Becker gegen Stefan Edberg habe ich mir natürlich ebenfalls auf Video angeschaut, in voller Erwartung seiner Becker-Faust und seiner berühmten Hechtsprünge. Er, der seine Gefühle immer offen auslebte, wirkte auf mich aber bei diesem Spiel viel zurückhaltender als sonst, nach seinem Sieg saß er Ewigkeiten auf seinem Stuhl und schaute zum Himmel. Was er wohl dachte? Später strahlten beide, Steffi und Boris, um die Wette – und ich mit ihnen.

Für einen Moment denke ich auch an Torben, von dem ich mich Ende 2017 getrennt habe und der nun die Kroatin Donna Vekić coacht. Zwei Tage vor Beginn des Turniers trafen wir uns zufällig auf der Anlage. Er hatte in Wimbledon seine beiden Töchter dabei. Die damals achtjährige Tilda war zu dieser Zeit ein glühender *Harry-Potter*-Fan. Weshalb Torben in London die Warner Bros. Studio Tour – The Making of Harry Potter absolvierte und Tilda den ersehnten Zauberstab erhielt. Was nicht ohne Folgen blieb, auch für mich nicht.

„Angie, du hast einen Wunsch frei", sagte sie.

„Wirklich? Okay, ich überlege …", erwiderte ich.

„Nun sag schon! Ich kann dir jeden Traum erfüllen, Ehrenwort!"

Nun mischte sich Torben ein: „Tilda, Angie ist nicht mehr meine Spielerin. Vielleicht solltest du zuerst Donna fragen, was sie sich wünscht."

„Nein, Papa. Ich möchte, dass Angie mir etwas sagt."

„Wie du meinst …"

„Also gut", gestand ich. „Ich wünsche mir, dass ich in diesem Jahr Wimbledon gewinne. Geht das?"

„Ja klar", meinte Tilda. „Warum nicht. Ich werde dich jetzt verzaubern. Mach einfach die Augen zu, dann wird es klappen. *Du* wirst Wimbledon gewinnen – und keine andere Spielerin. Cool, oder? Das geht aber nur, wenn du jetzt wirklich die Augen zumachst und auf keinen Fall lunzt."

Ich hielt mich an die Anweisung. Na ja, fast. Bei einem unerlaubten Augenzwinkern sah ich, wie Tilda den Zauberstab schwang. Dann sagte sie: „Cave Inimicum!" Was im *Harry-Potter*-Jargon so viel heißt wie: „Hält Gegner fern."

Im übertragenen Sinne hatte ich also nichts von meinen Kontrahentinnen zu befürchten. Wenn das so einfach wäre. Tilda schob zur Sicherheit noch ein „Alohomora!" hinterher. Nach dem Motto: „Doppelt hält besser." Harry Potter öffnet mithilfe dieses

Zauberworts regelmäßig verschlossene Türen und Fenster. Auch für mich sollte es in den anstehenden zwei Wochen keine unüberwindbaren Hürden geben. Davon jedenfalls war Tilda felsenfest überzeugt: „Jetzt kann nichts mehr passieren, Angie, vertrau mir einfach."

In den Tagen danach kamen mir allerdings berechtigte Zweifel, ob das Kapitel Wimbledon 2018 wirklich das erhoffte Ende nehmen würde. Gut gemeinte Zaubersprüche hin oder her. Die Zweitrundenpartie gegen die achtzehn Jahre alte US-amerikanische Qualifikantin Claire Liu, damals die Nummer 237 im WTA-Ranking, avancierte zur Nervenprobe. Und für mich zum Knackpunkt des ganzen Turniers. Auf Court 12 quälte ich mich in einer Stunde und vierundfünfzig Minuten zu einem 3:6, 6:2, 6:4. Mal wieder eines dieser ersten Matches im Turnier, durch die ich mich wirklich durchkämpfen musste. Eine emotionale Achterbahnfahrt – ich verzweifelte immer wieder, schimpfte und gestikulierte wild in alle Richtungen zu meinen Teammitgliedern, die auf dem Nebenplatz 18 nicht zusammensitzen konnten, da es keine Spielerbox gab.

Ich war so genervt von meiner Leistung, dass ich auch am nächsten Tag noch äußerst dünnhäutig reagierte. Dieser Seelenzustand, bei dem ich mir selbst am meisten im Weg stehe, hat manchmal zur Folge, dass ich mich selbst Leuten aus meinem eigenen Team gegenüber alles andere als fair verhalte. Dabei ist es mir enorm wichtig, dass Harmonie im Team herrscht und gegenseitige Wertschätzung. Denn ich weiß: Ohne meine Mannschaft läuft gar nichts.

Beim Training am Tag nach dem Liu-Spiel donnerte ich vor lauter Frust einen Ball über den Zaun und beklagte mich über alles und jeden. „Angie, Schluss damit!", ermahnte mich André, mein Physiotherapeut, plötzlich mit einer Strenge, die er nur an den Tag legt, wenn wirklich etwas im Argen liegt: „Ich denke, du hast hier Großes vor. Oder nicht? Wenn doch, dann fang auch endlich an, positiv zu denken und deinen Weg zu gehen." Punkt. Aus. Und vor allen Dingen keinerlei Raum für Interpretationen. Es waren Worte, die ich wie Nadelstiche spürte. Unangenehm, aber notwendig für mein mentales Erwachen. Der verbal vorgehaltene Spiegel verfehlte seine Wirkung nicht. Ich wusste sofort, dass André absolut recht hatte. Ich sagte ihm das nicht, aber meine neue Motivation sprach Bände.

André, ein waschechter Berliner, war schon unter Torben immer mit im Team, jedenfalls wenn er Zeit hatte, denn der Mittdreißiger arbeitete sonst bei den Eisbären Berlin und für die Eishockey-Nationalmannschaft. Mit ihm diskutiere ich ebenfalls, wie mit meinen Tennistrainern, über meine Taktik und die nächsten Gegnerinnen, in jeder Besprechung vor einem Match ist er dabei, übernimmt also so auch indirekt Traineraufgaben. Auch war er für mich Vertrauensperson und Kummerkasten, für alles, was mir auf dem Herzen lag. André konnte die Gebrauchsanweisung zum Umgang mit mir in schwierigen Situationen, gerade bei Grand-Slam-Turnieren, im Schlaf runterbeten. Dank ihm war ich nun also wieder zurück auf meiner Mission, die ich fortan noch zielstrebiger verfolgte.

Meine Übungseinheiten hielt ich regelmäßig auf Court 14 im Aorangi Park ab, der abgelegen vom allgemeinen Publikumsverkehr liegt, weit abseits von Kameras und Mikros. Natürlich gab ich noch Interviews, aber ich erfüllte nicht mehr jeden Wunsch, wenn die Journalisten am Ende des Trainings warteten. Meinem Manager Joschi wurde die nicht immer einfache Aufgabe zuteil, die täglich wachsende Zahl an Medienanfragen charmant abzumoderieren und die Frustration der Journalisten nicht überkochen zu lassen. Aber ich hatte schlichtweg keine andere Wahl. Die entscheidende Phase des Turniers war angebrochen, und ich wollte mich voll und ganz auf meine Mission konzentrieren. Kräfte sparen, im Tunnel bleiben, den Fokus bewahren. Nichts sollte mein Ziel gefährden.

Vor ein, zwei Jahren wäre ich noch überall stehen geblieben, hätte mich allen Anfragen gestellt. Jetzt hatte ich ein Team um mich herum, das, ohne zu fragen, wusste, wie es mich abschotten musste, und dadurch meinen Fokus auf das Wichtigste bewahrte. Natürlich war es für mich eine Zäsur gewesen, Nein zu sagen, das fällt mir bis heute schwer. Ich bin eher ein Mensch, der auf Harmonie aus ist und anderen einen Gefallen tut. Doch schon während meiner Traumsaison 2016 und zu Beginn des Jahres 2017 hatte ich festgestellt, dass ich selbst ausbrenne, wenn ich jeden Wunsch erfülle.

Back to the game. Die Sehnsucht nach dem Titel, sie ist immens. Vorher, als ich mit Serena durch die Gänge gelaufen bin, habe ich mir überlegt, wie viele Emotionen die Räume in den vergangenen Jahrzehnten schon miterlebt haben. Jubel, Fassungslosigkeit, Enttäuschung, Verzweiflung. Einfach eine Unmenge von Gefühlen, die jeweils noch mit dem Faktor Wimbledon multipliziert wurden – und werden. Will heißen: in ihrer Intensität um ein Vielfaches verstärkt wirken. Das hat sich in den Jahrzehnten nicht geändert.

Etliche Träume sind in den letzten Tagen auf dieser historischen Anlage wie Seifenblasen geplatzt. Andere leben noch. Meine. Und jene von Serena. Es ist verrückt: In den Katakomben auf dem Gelände herrschte noch vor nicht einmal zwei Wochen ein Gewusel wie auf einem Jahrmarkt. Insgesamt 256 Profis, Männer und Frauen, waren es am Anfang des Turniers (nur im Einzel wohlgemerkt), die für eine rege Betriebsamkeit sorgten. Samt ihren Coaches, Physiotherapeuten, Sparringspartnern und Familienmitgliedern. Mich erinnert das immer an eine große Hochzeit, bei der beim Empfang die gesamte Hochzeitsgesellschaft anwesend ist und sich zu später Stunde langsam, aber sicher die Reihen lichten. Bis sich am Ende eine Handvoll Leute auf viel zu viele Tische und Stühle verteilen. Was alle Turnierteilnehmer eint? Das eine große Ziel …

Und nun: Von den 128 im Hauptfeld gestarteten Spielerinnen sind noch genau zwei übrig geblieben. Serena, die dominierende Spielerin der vergangenen Jahre, und ich. Kaum einer von den Zuschauern wird daran zweifeln, dass sie gewinnen wird. Jedenfalls, aus der Massenveranstaltung ist nach der schonungslosen Radikalkur ein Zweikampf um die wertvollste aller Tennistrophäen geworden. Ich habe schon einiges erreicht, sicher, aber ich will diese Revanche gegen Serena. Unbedingt. Das Duell. Eine Spielerin gegen eine andere. Bereits als Kind habe ich diese auf den Kern heruntergebrochene Herausforderung gesucht, und wenn es nur gegen die Wand war. Einfach so trainieren, endlose Schlagfolgen, Cross, Longline, Topspin, Slice, Aufschlag, Return, Volley, Smash, ohne den Anreiz von Punkten, keine Wettbewerbsatmosphäre – auf Dauer fehlte mir da etwas. Ein Sieg an diesem Tag, auf diesem Rasen, gegen Serena würde mich als Spielerin vollständig machen. Zwei Grand Slams habe ich schon gewonnen, die Australian Open und die US Open, Wimbledon fehlt mir noch.

Gestern, einen Tag vor dem Finale, habe ich mich hingesetzt und mir überlegt, wie es 2016 war. Alles war damals neu für mich gewesen, der Gang zum Centre Court, die gesamte Atmosphäre. Vor zwei Jahren hatte sie mich erschlagen – vielleicht hatte ich auch deshalb nicht gesiegt. Ich war nicht mit der Einstellung, dass ich siegen werde, auf den Platz gegangen. Dieses Mal ist es anders. In diesem Turnier habe ich mich von Match zu Match gesteigert, habe mich von nichts irritieren lassen. Ich blieb bei mir, bis ins Finale. Als ich 2016 im Halbfinale stand, dachte ich sofort an das Finale, dieses Mal versuchte ich diesen Gedanken auszuschalten. Zwei Tage hatte ich nach dem gewonnenen Halbfinale, um mich auf das große Match mit Serena vorzubereiten. Ich tat wenig, meditierte, um nicht nervös, um mental ausgeglichen zu sein, trainierte nur vierzig Minuten. Genug, um nicht ins Grübeln zu fallen, um mich ein wenig aufzuwärmen. Abends telefonierte ich mit einer guten Freundin, sie erzählte mir lustige Geschichten aus ihrem Alltag, Klatsch und Tratsch von Bekannten, ich erzählte, wohin ich nach Wimbledon gern reisen würde, um mich von dem Turnier zu erholen. Ich war am Morgen sogar shoppen, um ein paar Dinge zu besorgen, die ich für den Urlaub brauche. Früher wäre ich nie auf die Idee gekommen, vor einem Finale zu shoppen. Ich hätte gedacht, ich dürfte das nicht, das würde mich aus meiner Konzentration rausbringen. Doch so ist es nicht. Je weniger ich mich im Vorfeld mit einem Spiel beschäftige, umso fokussierter bin ich, wenn es losgeht.

Und nun wird er angekündigt, der zweite Satz. Wenn ich ihn gewinne, ist das Spiel vorbei. Für Serena.

Kapitel 5

DER SPRUNG IN DEN YARRA RIVER

Nach meiner Halbfinalteilnahme bei den US Open 2011 wollte ich alles dafür geben, ganz nach oben zu kommen. Ich war motiviert wie noch nie, endlich zu den Topspielerinnen zu gehören, und ich war mir sicher, meine Selbstzweifel besiegen zu können. Und tatsächlich stellten sich weitere Erfolge ein: 2012 die ersten Turniersiege auf der WTA-Tour in Paris und Kopenhagen; das Halbfinale in Wimbledon, von dem ich schon erzählt habe, zwei Teilnahmen bei den WTA-Championships in Folge. 2015 dann mein bisher bestes Jahr mit insgesamt fünf Turniersiegen und einer erneuten Teilnahme bei den WTA Finals der acht besten Spielerinnen Ende des Jahres. Es ging also eindeutig nach oben, und folglich stand ich in diesen Jahren fast durchgehend unter den ersten zehn der Weltrangliste – der ganz große Erfolg, ein Sieg bei einem der vier Grand Slams, war mir jedoch verwehrt geblieben. Bis zu jenen denkwürdigen Australian Open 2016, die ein wahrlich verrücktes Jahr einläuteten.

Der Morgen nach dem Finalsieg fühlte sich jedoch erst einmal ganz anders an als erwartet. Die berühmte Wolke sieben, auf der es sich so herrlich unbeschwert schweben lässt, erst recht nach dem ersten Grand-Slam-Triumph, sie musste auf dem Weg zu mir noch kurz woanders Station gemacht haben.

Was ich beim Aufwachen an diesem Sonntag im Januar 2016 nach knapp zwei Stunden Tiefschlaf als Erstes sah? Eigentlich nichts. Und das lag keineswegs nur an der Tatsache, dass ich meine schweren Augenlider kaum dazu bewegen konnte, ein wenig Licht ins Dunkel zu bringen.

Torben und mein Physiotherapeut hatten mich nach durchfeierter Siegesnacht im Melbourner Club OneSixOne einfach bäuchlings auf mein Bett im Grand Hyatt Hotel gelegt. Im Morgengrauen. In meinem weißen Kleid. Wie bei einer Fallschirmspringerin im freien Fall waren Arme und Beine abgewinkelt. Von einem grazilen Landeanflug konnte bei mir aber nicht die Rede sein. Mein Gesicht steckte quasi im Kissen. So tief, dass ich mich fragte, wie in dieser Position überhaupt nur ein einziger Atemzug machbar war. In meinem Kopf wummerte noch der Bass aus den Musikboxen der Nacht. Komplett erledigt. Von außen betrachtet eher betäubt als beseelt von diesen unglaublichen Emotionen, die dieser bis dahin aufregendste Tag in meinem Leben ausgelöst hatte. Ich war der Welt gewissermaßen entrückt, allerdings nicht ganz freiwillig.

Einen gehörigen Teil dazu beigetragen hatten die Malibu Shots, die mir während unserer durchzechten Nacht gereicht worden waren. Zu viel Likör. Für mich jedenfalls, trotz meiner polnischen Wurzeln. Dazu noch Rotwein – und der Umstand, dass ich das letzte Mal am Samstagnachmittag, rund hundertzwanzig Minuten vor dem abendlichen Finale gegen Serena Williams, etwas Richtiges gegessen hatte. In den sechzehn Stunden danach brachte ich abgesehen von der hochprozentigen Flüssignahrung nur eine mittelgroße Banane hinunter.

Überraschenderweise verspürte ich keine Übelkeit, als ich merkte, wie mich am frühen Morgen jemand aus der Horizontalen aus der Ferne ansprach und mir sanft auf einen Stuhl half. „Langsam nach oben", sagte eine Frau, die ich im ersten Moment nicht so recht zuzuordnen wusste. Überhaupt, die Stimmen in meinem Hotelzimmer nahm ich seltsam verzerrt wahr, wie in Trance. Irgendwie verwirrte mich der Mix aus einer angenehm tiefen inneren Zufriedenheit auf der einen Seite und der unbekannten Schwere auf der anderen. Einen klaren Gedanken fassen? Noch unmöglich! Am Tag zuvor hatte ich schon so viel Unvorhersehbares erlebt, vielleicht gehörte das alles zu den Erfahrungen, die man als frischgebackene Grand-Slam-Siegerin sammelt. Wer wusste das schon. Grand-Slam-Champion Angelique Kerber! Wie hört sich das eigentlich an?, hatte ich mich gefragt, als ich während unserer Feier hinausgegangen war in die australische Sommernacht, um ein paar Minuten ganz allein für mich zu sein. Um zu verstehen, was da gerade mit mir geschah. Es klang noch nicht vertraut. Ein Stück weit unwirklich sogar. Als müsste dieser Titel erst noch langsam mit meinem Namen verschmelzen. Zu einer Einheit, die ab jetzt Teil meines Ichs war.

Grand-Slam-Champion Angelique Kerber. Wie fühlt sich das eigentlich an?, überlegte ich weiter. Unfassbar gut. Wie ein warmer Wind, der einen beim Auftauchen aus dem Meer umspielt und auf der nassen Haut dieses wohlig samtige Gefühl hinterlässt, von dem man sich wünscht, dass es nie mehr vergeht. Aber das Ganze hatte auch etwas von einer monumentalen Belohnung.

Die Emotionen waren noch so frisch und unmittelbar, dass ich mich bei geschlossenen Augen nach Belieben an den Erinnerungen des Vorabends bedienen konnte. Jedes Mal durchfuhr mich das elektrisierende Gefühl aufs Neue. Der Matchball, die Siegerehrung, der Blick in die jubelnde Menge – es war alles passiert.

An Schlafen war in den Stunden nach dem Finale nicht zu denken. Erst gegen Mitternacht war der Pressemarathon beendet. Ich wollte nicht, dass die Nacht zu Ende ging, das Gefühl des Erlebten immer und immer wieder auskosten.

Meinem Team ging es dabei nichts anders. Ausschlaggebend für die Wahl der Lokalitäten für die Aftermatch-Party waren die Öffnungszeiten. In dieser Nacht tanzte ich zu allem, was auch nur im Entferntesten mit Musik zu tun hatte. Wie meine Zukunft fortan aussehen würde, darüber machte ich mir in dem Moment keinerlei Gedanken.

Drei Uhr, vier Uhr, fünf Uhr … vollkommen egal. Ich lebte im Hier und Jetzt. Auf dieser Tanzfläche, die ein willkommenes

Spielfeld war, um all die Emotionen herauszulassen, die einer unerschöpflichen Quelle zu entspringen schienen. „Angie", rief mir Torben plötzlich zu, als er sich für ein paar Minuten am Tisch ausruhte und eine kurze akustische Beschallungspause nutzte: „Weißt du noch, wie ich immer gesagt habe: ‚Wenn du einen Major-Titel gewinnst, dann musst du es so richtig krachen lassen'?" Natürlich wusste ich das noch. Ich hatte immer mal wieder darüber nachgedacht, wie ich einen solchen Coup feiern würde. Aber zu mehr als einer groben Vorstellung war es nie gekommen. Im Unterschied zu meiner ersten Grand-Slam-Halbfinalteilnahme bei den US Open 2012 hatte ich meine Emotionen bis zum Finale bewusst gezügelt. Das änderte sich schlagartig mit dem Matchball.

Unsere Partytruppe jedenfalls hatte im Lauf der Nacht Zuwachs bekommen, weil Torben einen alten Bekannten aus Itzehoe traf. Zufällig. Am anderen Ende der Welt, in diesem Club, in diesen besonderen Stunden. Doch ich hatte längst ein Stadium erreicht, in dem mich nichts mehr wunderte. Selbst solch eine verrückte Geschichte nicht. Ich kann mich noch daran erinnern, dass es schon hell wurde, als wir die mehrstöckige Örtlichkeit verließen und ich unbedacht auf die Straße lief. Das Taxi konnte in letzter Sekunde ausweichen. Dauerhupend bog der Fahrer mit quietschenden Reifen um die nächste Ecke, während ich auf einmal wieder hellwach war. Allerdings noch nicht wieder so hellwach, dass ich mich wie der Rest meines Teams nach der Ankunft im Hotel gleich in den Frühstücksraum aufmachte, um bei Kaffee, Rührei und Müsli die nächste Phase dieser verrückten Reise einzuläuten.

In meinem Hotelzimmer lehnte ich nun mit dem Hinterkopf an der Wand. Jede Entlastung bedeutete im Stadium tiefster Erschöpfung eine Wohltat. Eine mir unbekannte Frau begann damit, mich mit geübten Handgriffen zu schminken. Make-up, Wimperntusche, Lippenstift, zum Schluss puderte sie mich ab – das volle Programm. Große Dinge standen offenbar an, ich erinnerte mich.

Ich blinzelte nur gelegentlich, jeder Lichtstrahl hatte die Wirkung eines Mini-Stromschlags. Den Blick in den Spiegel wagte ich nicht. Noch nicht. Wenn ich wirklich so aussah, wie ich mich fühlte, wollte ich mir diese ernüchternde Art der Konfrontation ersparen.

Irgendwer erzählte etwas vom Yarra River. Na klar, wie hatte ich das nur vergessen können. In einem Eurosport-Interview mit dem Reporter Matthias Stach hatte ich mich auf eine Wette eingelassen. Falls ich in Melbourne den Titel holte, würden wir zusammen in den Yarra River springen. Das hatte schon der US-Amerikaner Jim Courier nach seinen Australian-Open-Siegen getan. Allerdings nicht ohne Folge, wie mir zugetragen wurde: Courier trug vermeintlich bei einer seiner triumphalen Badeaktionen eine bakterielle Infektion davon, die vom verschmutzten Wasser rührte.

Was für ein Albtraum, wenn man überlegte: eben erst den Australian-Open-Pokal gegen Serena Williams gewonnen, dann von ansteckenden Flusskeimen in einem ungleichen Duell niedergestreckt. Das durfte mir nicht passieren. Nicht in diesen besonderen Stunden.

Ich musste beim Einlösen der Wette also unbedingt vermeiden, auch nur einen Spritzer dieser unappetitlich bräunlich anmutenden Flüssigkeit zu schlucken. Sonst würde der Rückflug kein Spaß werden. Aber darüber wollte und konnte ich mir jetzt noch nicht den Kopf zerbrechen. Denn die Realität torpedierte meine Planungen. Plötzlich rissen mich lauter werdende Stimmen im Raum aus meinen Gedanken. „Abmarsch. Auf geht's, Angie", rief Torben, der zur Feier des Tages ein weißes Hemd trug. Meinte er wirklich mich? Natürlich war mir klar, dass für eine frischgebackene Grand-Slam-Siegerin am Tag danach eine Vielzahl an Verpflichtungen auf der Agenda stand.

Unten in der Hotellobby mit den markanten Säulen hatten sich schon die deutschen Journalisten versammelt. Geschätzt ein knappes Dutzend. Erst nach dem Verlassen des Aufzugs bemerkte ich, dass Torben irgendwie anders aussah, was nicht nur an seinem weißen Hemd lag. Aus Aberglauben hatte er sich während des gesamten Turniers nicht rasiert. Und mit jedem meiner insgesamt sieben Siege wuchs nicht nur mein Selbstvertrauen – sondern auch Torbens Bart. Zwei Wochen konnten lang sein.

Mir blieb trotzdem schleierhaft, wann er zwischen der Rückkehr ins Hotel am frühen Morgen gegen fünf Uhr und jetzt die Zeit, aber vor allen Dingen den Nerv gehabt hatte, zum Rasierer zu greifen. Überhaupt fand ich kaum Antworten auf meine Fragen, die mir unvermittelt in den Sinn kamen. Die so unkontrolliert aufpoppten wie Push-Nachrichten auf dem Handy.

Später, als ich mir die Fotos von diesem Tag anschaute, war es mir ein Rätsel, wie ich nach den Strapazen des Turniers und dem zweistündigen Tiefschlaf so frisch aussehen konnte. Das pure Glücksgefühl hatte wohl die tiefen Augenringe und die blasse Gesichtsfarbe wie von Zauberhand verschwinden lassen. Hörte sich gut an – die Wahrheit aber war, dass auch die Visagistin ihren Job hervorragend verstand.

Weiter ging es im Auto vom Hotel in der Collins Street zu jenem Teil des Yarra Rivers, an dem die Swan Street Bridge in den Olympic Park führte. Eine Fahrt von zehn Minuten. Irgendwie war mir jetzt doch flau im Magen. Jemand bot mir einen Müsliriegel an, ich lehnte dankend ab. Wer wusste, was passieren würde ... Ich wollte dann doch tunlichst vermeiden, mich vor laufender Kamera übergeben zu müssen. Das wäre für meinen Geschmack eine Schlagzeile zu viel. Und der Tag in Melbourne würde noch genügend Überraschungen bereithalten. Die Stadt, mit der ich seit dem gestrigen Abend mein ganzes Leben auf wundersame Weise verbunden bleiben würde. Ich dachte daran, dass ich nicht mehr die jüngste Spielerin war, schon achtundzwanzig, aber jetzt war ich bereit dafür gewesen. Hätte ich mit zwanzig den Titel gewonnen, ich wäre noch nicht so weit im Kopf gewesen, um all das verarbeiten zu können. Durch die vielen Aufs und

Abs, durch die ich gegangen war, war ich innerlich gereift. Mit zwanzig wäre es anders gelaufen, nicht so erfüllend.

Als Erstes stand eine Live-Schalte ins *aktuelle sportstudio* an, in Deutschland war es durch den Zeitunterschied noch Samstagabend, genauer gesagt 23:00 Uhr. Und hier, am anderen Ende der Welt, lag schon eine verrückte Nacht zwischen dem Erreichen meiner persönlichen Endstation Sehnsucht und diesem perfekten Sommermorgen. Diesem Tag eins in der neuen Zeitrechnung meines Lebens, jenem 31. Januar, an dem meine Karriere die nächste Stufe erreicht hatte. Wirklich glauben konnte ich das Ganze aber immer noch nicht. „Passiert das alles wirklich?", fragte ich Torben zwischendurch immer mal wieder.

Die Liste an Terminen und Interviews schien nicht kürzer zu werden. Das rote Livelicht der Kamera setzte Adrenalin frei, wie bei einem wichtigen Punkt im Match. „Was will man mehr?", sagte ich und hielt in meinem geblümten Kleid, das ich mir zu Turnierbeginn gekauft hatte, den massiven Pokal hoch. „Es ist ein Wahnsinn, was da gestern Abend passiert ist!", gab ich in allen möglichen Variationen den Sendern und Reportern zum Besten.

Vor dem unvermeidlichen Sprung in den Yarra River zog ich mich um, im grünen Top und kurzer Hose wollte ich das ausbaden, was ich mir mit dieser Wette eingebrockt hatte. Zum Glück hatte Torben an alles gedacht. Sogar an den schneeweißen Bademantel aus dem Hotel, den er vorsorglich eingepackt hatte – und den ich mir vor dem Sprung überwarf, als mir meine neue Lieblingsvisagistin die Haare zusammenband. „Hochzeits-Hochsteckfrisur", witzelte eine Radiojournalistin. Ich entgegnete breit grinsend: „Ich bin vorbereitet. Auf alles!"

Was sich wenig später bewahrheiten sollte, nicht auf die Hochzeit, aber auf „alles". Auf dem zwanzig Meter langen Weg von einem kleinen Plateau über eine abschüssige Wiese zum Fluss stürzte ich beinahe über ein TV-Kabel. Aber irgendwie spürte ich, dass mich heute keine Hürde zu Fall bringen konnte. Ich befand mich in einer Art Schwebezustand, aber vor allen Dingen erst einmal befreit vom Druck. Zudem mit dieser unerschütterlichen Gewissheit ausgestattet, es nicht nur allen da draußen, sondern auch mir gezeigt zu haben. Bewiesen zu haben, dass Aufgeben keine Option sein darf.

Meine Gedanken schweiften zu einer Begegnung mit Steffi Graf, es war 2015, gerade hatte ich das Turnier in Indian Wells gespielt und vor dem nächsten Turnier in Miami ein paar Tage Leerlauf. Ich nutzte die Gelegenheit und besuchte Steffi in Las Vegas. In den wenigen Trainingseinheiten, die ich mit ihr absolvierte, war ich beeindruckt von ihrer Intensität auf dem Platz, wie kraftvoll sie den Ball schlug und wie sie über den Platz tänzelte. Nach dem Training unterhielten wir uns noch eine Weile, und sie sagte mir etwas, das hängen blieb, das ich von diesem Aufenthalt in Las Vegas mit auf meine weitere Reise nahm. Sie gab mir zu verstehen, dass sich harte Arbeit auszahlen würde. Geduld und harte Arbeit. So einfach, so wahr.

Die Begegnung mit Steffi fiel in eine Zeit, die vom Warten auf den großen Durchbruch geprägt war. Die Philosophie des harten Arbeitens war mir nicht fremd. Sie entsprach vielmehr meinem Mantra. Aber es war etwas anderes, wenn man es von jemandem hörte, der es zeitlebens vorgelebt hatte. Und eben Steffi war.

Ich nahm mir ihre Bemerkung zu Herzen, und drei Jahre später hatte sich ihre Prophezeiung aufs Wunderbarste bewahrheitet. Es stimmte eben: Resilienz und Durchhaltevermögen sind entscheidend im Profigeschäft.

Der Yarra River holte mich zurück in die Jetztzeit. Meine Stimmungslage hätte auch noch den Fallschirmsprung erlaubt, um den ich mit meinem Trainer im Falle eines Sieges gewettet hatte. Es blieb dann aber doch nur beim kurzen Geplansche mit Wettpartner „Stachi" im trüben Wasser. Sei's drum, die Abkühlung wirkte wie ein Energie-Booster, der mich plötzlich wieder klarer denken ließ.

Als ich aus dem Wasser raus war und mich abtrocknete, fiel mein Blick auf die Rod Laver Arena, die am gegenüberliegenden Ufer am Olympia Boulevard wie ein schlafender Riese thronte. Am Abend zuvor war sie zu meinem persönlichen Theater der Träume avanciert. Diese magischen Momente wurden auf einmal greifbar.

Ich sah vor meinem geistigen Auge zum x-ten Mal den Matchball. Wie in Zeitlupe, aber dieses Mal schaute ich aus der Vogelperspektive auf den Platz. Ich führte nach 2:08 Stunden 5:4 im dritten Satz, hatte Vorteil, meine erste Chance, das Match zu beenden. Aufschlag Serena. Bitte kein Ass!, dachte ich – und sagte mir: „Bring den Ball irgendwie zurück ins Feld. *Irgendwie.*" Es gelang. Ihr Service durch die Mitte konnte ich returnieren. Williams rückte nach ihrem nächsten Schlag ans Netz, war mit allem, was sie zu bieten hatte, präsent. Alarmstufe Rot, obwohl die vielleicht beste Tennisspielerin aller Zeiten an diesem Abend leuchtendes Gelb trug. Ich zog meine Rückhand voll durch. Serenas aus dem Handgelenk gespielter Vorhandvolley wurde lang. Immer länger. Zuuuuu laaaaang. Ich starrte wie hypnotisiert auf den Ball, der *hinter* der Grundlinie aufsprang.

Mein Leben war ab diesem Moment unterteilt in ein Davor und ein Danach. Unwiderruflich. Davon ahnte ich in dieser Sekunde allerdings nicht ansatzweise etwas. Meine Gedanken drehten sich um ganz andere Dinge, um offensichtliche Wahrheiten, die mich tief im Innersten überglücklich machten: Endlich war es mir nach so vielen Anläufen gelungen, bis zum Ende, bis zum allerallerletzten Ballwechsel die Nerven zu bewahren. Alles auszublenden. Mit der latenten Angst im Nacken, alles könnte sich doch noch als böser Streich herausstellen. Aber es war real.

Ich spürte jetzt wieder, wie nach dem Matchball plötzlich mein Körper bebte vor all diesen unbeschreiblich intensiven Emotionen. Ich warf mein Racket von mir, ließ mich auf den Rücken fallen, fing leise an zu schluchzen, schlug die Hände vors Gesicht.

In diesem Moment war ich allein mit mir, er wirkte noch gefährlich zerbrechlich, riss mich aber trotzdem wie eine Naturgewalt mit. Ich wehrte mich nicht dagegen – und wurde mit einer großen Ruhe belohnt. Alles um mich herum wurde still und dunkel. Es waren nur Sekunden, aber es fühlte sich an wie eine kleine Ewigkeit. Meine kleine Ewigkeit.

Der Jubel der rund 14 500 Zuschauer brachte mich wieder zurück in die Realität. Serena tauchte auf einmal vor mir auf. Wie das? Sie musste in der Zwischenzeit hinüber auf meine Seite gekommen sein. Eine tolle Geste von ihr. Sie drückte mich und flüsterte mir ins Ohr, wie sehr sie sich für mich freue. Es klang ehrlich. Ich nahm ihr jedes Wort ab, zumindest das Bestreben, sich in dem Moment die Enttäuschung nicht anmerken zu lassen. Denn ich sah sie in ihren Augen, deutlich. Wie auch nicht, sie war eine Wettkämpferin, wie es sie kein zweites Mal in der Geschichte des Tennissports vorher gegeben hatte. Eine Ikone, die den Sport nachhaltig in neue Sphären katapultierte und damit den Weg für eine ganze Generation an Spielerinnen bahnte. Durch sie war die Bühne im Tennis gewachsen, wovon ich auch profitierte. Ohne Serena wäre die Aufmerksamkeit für das Tennis nicht die gleiche. Ihre Leidenschaft für den Sport war einzigartig, ihr Siegeswille legendär. Verlieren war schlichtweg keine Option. Doch an dem Abend erwies sie sich als faire Verliererin.

Als ich schließlich vor der Siegerehrung in der abgedunkelten Arena auf meinem Stuhl saß und in einem Anflug aus Freude, Stolz und Verblüffung immer wieder schmunzeln musste, zogen wie im Zeitraffer die vergangenen Wochen vorbei.

Ein paar Tage vor Turnierbeginn fiel mir mitten in der Nacht eine Holzlatte aus der Deckenverkleidung auf den Kopf. Mein Herz setzte vor Schreck aus, ich wurde regelrecht panisch, weil ich dachte, jemand sei im Zimmer. Die Beule an der rechten oberen Stirnhälfte begleitete mich fast das gesamte Event. Gemerkt hatte es niemand, weil ich sie unter meinen Haaren versteckte.

Zum Glück war es kein Holzbalken gewesen, der hätte mich fast erschlagen können, womöglich wäre ich dann nicht einmal mehr turniertauglich gewesen.

Den Rest der Horrornacht verbrachte ich mit dem Kopf am Fußende, weil ich der Verkleidung hoch über mir nicht mehr traute. Schlafen konnte ich kaum, vielmehr malte ich mir immer wieder aus, was hätte passieren können. Gehirnerschütterung, Loch im Kopf, Augenverletzung.

In den ersten Turniertagen hatte ich dann eine Achterbahnfahrt der Gefühle erlebt. Schlimmer: Eigentlich saß ich nach der ersten Runde schon wieder im Flieger, auf dem Weg zurück nach Hause. Mit einer deprimierenden Niederlage im Gepäck. Im Auftaktmatch gegen Misaki Doi, die damalige Nummer 64 im WTA-Ranking, hatte ich, an Position sieben gesetzt, im Tiebreak des zweiten Satzes Matchball gegen mich. Ein Schlüsselmoment. Die Japanerin setzte den Return nach meinem Aufschlag jedoch ins Aus. Was wäre gewesen, wenn das nicht geschehen wäre? Vielleicht würde ich mittlerweile gar nicht mehr spielen. Nicht nur 2011 hatte ich ans Aufhören gedacht, dieser Gedanke war mir immer wieder gekommen, wenn es nicht so lief, wie ich es wollte, wenn die Anstrengungen zu groß waren. Niederlagen sind im Tennis brutaler als beispielsweise im Fußball. Auch weil man allein auf dem Platz steht und sich die Wucht eines enttäuschenden Rückschlags nicht auf mehrere Schultern verteilt. Sie trifft nur dich. Oft bis ins Mark. Kaum einer kann sich vorstellen, wie hart das wirklich ist. Hinzu kommt, dass wöchentliche Niederlagen im Tennis vielmehr die Regel als die Ausnahme darstellen. Selbst die besten Spieler auf der Tour gewinnen nur einen Bruchteil der Turniere, an denen sie teilnehmen.

Und Erstrundenpartien können die Hölle sein. Der Druck ist immens; da sind die eigenen Erwartungen, die der Familie, der Sponsoren, die ich inzwischen hatte, der Presse. Aber das Fatale ist: Schafft man die erste Runde, nimmt zwar die Angst vor der Blamage ab, der Druck verlagert sich aber lediglich und nimmt eine andere Form an. Die generelle Erwartungshaltung steigt und der Druck von außen nimmt zu. Die Gesetzmäßigkeiten gelten für alle auf der Tour, nur die Umgangsweise und Mechanismen unterscheiden sich. Keiner ist immun, nur die Besten wissen damit verlässlich umzugehen und in der Herausforderung sämtliche Kräfte zu mobilisieren und auf den Punkt abzurufen. Wie ein Bergsteiger, der auf dem steilen, beschwerlichen Weg nach oben plötzlich, auf der Zielgeraden, diese unbändige Kraft verspürt, zum Gipfel sprinten zu können. Ungeachtet der dünnen Luft um ihn herum. In dieser Phase der Leichtigkeit können Grenzen überschritten werden, die im Training nicht denkbar sind.

Mein Frust war riesig über den so knappen Sieg gegen Doi. Beim anschließenden Cooling Down auf dem Ergometer sagte ich zu Torben: „Wenn ich übermorgen wieder so eine Partie hinlege, können wir danach gleich heimfliegen." Der Widerspruch meines sonst so zuversichtlich gestimmten Trainers blieb aus.

Doch noch mussten wir nicht unsere Sachen packen. Von Runde zu Runde lief es besser, ich war erstaunt über meine eigene Fitness. Das Viertelfinale gegen Victoria Azarenka hatte zumindest schon mal die Wirkung eines kleinen „Klicks". Gegen sie, die weißrussische Powerspielerin, hatte ich zuvor in sechs Duellen noch nie gewonnen – diesmal klappte es. Kaum zu glauben, dass ich diese Angstgegnerin geschlagen hatte.

Ein gutes Omen? Mein Selbstvertrauen jedenfalls wuchs weiter. Instinktiv schien ich zu wissen, wie die wichtigen Punkte zu spielen waren, ich vertraute mir selbst blind. Alles ging mir locker von der Hand, alles kam mir so selbstverständlich vor. Der Schläger fungierte als verlängerter Arm, der Ball gehorchte und wurde zum Verbündeten. Herrlich auch die Perspektive, die sich veränderte. War der Zugang zum Tunnel zu Beginn des Turniers eher klein wie ein Mauseloch, wurde er von Match zu Match immer größer, mehr und mehr eine gigantische Eingangspforte, durch die man wie auf Schienen zielsicher geleitet wurde. Ich befand mich schließlich im Flow, war ganz bei mir, alles ging mir mühelos von der Hand. Fast wie ein glückseliger Rausch. Und dieser Strudel an positiven Energien spülte mich bis ins Finale.

Es war mein erstes Grand-Slam-Endspiel. Dass dort mit Serena Williams die unangefochtene Nummer eins des Tennisuniversums wartete, machte die Herausforderung nahezu perfekt. Von Vorfreude aber zunächst keine Spur. Im Gegenteil. Der Abend vor meinem bis dato größten Match drohte zum kompletten Desaster zu werden. Ich empfand auf einmal eine tiefe Traurigkeit, als ich mir vor Augen führte, dass weder meine Mutter noch meine Schwester, weder meine Großeltern noch Verwandten oder Freunde diese für mich so einzigartige Partie live vor Ort in meiner Box miterleben würden. Eigentlich hatten sie alle versprochen, dabei zu sein, falls ich irgendwann einmal ein Grand-Slam-Finale erreichen sollte. Aber jetzt – ausgerechnet in Australien, rund sechzehntausend Kilometer von zu Hause entfernt, mehr als einundzwanzig Stunden reine Flugzeit, am anderen Ende der Welt – war die Hürde durch die lange Wegstrecke schier unüberwindbar. Zumal ein triumphaler Siegeszug gegen Serena mit garantiertem Happy End realistischerweise in weiter Ferne lag. Das Duell mit ihr konnte schnell vorbei sein, als Finaldebütantin hatte ich mit allem zu rechnen. Der Aufwand stand in keinem Verhältnis, was ich rational nachvollziehen konnte. Emotional war ich jedoch am Boden zerstört. So sehr, dass ich mich auf mein Hotelzimmer zurückzog und mein Gesicht im Kissen vergrub.

Eine eintrudelnde WhatsApp beendete vorerst meine düsteren Gedanken. Sie war von Torben, der nachfragte, wo ich denn bliebe. Vor lauter Trübsalblasen hatte ich den gemeinsamen Termin zum Abendessen vergessen. „Bin gleich da", tippte ich ins Smartphone. Doch wieder konnte ich die Tränen nicht zurückhalten. Es wurde später und später. „Wo bist du, stimmt was nicht?", schrieb Torben daraufhin spürbar besorgt – und: „Soll ich schon mal etwas für dich bestellen?" Kurz darauf rief er mich via Haustelefon an, das Essen stehe im Hotelrestaurant schon auf dem Tisch. Er ahnte, dass etwas ganz und gar nicht in Ordnung war.

„Ist alles okay bei dir?", fragte er mich, als ich mich nach anderthalbstündiger Verzögerung zum Abendessen gesellte. Ohne dass ich es lange ausführen musste, verstand er, woher meine Frustration rührte. Es war nicht zu ändern, das Thema des anstehenden Finales rückte wieder in den Fokus.

„Ich kann es kaum fassen", sagte ich leise, als würde ich mehr zu mir selbst sprechen, „dass ich nach all diesem Rauf und Runter in den vergangenen Jahren, nach so einer langen Durststrecke bei einem Grand-Slam-Spiel im Finale stehe."

„Zu Recht", sagte Torben. „Du bringst gerade Weltklasseleistung, du spielst überragend, wie entfesselt. Es ist kein Zufall, dass du im Finale stehst und alle anderen weggefegt hast – du wirst auch Serena schlagen, das garantiere ich dir."

„Und wie sieht unser Plan aus, wie soll ich das morgen anstellen?", fragte ich, ehe ich hinzufügte: „Schön, wie einfach ihr euch das vorstellt." Ich war schon wieder etwas mehr im Lot. All die Lieben zu Hause, sie würden nicht eine Minute von meinem Finale versäumen. Ein großer Trost.

„Angie, wir machen einfach das Geilste draus!", sagte Torben euphorisch. An seinem Gesichtsausdruck sah ich, dass er es ernst meinte. Wo nahm er nur immer seinen grenzenlosen Optimismus her? Ich knabberte an einem einzelnen Salatblatt. Hunger hatte ich keinen. Nicht die optimale Vorbereitung, kurz vor dem Finale Richtung Nulldiät zu tendieren, aber aufgrund meines nervösen Magens das kleinere Übel.

Torbens Lächeln verschwand. „Du brauchst keinen Plan. Es ist dein Lauf, du musst deinen Kopf nicht ausschalten, er ist ausgeschaltet. Das Beste, was dir passieren kann. Einfach mutig drauflos spielen. Weiche nicht zurück."

„Aber Serena ist so stark!", sagte ich laut und führte den Gedanken für mich im Stillen weiter aus. Meine Stärken hatte ich die letzten zwei Wochen unter Beweis gestellt. Wenn es mir gelang, mein Spiel durchzuziehen, dann war alles möglich. Der Glaube daran war in den vergangenen Tagen in mir gereift und mittlerweile fest verankert. Auch Serena hatte eine Menge Druck, es gab einen Weg, sie aus dem Konzept zu bringen, wenn ich nicht vor Angst vor ihr erstarrte. Die Ehrfurcht vor ihren Errungenschaften musste in der Umkleidekabine bleiben, zu keinem Zeitpunkt durfte ich zulassen, dass sie in meinen Kopf kam.

Beim Aufwachen am nächsten Tag fühlte ich mich erstaunlich frisch und angriffslustig. Schon nach dem Frühstück hatte ich im Kopf angefangen, das Match gegen Serena durchzuspielen, und ich merkte, wie sich dieser ganz besondere Modus einstellte: Ich glaubte an mich und sämtliche Zweifel verflogen.

Mittags schlenderte ich am Yarra River entlang, bevor ich mich am Nachmittag auf den Weg zur Anlage machte. Beim Einschlagen in der Halle um 16 Uhr spielte Serena direkt neben mir, sie auf Court 17, ich auf Court 16. Sah ich kurz zu ihr rüber, konnte ich keine Anzeichen von Nervosität bei ihr entdecken, stattdessen ein großer Andrang von allen möglichen Leuten. War eigentlich klar. Sie wirkte hochkonzentriert und forderte ihren Hitting Partner dazu auf, bei kurzen Bällen ans Netz zu kommen. Als er das zunächst nicht verstand, wiederholte sie ihre Bitte mit ernster Stimme.

Als sie ihre Einheit beendete, verschwand sie unter großem Jubel der vielen Zuschauer mit ihrer Entourage. Wenig später verließ ich den Court, ein paar vereinzelte deutsche Journalisten, die mir zugeschaut hatten, riefen mir zu: „Genieß es heute Abend." Sie meinten es gut, es sollte aufmunternd klingen, aber sie waren wohl überzeugt davon, dass ich als Verliererin aus dem Match hervorgehen würde, schließlich war ich die krasse Außenseiterin.

Ich nickte nur und dachte im Stillen: Wenn die nur wüssten, was ich wirklich vorhabe. Nur genießen, das ist mir viel zu wenig.

In der nun ausbrechenden Hektik kam ich abermals nicht zum Essen, aber ich hätte sowieso nichts runtergekriegt. Ich musste husten und niesen, immer im Wechsel, wahrscheinlich einfach nur eine Reaktion auf die Situation, kein Beginn einer Erkältung, die ich jetzt gar nicht gebrauchen konnte. Und selbst wenn, ich würde auch mit Fieber, Gips und Krücken auf den Platz gehen.

Und dann begann das Spiel um 19:43 Uhr; das Dach war offen, der angekündigte Regen bislang nicht eingetroffen. Ich fing an, meinen Plan in die Tat umzusetzen. Ich rannte, als ginge es um mein Leben, spielte mich in einen Rausch. Ich machte Fehler, Serena machte Fehler, aber am Ende, um 21:52 Uhr, war ich diejenige, die sie in drei Sätzen bezwang. Was für ein Triumph!

In der danach folgenden Pressekonferenz war ich wie befreit, ließ meinen Gedanken freien Lauf, die Sätze flossen förmlich aus mir heraus. Erst Englisch, dann Deutsch, am Ende auch noch Polnisch. Wägte ich sonst jeden Satz geflissentlich ab, dominierte jetzt die Leichtigkeit, die Anspannung war endlich vorbei. Sekt für alle wurde gereicht, ich erzählte derweil weiter, ohne Punkt und Komma, wusste gar nicht, wohin mit meinen Gefühlen, die ich mit allen teilen und jedem erklären wollte. Als man mich zu dem anstehenden Medienrummel in Deutschland befragte, erwiderte ich: „Ich freue mich da echt drauf. Ich hoffe, in Deutschland freut man sich auch auf mich."

Mein Handy ratterte wie das Münzfach eines Spielautomaten, nachdem der Jackpot geknackt wurde. Ich würde erst zwei Tage später im Flieger die Ruhe finden, den Liebessturm in Form von Nachrichten aus aller Welt zu lesen.

Kapitel 6

STARTSCHUSS FÜR DEN PUREN WAHNSINN

Meinen Rückflug von Melbourne via Bangkok nach Deutschland verschlief ich. Als ich kurz nach dem Start noch einmal verträumt aus dem Fenster auf die immer kleiner werdende australische Metropole blickte, empfand ich eine unglaubliche innere Ruhe. Dort unten, dachte ich, habe ich nach einer jahrelangen Reise mit einer manchmal so frustrierenden und ermüdenden Suche endlich meinen Grand-Slam-Sieg gefunden, der auf Lebzeiten einen besonderen Platz in meinem Herzen einnehmen wird. So mussten sich Goldgräber nach ihrem ersten großen Fund gefühlt haben. Und auf weiteres Glück hoffen, da nahm ich mich nicht aus. Nach einem ersten Grand-Slam-Sieg konnte ein zweiter folgen. Ich lächelte, unendlich happy, und nur Sekunden später fiel ich in einen komatösen Tiefschlaf.

Auf der Pressekonferenz hatte ich noch übermütig erklärt, dass ich mich auf den Medienrummel nach meiner Rückkehr nach Deutschland freuen würde. Nie aber hätte ich mir ausmalen können, was auf mich zukommen sollte. Darauf hätte mich nichts vorbereiten können. Es war ganz offensichtlich eine neue Zeit angebrochen. Nach meiner Ankunft auf dem Frankfurter Flughafen am Montag erwarteten mich zwei Dutzend Kameras, etliche Journalisten und zahlreiche Fans – und das um sechs Uhr morgens.

Frankfurt war aber nur ein Stopover, von hier ging es weiter mit einer anderen Maschine nach Poznań und von dort zu meinem Wohnsitz in Puszczykowo, meiner Akademie und Trainingsbasis. Der Zehntausend-Einwohner-Ort an der Warthe, zehn Kilometer südlich von Poznań gelegen, bedeutete für mich Ruhe, hier konnte ich vor jedem Turnier konzentriert trainieren.

Den Abend verbrachte ich mit Familie und Freunden, die ich vor wenigen Tagen am anderen Ende der Welt noch so schmerzlich vermisst hatte. Bei einem gemütlichen Essen erzählten mir alle, wie sie den Tag und die Stunden danach durchlebt hatten, wer mit wem geschaut hatte, und welche Nachbarschaft von Siegesschreien durchsetzt wurde. Es wurde ein langer Abend, denn niemand gab sich mit einem Schnelldurchlauf zufrieden.

Viel Zeit zum Feiern blieb jedoch nicht, die Fed-Cup-Begegnung gegen die Schweiz stand gleich am Wochenende darauf an. Am nächsten Morgen ging es schon weiter nach Berlin, wo mich ein Fahrer empfing und nach Leipzig zum DTB-Team chauffierte. Am Mittwochabend war ich in Köln in der RTL-Sendung *stern TV* zu Gast. Und nach Sendeschluss ging es mit einem Privatjet zurück zur Nationalmannschaft. Bislang waren Privatjets etwas für die anderen gewesen, für die ganz großen Stars, aber durch den Sieg in Melbourne schien ich von einem Tag auf den anderen auch in den Genuss dieser neuen Annehmlichkeiten zu kommen. Da in diesen Tagen sowieso keine Gesetzmäßigkeiten aus der Vergangenheit mehr zu gelten schienen, hielt ich mich mit dem Gedanken aber nicht weiter auf.

Zwischendurch bahnte sich aber die Frage ihren Weg in mein Bewusstsein, ob ich mich sehr veränderte durch die großen Erfolge und vor allem durch die Privilegien, die diese mit sich brachten. Darüber sollte ich in den nächsten Monaten noch öfter nachdenken. Wenn ich in den kommenden Jahren darüber sprechen sollte, die Gleiche bleiben zu wollen, bedeutete das für mich, meinen inneren Wertekompass auf Kurs zu halten, weiterhin kritisch zu sein. Denn verändert hatte ich mich; vielmehr weiterentwickelt, das war zumindest meine Absicht. Nicht den Mut zu verlieren, den nächsten Schritt zu wagen und aus meinen Fehltritten zu lernen. Alles andere hätte Stillstand bedeutet.

Nicht immer durfte ich in meiner Karriere so jubeln,
habe mir jeden Sieg sehr hart erarbeitet.

Mit meinem ersten Tennisschläger im Alter von vier Jahren.

Hier halte ich 1994 einen meiner ersten Pokale in der Hand.

2001 auf einem der vielen Jugendturniere, an denen ich teilgenommen habe.

Bei den US Open 2011 zog ich zum ersten Mal in ein Grand-Slam-Halbfinale ein.

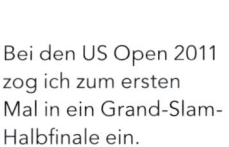

Meinen ersten Grand-Slam-Titel gewann ich 2016 in Melbourne bei den Australian Open. Das Match gegen Serena war der Wahnsinn und meine Freude unbeschreiblich.

MELBOURNE

Das Bad im Yarra River in Melbourne war Teil einer Wette mit dem Eurosport-Kommentator.

2016 war ein Jahr wie im Rausch. Nach dem Gewinn der Australian Open habe ich bei den Olympischen Spielen in Rio die Silbermedaille geholt und die US Open gewonnen.

New York war für mich schon immer eine besondere Stadt.

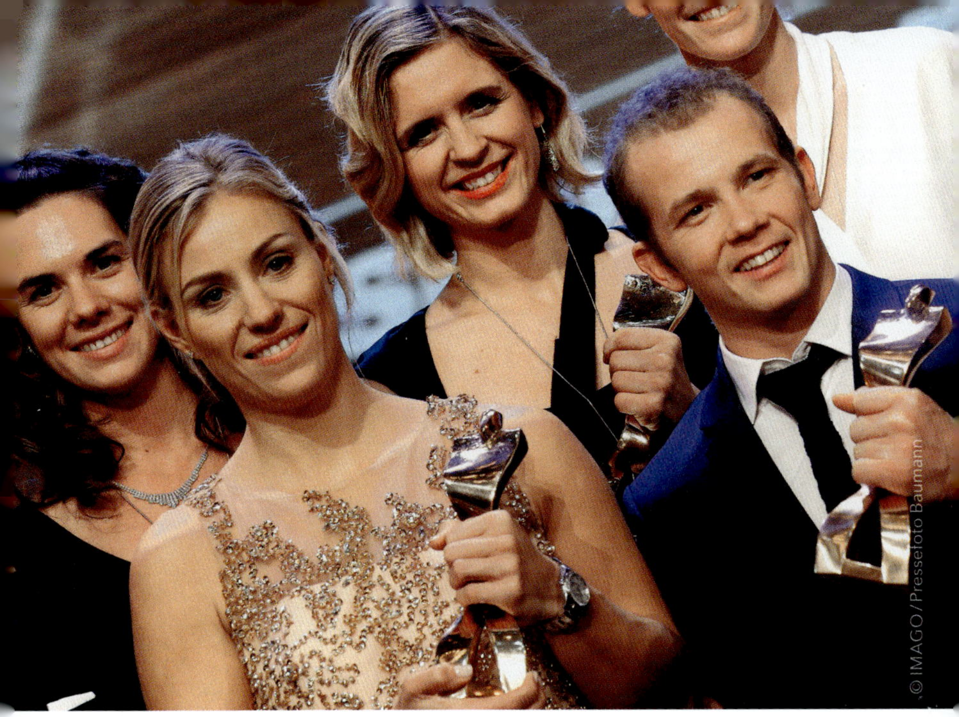

© IMAGO / Pressefoto Baumann

Als Anerkennung meiner Leistung wurde ich 2016 als Sportlerin des Jahres ausgezeichnet; zusammen mit den Beachvolleyballerinnen Kira Walkenhorst und Laura Ludwig; und mit Fabian Hambüchen. Außerdem habe ich den Bambi in der Kategorie Sport bekommen, hier auf dem roten Teppich.

© IMAGO / MG

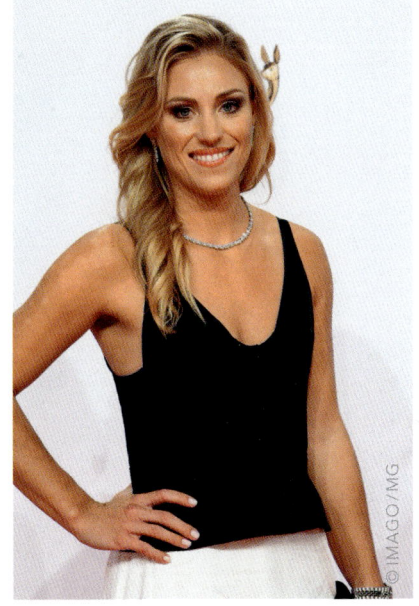

Das Arthur Ashe Stadium in New York. Ein wahnsinnig schönes Gefühl auf dem größten Center Court der Welt zu spielen.

Bei seinem Abschiedsbesuch in Berlin durfte ich den damaligen Präsidenten Barack Obama treffen. Eine große Ehre.

Das Halbfinale der Australian Open 2018, das ich gegen Simona Halep verlor, war für die WTA die beste Grand-Slam-Partie der Saison.

2018 wieder ein Grand-Slam-Finale gegen Serena.
Und diesmal auf dem heiligen Rasen von Wimbledon.
Mit dem Sieg ging ein Kindheitstraum in Erfüllung.

2021 fanden die Bad Homburg Open zum ersten Mal statt, in deren Organisation ich sehr viel Herzblut gesteckt habe.

2021 habe ich in Wimbledon wieder sehr schöne Momente erlebt, und musste mich erst im Halbfinale gegen die Australierin Ashleigh Barty geschlagen geben.

2022 beim Abschiedsmatch meiner Freundin Caroline Wozniacki in Kopenhagen. „The Final One".

2022 mit Simona Halep, Petra Kvitova und Roger Federer bei den Feierlichkeiten zum hundertjährigen Bestehen des Centre Court in Wimbledon.

Die Übergangsphase verlangte mir alles ab. Ich war neugierig, die neuen Möglichkeiten auszukosten, die vor mir lagen, zeitgleich wollte ich aber wachsam bleiben und ein Gespür für die Verhältnismäßigkeit wahren. Generell war der Rummel, den mein Grand-Slam-Sieg auslöste, immens, und teilweise war mir ganz schön mulmig zumute. Überall, wo ich hinkam, bildeten sich Menschentrauben, und ich konnte nicht annähernd abschätzen, auf wie vielen Selfies ich plötzlich zu sehen war. Für zurückhaltende Menschen wie mich machte das die Welt auf einmal ganz schön kompliziert. Auf dem Court war ich in einer Art geschütztem Raum, durch den Fokus, den ich im besten Fall auf das Spiel legte, aber jenseits davon?

Gut fünf Monate nach meiner Sternstunde in Down Under flog ich nach London, wieder einmal war Wimbledon angesagt. Weiß ich sonst immer alles, wenn es um dieses Turnier geht, so waren die Erinnerungen in dieser Saison merkwürdig blass. Natürlich habe ich nicht vergessen, dass mich meine Großmutter Maria begleitete, auch meine Mutter, meine Schwester Jessica, mehrere Tanten und Onkel, also meine ganz persönliche Fangemeinde. Das in Australien Versäumte durfte nicht noch einmal passieren. Aber Gegnerinnen, Matchverläufe – all das habe ich nicht mehr so genau vor Augen wie üblicherweise. Keine Ahnung, warum. Aber es ist ein Phänomen, das im Profisport nicht unbekannt ist, mittlerweile habe ich das akzeptiert. Vielleicht lag es aber auch daran, dass ich wieder im Finale stand, wieder gegen Serena. Und dieses Mal gewann sie. Immerhin hatte ich das Finale erreicht – es hätte auch anders ausfallen können. Für viele mochte meine Niederlage eine schlechte Nachricht gewesen sein, gerade weil der Anspruch an mich seit Melbourne ein anderer war. Nicht aber für mich. Im Halbfinale hatte ich ihre ältere Schwester Venus geschlagen, aber Serena selbst war um einiges stärker. Da hatte auch meine volle Box mit meinen Familienmitgliedern nicht geholfen. Vielleicht war meine Wohlfühl-Crew aber auch zu viel für mich gewesen? Die Mischung aus Jubel, Trubel, Heiterkeit in unserem gemieteten Haus vor den Toren der Anlage und meinem Vorhaben, es unter diesen einzigartigen Umständen allen recht machen zu wollen, hatte mich sehr viel Energie gekostet. Mehr, als ich vermutet hatte. Viel mehr, als gut war. Kurzfristig kamen Freunde und Verwandte angereist und nächtigten verteilt im ganzen Haus. Jeder meinte es gut und wollte dabei sein, es brachte aber meinen über die zwei Wochen des Turniers erarbeiteten Rhythmus völlig durcheinander.

Die Diskrepanz zwischen dieser unbändigen Freude über meine „Special Guests" und der Gewissheit, dass ich zusehends meinen Fokus verlor, ohne gegensteuern zu können, hatte mich schier wahnsinnig gemacht. Wie konnte das sein? Ende Januar saß ich noch am Abend vor dem Finale heulend in meinem Hotelzimmer in Melbourne, weil meine Verwandten die speziellen Momente nur aus rund sechzehntausend Kilometern Entfernung verfolgen konnten. Und jetzt? Ich vermochte das liebenswürdige Chaos um mich herum, das ich so sehr herbeigesehnt hatte, nicht, wie erhofft, als Kraftquelle anzuzapfen. Im Gegenteil. Ich hatte Probleme, in den Tunnel zu kommen. Zwar hatte ich meinen eingespielten Ablauf durchgezogen – Training, Behandlungen, Essen, Schlafen –, trotzdem blieb ein ungutes Gefühl zurück.

Mit Konsequenzen. In mir war schon vor dem Match gegen Serena der Entschluss gereift, dass es eine derartige Familienzusammenführung vor so einem bedeutenden Spiel in Zukunft nicht mehr geben würde. Selbst ein Sieg im Finale hätte mich von meiner Entscheidung nicht mehr abbringen können. Ein Beweis mehr, dass ich bereit war, Fehler einzugestehen und aus ihnen zu lernen. Aber auch ein Beweis dafür, dass man gerade als Tennisprofi oft sehr egoistisch handeln und so vieles dem Erfolg auf dem Platz unterordnen muss. Selbst die eigenen Herzenswünsche. Einflüsse von außen können neue Impulse bringen, aber einen im ungünstigen Fall auch vom Weg abbringen. Da ist Fingerspitzengefühl gefragt – und die Unterstützung von vertrauenswürdigen Menschen, die einen wirklich gut kennen. Die vermeintlich angenehmste Lösung ist nicht immer die beste für einen selbst.

Die magischste Reise in diesem ohnehin schon magischen Jahr war dann die nach Rio zu den Olympischen Spielen. In der Woche zuvor war ich beim WTA-Turnier in Montreal an den Start gegangen, und weil es dort nicht wie erhofft lief, wollte ich so schnell wie möglich nach Brasilien, um mich auf das olympische Turnier vorzubereiten. Doch ein Unwetter in Kanada, das über Tage andauerte, verhinderte, dass ich fliegen konnte. Schließlich eröffnete sich eine Möglichkeit, nach New York zu kommen.

„Wollen wir die Maschine nehmen?", fragte ich Torben. „Vielleicht wird es von dort leichter sein, nach Rio zu gelangen?"

„Warum nicht!", war seine Antwort.

Doch auch in New York blieben wir hängen, da wegen des anhaltenden Unwetters kaum Maschinen starteten oder landeten. Stundenlang hockten wir auf dem New Yorker JFK Airport, um ja nicht die neuesten Entwicklungen und unsere Weiterflüge zu verpassen. Zwischendurch suchten wir ein Hotel auf, um zu schlafen, aber immer nur einer von uns. Schließlich warteten wir Stand-by bei vier oder fünf Fluggesellschaften, die Rio als Ziel anboten. Aber es tat sich rein gar nichts. Und hob doch mal eine Maschine nach Brasilien ab, trat kein Passagier von seinem Platz zurück, alles war ausgebucht.

„Jetzt sind es nur noch zwei Tage bis zur Eröffnung der Spiele, wie sollen wir denn noch pünktlich ankommen?" Aufgelöst schaute ich Torben an.

Der zuckte mit den Schultern, verständlich, wenn keine Lösung in Sicht war.

„Vielleicht hätten wir doch in Montreal bleiben sollen …", überlegte ich laut weiter, auch nicht sehr konstruktiv.

Wir hörten dann, dass einige Spielerinnen, die ebenfalls bei dem Turnier in Kanada teilgenommen hatten, nach Europa zurückflogen, um von London aus nach Rio zu kommen.

„Wäre das nicht auch für uns eine Möglichkeit?", fragte mich mein Coach.

Ich schüttelte den Kopf. „Nein, das ist ein Wahnsinnsumweg, das schaffe ich nicht mehr. Das ist zu anstrengend."

Wie es der Zufall dann wollte, stand auf einmal wie aus dem Nichts aufgetaucht ein Mann vor mir und fragte: „Was ist denn euer Problem?"

In meiner Verzweiflung erzählte ich ihm unsere Geschichte, dass wir seit Tagen keinen Flug nach Rio bekämen. „Ich bin Teil des deutschen Teams bei den Olympischen Spielen, aber es klappt einfach nicht."

Der Mann hörte sich alles an und sagte schließlich: „Könnt ihr hier kurz warten?"

„Das ist das Geringste", entgegnete ich, „das tun wir schon seit Tagen." Innerlich war ich aber kurz davor, mir einen Flug nach Hause zu buchen und meine Rio-Teilnahme abzusagen. Ich hatte sogar schon eine Textnachricht an meinen Manager geschrieben und angedroht: „Wenn wir heute wieder nicht wegkommen und über Europa nach Brasilien fliegen müssen, werde ich bei Olympia nicht dabei sein."

Kurz darauf kehrte der Mann zurück: „Ich habe zwei Flüge nach Rio mit einem Stopp, in zwei Stunden geht es los."

„Wie haben Sie das denn hingekriegt?", wollte Torben wissen.

Es stellte sich heraus, dass der freundliche Mann einer der Manager des Flughafens war und sich bei einigen Fluggesellschaften für unser Problem eingesetzt hatte. Als Gegenleistung besorgte ich ihm dann zwei Tickets für die US Open in New York zwei Wochen später. Ohne ihn hätten wir nicht gewusst, wie wir sonst nach Rio hätten kommen sollen.

Obwohl ich fix und fertig war, müde von der ewigen Warterei, war alles verflogen, als ich schließlich an der Eröffnungsfeier am 5. August teilnahm. Was war das für eine Energie, die mich beseelte, als ich das Maracanã-Stadion betrat, zusammen mit allen anderen deutschen Athleten, in meiner Teamkleidung, die ebenfalls noch rechtzeitig eingetroffen war. Geführt wurden wir von dem Tischtennisspieler Timo Boll, der die Deutschlandfahne trug. Meine Zimmerpartnerin Petko war leider nicht dabei, sie verzichtete auf den Einmarsch, da sie bereits am nächsten Tag gegen die Ukrainerin Elina Svitolina antreten musste.

Auf der Runde durch das Stadion, die mir viel länger vorkam, als sie in Wirklichkeit war, spürte ich die brasilianische Lebensfreude auf den Rängen. Sie schwappte von den rund fünfzigtausend Zuschauern zu den Olympioniken hinunter, wurde von uns, den „vereinten Nationen", noch ein wenig angereichert und in umgekehrter Richtung wieder auf die Reise geschickt. Ein elektrisierendes Spiel auf großer Bühne, das nur Gewinner kannte – das sind sowieso die besten Partien. So ergreifend und stimmungsgewaltig hatte ich mir das immer vorgestellt, wenn ich an den Karneval in Rio dachte. Die allgemeine Fröhlichkeit kannte keine Grenzen. Hatte ich schon einmal so viele strahlende Menschen auf einmal gesehen? Höchstens bei meiner ersten Olympia-Teilnahme in London 2012. Beide Male Gänsehaut pur. Und alle Strapazen der Anreise waren mit einem Schlag vergessen.

Ich ahnte, wie sich die Tischtennisspieler oder die Schwimmer neben mir, ja all die anderen Athleten just in diesem Moment, diesem speziellen Glücksmoment, den man am liebsten einfrieren möchte, fühlten. So etwas verbindet ungemein. Der olympische Zauber, da ist wirklich etwas dran.

Da wir bereits als fünfte Nation („Alemanha") eingelaufen waren, verbrachten wir nach unserer Stadionrunde noch einige Zeit im Innenraum und genossen dieses Fest, das von drei Milliarden

Zuschauern an den TV-Geräten verfolgt wurde. Ich filmte, fotografierte und hatte für meine Begriffe „the best seat in the house", wie die Amerikaner sagen würden. Den besten Platz, um alles festzuhalten. Nachdem die olympische Flamme vom ehemaligen brasilianischen Marathonläufer Vanderlei de Lima entzündet wurde, klebte mein Blick förmlich an dem Feuer, das eine enorme Anziehungskraft ausübte.

Auf meinem Smartphone habe ich die besten Sequenzen dieses denkwürdigen Abends immer bei mir. Und manchmal sitze ich irgendwo auf dieser Erde und „beame" mich mithilfe dieser Bilder kurz nach Rio, ins Jahr 2016. Und ich habe fünfzigtausend Fotos und Videos auf meinem Smartphone über die Jahre gesammelt. Mein digitaler Schatz.

Auf der rund einstündigen Rückfahrt ins Dorf herrschte Stille im Bus. Jeder wollte das Erlebte offenbar für sich allein verarbeiten. Bei einigen war das Schweigen sicher auch schon die Ruhe vor dem Sturm, denn am nächsten Tag ging es in etlichen Sportarten bereits mit den Wettkämpfen los. Apropos, auch Petko musste ja schon am Samstag ran, ich durfte also nicht allzu laut sein, wenn ich nach Mitternacht zurückkam. Ich schlich mich also in unser Zimmer, vorbei an den herumstehenden Taschen. Andrea hatte sich die Eröffnungsfeier im Fernsehen angeschaut und war immerhin noch halbwach. Bruchstückartig erzählte ich, was ich erlebt hatte. Diese Atmosphäre, die Menschenmassen, die Heiterkeit im XXL-Ausmaß. Zu euphorisch wollte ich ihr gegenüber aber nicht wirken, denn ich wusste, wie nervtötend es ist, wenn man am Abend vor einem Match nicht einschlafen kann.

Unsere Tennisdelegation wohnte in einem Apartment in einem der Hochhäuser im olympischen Dorf. Wir hatten zusammen viel Spaß, es gab nur ein paar Dinge, die hakten. So konnte man beispielsweise in unserem Apartment die Fenster nicht öffnen. Lüften, Durchzug? Fehlanzeige! Und weil die Klimaanlage einen Schaden hatte, war es in den Zimmern ausgesprochen warm. Aber im Gegensatz zu einigen anderen Wohnungen funktionierten bei uns alle sanitären Anlagen. Und an den Wänden lief kein Wasser herunter.

Aber in diesem einzigartigen Spannungsfeld der fünf Ringe herrschte eine gewisse Gelassenheit, der man sich nicht entziehen konnte – und wollte. Defekte Klimaanlage, na und? Schaute man bei uns aus den (geschlossenen) WG-Fenstern, sahen wir schwarz-rot-goldene Flaggen an den Balkonen unserer Nachbarn – dieses Gemeinschaftsgefühl entschädigte für so vieles. Eigentlich für alles.

„Dieses Jugendherbergs-Feeling gefällt mir", sagte Petko eines Abends. Wir lagen gerade entspannt auf unseren Betten.

„Geht mir genauso", erwiderte ich. „Mir kommt das wie back to the roots vor, als wir bei den Trainings-Lehrgängen zu mehreren in einem Raum geschlafen haben. Fehlt nur noch die Bettruhe."

„Aber ich meine noch etwas anderes." Andrea drehte sich auf den Bauch und blickte verträumt ins Leere. „Hier hat man plötzlich das Gefühl, unbedingt ausbrechen zu wollen."

„Ausbrechen?"

„Na ja, der Touralltag ist manchmal sehr getaktet, mit strengen Regeln, die wir uns zur Gewohnheit gemacht haben. Hin und wieder überfällt mich die Lust, einfach mal ganz anders zu leben. Ohne all diesen Zirkus. Einfach nur das tun, was einem gerade in den Sinn kommt."

Wir schwiegen eine Weile. Das olympische Dorf hatte uns vor Augen geführt, wie die Sportwelt außerhalb der Tennis-Bubble aussah. Es tat gut, das Erlebte der letzten Tage mit Petko verarbeiten zu können.

Als Kind hatte ich Stunden vor dem Fernseher verbracht. Leichtathletik, Schwimmen, Volleyball. Fast alles interessierte mich, und zwar brennend. Mir gefiel die Hingabe, mit der sich die Sportler auf ihre Wettkämpfe vorbereiteten. Die Anspannung, die von den

Athleten ausging, der hochkonzentrierte Gesichtsausdruck und das Knistern vor dem Wettkampfbeginn. Es war magisch, diese Leidenschaft hautnah am Fernseher miterleben zu können. Selbst wenn einem die Regeln nicht auf Anhieb geläufig waren. Und jetzt durfte ich eine der Athletinnen sein, die ich früher bei den Liveübertragungen auf der heimischen Couch in Kiel so gebannt verfolgt hatte. Im Abgleich mit meinem jüngeren Ich und den lebhaften Erinnerungen wurde mir bewusst, dass meine neue Rolle auch eine Verantwortung mit sich brachte, bestenfalls eine Vorbildfunktion.

Immer wieder wurde ich in diesen Tagen von Journalisten gefragt, ob ich als Grand-Slam-Siegerin und Nummer zwei des WTA-Rankings nicht mit dem Gedanken spielte, mich in einem Hotel einzuquartieren, um meine Ruhe zu haben. So wie es Maria Scharapowa oder Serena Williams schon 2012 in London getan hätten. Ich sagte dann, dass eine andere Unterkunft für mich nicht infrage käme. Ich wollte das olympische Dorf auf keinen Fall vermissen, es war für mich Teil des faszinierenden Gefühls, das Olympia erst ausmachte. Dieser Schmelztiegel, nicht nur der Kulturen und Sportarten, sondern auch der verschiedenen Lebensgeschichten und Schicksale, existierte dort an allen Ecken.

Natürlich hielt ich auch Ausschau nach bekannten Gesichtern. Als hilfreich erwiesen sich die Teamanzüge der jeweiligen Länder, die eine bessere Identifizierung möglich machten. Michael Phelps lief mir in der Mensa über den Weg, der US-amerikanische Schwimmstar war mit insgesamt achtundzwanzig Medaillen (davon dreiundzwanzig in Gold) der erfolgreichste Olympionike überhaupt. Ein Wahnsinn. Und der Jamaikaner Usain Bolt schlenderte lässig an mir vorbei, in einer Geschwindigkeit, in der man ihm die Schuhe hätte besohlen können. Sehr beruhigend. Beide strahlten die Aura von absoluten Champions aus, das war deutlich zu spüren.

Am Anfang war ich davon ausgegangen, dass man im Dorf selbst als Grand-Slam-Gewinnerin in der Anonymität abtauchen konnte. Ein Trugschluss. An der Reaktion der anderen Athleten merkte ich schnell, dass der Sieg bei einem solchen Sportevent eine besondere Strahlkraft besaß. Vier Jahre zuvor war ich in London noch unerkannt mit den anderen Mädels in der Mensa beim Essen gehockt. Da hieß es ab und an nur: „Ach, guckt mal, die Tennis-Clique." Nun war ich die Melbourne-Gewinnerin, deren Erfolg offenbar jeder mitbekommen hatte. Was nicht zuletzt mit der Globalität des Tennissports zu tun hatte. Auch Olympioniken anderer Nationen fragten mich nach Selfies, Autogrammen. Ein schönes Gefühl, wenngleich immer noch ungewohnt. Anfänglich kannte ich nur einige wenige Olympioniken mit Namen, auch aus dem deutschen Team, was sich im Verlauf der Woche aber schnell ändern sollte. Wenn wir Tennisprofis pro Saison knapp zehn Monate auf Achse sind, bekommen wir von den Sportergebnissen in der Heimat nur begrenzt etwas mit. Trotz Internet und bester Absichten.

Natürlich bleibt den anderen Athleten nicht verborgen, dass wir Tennisprofis viele Privilegien genießen. Gerade im Hinblick auf andere Frauensportarten ist die Lücke im Tennissport im Vergleich mit den männlichen Kollegen verhältnismäßig gering. In puncto Akzeptanz, Sichtbarkeit und Preisgelder herrscht bei anderen olympischen Sportarten noch viel Nachholbedarf. Neid hatte ich in den Tagen von Rio dennoch nicht gespürt, dafür viel Zuspruch und Anerkennung. Und ehrliche Freude darüber, dass wir in diesen gut zwei Wochen alle zusammen das „Team Germany" bildeten, ganz gleich ob man Kanute, Schütze, Ringer, Fechter oder eben Tennisspielerin war.

Auf dem Platz selbst lief es für mich erstaunlich gut, meine Medaillenmission startete vielversprechend. Runde für Runde gewann ich. Nach den Partien freute ich mich jedes Mal darauf, wieder ins Dorf zurückzukehren. Bei normalen Turnieren sitzt man manchmal recht einsam im Hotelzimmer herum, ehe es abends mit dem Team zum Dinner geht. In den Tagen von Rio herrschte dagegen stets eine „willkommene Betriebsamkeit", die wir als Tennisprofis so nicht gewohnt waren.

Die Mensa avancierte zum Hort der Freude, aber auch zum Auffangbecken für Frustrierte. Alle erzählten von Ergebnissen, Erlebnissen, Erfahrungen, von Siegen, Medaillen, aber auch von bitteren Niederlagen und Rückschlägen. Meist wild durcheinander, eben ein repräsentativer Querschnitt durch die Sportlerseelen dieser Welt. Mir wurde dadurch vor Augen geführt, wie angenehm es beim Tennis ist, fast jede Woche eine neue Chance auf einen Erfolg zu bekommen. Während etliche Athleten jahrelang auf den olympischen Wettkampf, eine WM oder EM hinarbeiten, haben wir Tennisprofis immerhin vier große Grand-Slam-Ereignisse pro Saison.

Anders als bei den normalen Turnieren, bei denen ich mit zunehmender Dauer immer befreiter aufspiele, verspürte ich vor dem Halbfinale gegen die US-Amerikanerin Madison Keys am 16. August einen besonderen Druck. Unentwegt dachte ich, jetzt muss eine Medaille her, ich möchte bitte nicht Vierte werden. Doch ausgerechnet in diesem Duell zog ich mir bei einer abrupten Bewegung eine Muskelzerrung im Gesäßbereich zu. Auch das noch, das konnte keiner gebrauchen. Aber ein Zweisatzerfolg reichte dennoch zum Finaleinzug, vor Glück sank ich auf dem Boden des Center Court von Rio nieder. Die Silbermedaille im Einzel war mir sicher.

Ich war erleichtert, aber der Fokus lag bereits unmittelbar nach dem Meistern einer Hürde schon wieder auf der nächsten Herausforderung. Viel Zeit zum Freuen blieb nicht. Schade eigentlich. Der schöne Erfolg wurde zum Sekundenglück. Freude to go mit kurzem Haltbarkeitsdatum! Im Gegensatz dazu hat man das Gefühl, dass manche Negativerlebnisse länger nachwirken und sich unnachgiebiger den Weg in jede Faser des Körpers bahnen, als es mitunter Siege können.

Aber die Motivation war groß bei mir, auf der eigens für diese Veranstaltung errichteten Tennisanlage im Olympiapark in Barra da Tijuca, im Südwesten von Rio, Gold zu holen. Für Deutschland, für meine Mannschaft. Zumal ich gegen die ungesetzte Mónica Puig die hohe Favoritin war.

Prangt der schwarze Adler auf dem weißen Shirt, ist die Verantwortung gegenwärtiger, als wenn man als Einzelkämpferin agiert. Das Gefühl kannte ich schon aus den Fed-Cup-Begegnungen für die deutsche Nationalmannschaft. Immer eine große Ehre und ein Gänsehaut-Moment. Natürlich spiele ich deshalb meine Vorhand nicht plötzlich mit mehr Spin oder schlage anders auf. Es bekommen einfach andere Faktoren Einfluss auf meine Psyche. Und wie entscheidend das Mentale bei Matches ist, kann sich jeder denken. Es ist wirklich so, dass einem anfeuernde Teammitglieder in der Box Flügel verleihen können. Im Fed Cup habe ich das oft genug erlebt. Dieses Zusammenspiel der unterschiedlichsten Kräfte wie Druck und Wille kann, gepaart mit der entsprechenden Unterstützung, eine durchschlagskräftige Mixtur entstehen lassen, die alle Ketten sprengt. Ich hoffte im olympischen Endspiel auch darauf, vertraute in erster Linie aber meinen Stärken.

Mein Selbstvertrauen war groß, als ich den nach der dreimaligen brasilianischen Wimbledonsiegerin Maria Esther Bueno benannten Center Court betrat. Trotz der enormen Nervosität, die ich in mir spürte. Die Exklusivität dieses Spiels war mir bewusst. Ein Finale bei Olympischen Spielen erlebt man wahrscheinlich – wenn überhaupt – nur einmal im Leben. Ich wollte jede Sekunde genießen, alles positiv sehen.

Der Auftakt in der zehntausend Zuschauer fassenden Arena verlief nach Plan, ich nahm Puig gleich den Aufschlag ab. Doch im weiteren Verlauf der Partie wurde mir immer klarer: Die Puerto Ricanerin spielte das Match ihres Lebens. Und zwar locker bis zum Ende. Jeder Schlag saß, und was sie auch tat – es funktionierte. Erwischt man eine solche Kontrahentin, dann bleibt einem nur eins: zu kämpfen und sein Herz auf dem Platz zu lassen. Alles andere kann man nicht beeinflussen.

Zunächst hatte ich jedoch Probleme damit, diese unerschütterliche Gesetzmäßigkeit in dem Duell mit Mónica zu akzeptieren. Lange Zeit wehrte ich mich gegen die Niederlage – vergeblich. Als meine Vorhand beim Matchball für Puig ins Seitenaus segelte, brach sich die Enttäuschung Bahn. Der Handshake am Netz fiel von meiner Seite ein wenig unterkühlt aus, was ich später bereute. Zu groß war die Enttäuschung. Im Nachhinein kann ich nur betonen: Ich gönnte Mónica Puig diesen Erfolg, diesen größten Triumph ihrer Karriere, aus vollem Herzen.

Meine anfängliche Wut über die verpasste Chance war nicht zu leugnen. Unmittelbar nach dem Finale zog ich mich in die Kabine zurück, um die Enttäuschung zu verarbeiten. Viel Zeit für Trübsal blieb aber nicht, was auch gut war. Schnell hatte ich mich wieder gefangen.

Wenige Minuten später fand schon die Siegerehrung statt, direkt auf dem Court. Und es mutet schon seltsam an, was einen bei der Medaillenzeremonie alles so beschäftigen kann. Auf dem Treppchen hatte ich als Zweitplatzierte zwar Silber um den Hals hängen, allerdings hatte die Drittplatzierte wenigstens ihre letzte Partie gewonnen. Ich nicht. Kein Witz, genau das ging mir durch den Kopf, als ich in meiner silbernen Deutschland-Jacke – wie passend – auf die Übergabe meiner ersten Olympiamedaille wartete.

Sie wog um ein Vielfaches mehr als gedacht. Ein richtiger Brocken, der an dem hellgrünen Band mit Rio-Logo baumelte. Doch je länger ich das gute Stück betrachtete, umso stolzer wurde ich. Ich stellte mir vor, wie viele tausend Kilometer entfernt zu Hause in Deutschland meine Familie, Freunde und Fans vor dem Fernseher saßen und diese Emotionen mit mir durchlebten. Manchmal ist es erstaunlich, wie sich die Perspektive innerhalb kurzer Zeit verändern kann, wie sich binnen weniger Momente etwas relativiert, wenn man seinen Ruhepuls wieder erreicht hat, Dinge klarer sieht und besser einzuordnen weiß.

Als ich nach dem Finale in einer Presserunde gefragt wurde, was das Schönste an dieser Medaille sei, antwortete ich: „Dass ich sie nie wieder hergeben muss." Und danach hieß es: „Jetzt wird gefeiert" – und zwar im Deutschen Haus. In der Atmosphäre dieses Beach Clubs, nur einen Steinwurf entfernt vom Meer, wollte ich bei einem Glas Rotwein nichts weiter als relaxen und nette Gespräche führen. Die von Palmen umsäumte Tischtennisplatte gleich hinter dem streng bewachten Eingang übte zwar eine gewisse Anziehungskraft aus, aber ich bevorzugte die ruhigere Variante. Und auf einen Sprung in den kleinen Swimmingpool neben den Getränkeständen und dem weißen Ledermobiliar verzichtete ich auch lieber. Im Gegensatz zu manch einem Handballer.

Während ich den Abend genoss, fiel mir auf, dass ich keine andere Sportart live gesehen hatte. Dabei hatten Schwimmen, Leichtathletik und Beachvolleyball ganz oben auf meiner Liste gestanden. Abends, im Apartment, hatte ich mir zwar regelmäßig im Fernsehen die wichtigsten Entscheidungen jedes Wettkampftags angeschaut, klar. Aber nicht vor Ort. Ich war ein wenig traurig darüber, aber ich hatte mich in Rio einfach nur auf meine Spiele konzentriert. Ich dachte auch an meine Kolleginnen aus dem deutschen Team, deren Medaillenhoffnung schon früh geplatzt war. Das Gefühl war mir aus den letzten Jahren von etlichen Turnierreisen nur allzu bekannt.

Als Petko ihre Sachen packte, sagte ich, ohne recht zu wissen, wie ich sie trösten konnte: „Ich will nicht, dass es schon zu Ende geht mit unserer Olympia-WG."

„Ach was", winkte Andrea ab. „Rio war super, ich möchte das nicht missen. Alles hat mich daran erinnert, warum ich einst angefangen habe, Tennis zu spielen. Besser kann es nicht sein."

Wir umarmten uns, waren ein bisschen wehmütig, nicht mehr gemeinsam das Zimmer zu teilen, wussten aber, dass ein nächstes Turnier, ein Wiedersehen kommen würde.

Gegen ein Uhr morgens lag ich im Bett und unter der Nachttischlampe meine Medaille. Ich betrachtete sie und war nun tief davon überzeugt, Gold nicht verloren, sondern Silber gewonnen zu haben. Am nächsten Morgen prüfte ich als Erstes, ob sie auch wirklich noch da war. Ein Gefühl, das ich noch aus meiner Kindheit kannte, wenn man am Morgen nach Heiligabend sich als Erstes versichern musste, dass die Geschenke noch da waren.

Bevor es dann weiter zum nächsten WTA-Turnier nach Cincinnati ging, wollte ich noch unbedingt zur Christusstatue auf dem Berg Corcovado. Ohne ein Foto von Jesus wollte ich Brasilien nicht verlassen. Religiosität ist für mich ein sehr persönliches Thema, auch weil ich katholisch bin und fest daran glaube, dass wir auf unserem Weg geleitet werden. Noch im Morgengrauen startete die Fahrt mit anderen Athleten zur Statue in den Süden von Rio. Die Sicht sei zu dieser Zeit am besten, die Luft noch rein und klar, so war es uns gesagt worden. Doch als wir die lange Menschenschlange vor dem Wahrzeichen sahen, kam es fast dazu, dass wir auf dem Absatz kehrtmachten. Ich setzte mich letztlich durch, zum Glück: Wir wurden mit einem atemberaubenden Blick über Rio belohnt. Von der Statue aus konnten wir die wunderschöne Bucht, aber auch das Maracanã-Stadion und die Copacabana sehen. Welch eine Aussicht.

Diese Eindrücke gaben mir viel. In meiner Anfangszeit habe ich mir kaum Zeit genommen, um die Gegend zu erkunden oder mehr über die jeweiligen Städte zu erfahren. Der Fokus lag komplett auf dem Tennis. Doch nicht nur als Spielerin, sondern auch als Mensch hatte ich mich weiterentwickelt und spürte besser, was mir guttat. Es gab nicht nur Tennis, es gab auch andere wichtige Erfahrungen wie eben den Besuch dieses faszinierenden Denkmals. Eine Erkenntnis, für die ich vielleicht ein wenig zu lange gebraucht hatte.

Kapitel 7

UNGEBETENE GÄSTE – DÄMONEN NAMENS ZWEIFEL

Ein wenig schwer im Magen lagen mir in den folgenden Tagen die ständigen Konfrontationen mit dem „Nummer eins"-Thema. Ich stand in der Weltrangliste als direkte Verfolgerin dicht hinter der Branchenführerin Serena Williams. Theoretisch hätte ich sie schon beim Turnier in Cincinnati an der Spitze ablösen können. Natürlich war dies auch mein nächstes Ziel gewesen. Offen zugegeben hatte ich es jedoch nicht, in keiner einzigen Pressekonferenz, denn ich wollte den Druck keinesfalls noch größer werden lassen, als er ohnehin schon war. Offenbar spürte Serena meinen Atem in ihrem Nacken, denn plötzlich plante sie, in „Cincy" mit einer Wildcard an den Start zu gehen. Ein bisschen Respekt vor mir, warum nicht?, überlegte ich. Williams zog dann aber doch noch kurzfristig zurück.

Mit einem Sieg im Finale gegen die Tschechin Karolina Plíšková hätte ich nach knapp zwanzig Jahren die erste deutsche Nummer eins seit Steffi Graf werden können. Aber es kam anders. Ich verlor relativ glatt. Eine verpasste Chance, die vielleicht nicht wiederkommen würde. Das 3:6, 1:6 empfand ich als Abschuss, der mich recht unsanft aus meiner Wohlfühlzone herauskatapultierte und die Selbstzweifel wieder hochkommen ließ. Verdammt noch mal!

Es kann nur so sein, dass die Selbstzweifel sich in goldenen Zeiten bis in die entlegensten Ecken meines Körpers verkriechen oder bis zur Unkenntlichkeit tarnen. Vielleicht auch beides, um mit dieser ausgeklügelten Doppelstrategie wirklich sicherzugehen, dass ich sie komplett vergesse. Um dann beim leisesten Anflug einer Krise umso krachender und so schnell wie ein Blitz ins Bewusstsein zu schießen.

Sie tauchen auf wie ungebetene Gäste, die die bis dato fröhliche Gartenparty torpedieren wollen. Wie ein Stein im Schuh, der bei jedem Schritt daran erinnert, dass etwas nicht stimmt. Und die Wegstrecke unendlich lang werden lässt. Zweifel sind nicht greifbar. Das macht sie so gefährlich. Jeder kennt sie. Sicher, einige Menschen sind anfälliger als andere. Tendenziell diejenigen, die sich oft hinterfragen und grundsätzlich schwertun mit Entscheidungen. Die selbst ihre härtesten Kritiker sind. Das ist nicht immer förderlich, ich weiß das nur zu gut, aber es ist ein Teil meines Ichs, meines Charakters. Es gibt in dieser Sache keine „Off"-Taste.

Natürlich kann ich die Selbstzweifel durch Erfolge auf dem Court temporär schachmatt setzen, sie verdrängen, aber sie ein für alle Mal bezwungen zu haben – diese Behauptung würde ich besser unterlassen. Irgendwo lauern sie immer noch im Verborgenen und warten ungeduldig auf ihren nächsten Einsatz. Oder sollte man sagen: auf ihren nächsten Angriff?

Betrachtet man es positiv, können sie einen auch antreiben. Weil man um jeden Preis verhindern möchte, dass sie Besitz von einem ergreifen. Noch mehr zu trainieren, um noch besser zu werden. Sammle ich Erfolgserlebnisse auf dem Platz, bremst sie das aus. Ein schönes Gefühl.

Zweifel sind sicher auch ein Mittel der Natur, um manch einen nach einem allzu ausufernden Höhenflug zu erden. Ich bin allerdings so gestrickt, dass ich die Bodenhaftung selbst in erfolgreichen Zeiten nicht verliere. Da bin ich mir absolut sicher. Das ist auch eine Sache der Erziehung.

Zu diesem Zeitpunkt konnte ich allerdings noch nicht ahnen, wie sehr mir die Zweifel in der folgenden Saison zusetzen würden.

Ich hatte in Cincinnati, also binnen weniger Tage, das zweite wichtige Finale verloren. Das Stimmungshoch, das vor wenigen

Tagen noch die Silbermedaille von Rio hervorgerufen hatte, war in diesem Moment verblasst, wenngleich völlig unberechtigt. Ich spielte rein objektiv die beste Tennissaison meiner Karriere. So viel zum Thema Perspektivwechsel binnen kürzester Zeit. Mein Anspruch war gestiegen, und damit auch die Ungeduld, unmittelbar vor dem letzten großen Ziel, dem erstmaligen Sprung auf den Tennisthron.

Die Zweifel mussten verschwinden, die mir den Anschein vermittelten, ich könne in Wirklichkeit keine großen Matches gewinnen – und Melbourne war einfach nur dieser eine berühmte Ausreißer nach oben gewesen. Bei den ersten Anzeichen von Schwäche wurde die Mediendebatte entfacht – ich sei ein „One-Hit-Wonder" –, dies war mir keineswegs verborgen geblieben. Das schmerzte. Doch nach der Niederlage ertappte ich mich selbst dabei, dass ich diesen Gedanken nachhing und sie an mich heranließ. Obwohl ich wusste, wie fatal solche Gedankengänge gerade als Profisportler sein können. Und wie grundsätzlich falsch.

Ich stand aus gutem Grund kurz davor, die Nummer eins der Weltrangliste zu werden. Das hatte ich mir hart erkämpft.

Dieses negative Kopfkino in ohnehin schwierigen Momenten ist Gift, es musste schleunigst aufhören. Dafür hatte ich zu viel investiert, um wieder in alte Muster zu verfallen. Ich verschloss mich also nicht, sondern suchte Halt bei guten Freunden, wobei mir der Kommentar eines alten Weggefährten die Augen öffnete. „Mensch Angie, es ist doch viel genialer, bei den US Open zum ersten Mal die Nummer eins zu werden und nicht in Cincinnati." Eigentlich hatte er recht, überlegte ich, und zwar so was von.

New York – ausgerechnet. Ein Kreis würde sich schließen. Dort, wo mir im September 2011 als Nummer 92 der Welt mein Durchbruch mit dem sensationellen Sprung ins Halbfinale geglückt war. In einem Jahr, in dem ich fast mit dem Tennis aufgehört hätte. Wäre es damals wirklich so gekommen, dann wäre es eine Form von Kapitulation gewesen. Ein vermeintliches Eingeständnis, dass ich es nach ganz oben nicht schaffen würde. Dass ich keine Lust mehr auf diese ewigen Rückschläge hätte, die auf so plumpe und schmerzhafte Weise alles infrage stellten. Dass mir die Kraft nach dem x-ten erfolglosen Versuch endgültig ausgegangen wäre. Dass ich mein Leben anders gestalten sollte.

Selbstkritik ist der Stachel im Fleisch, der eine gewisse Rastlosigkeit hervorruft, aber gleichermaßen dafür sorgt, nicht träge zu werden. Die Finalteilnahme in Cincinnati war ein Erfolg, aber nicht das, was ich mir als Ziel in den Kopf gesetzt hatte. Sondern vielmehr ein willkommenes Basislager auf dem Weg zur Spitze. Meine Reise, sie sah anders aus, und war noch nicht zu Ende, dass wusste ich.

Gewisse Dinge, so überlegte ich weiter, entwickeln sich eben doch so, wie sie sollen, als sei alles vorherbestimmt. Schicksal. Bei manchen – so auch bei mir – fällt die Geduldsprobe eben heftiger aus als bei anderen. Man benötigt eine besondere Beharrlichkeit, Widerstandsfähigkeit, ja Qualität, wenn man den Weg aus der Negativspirale finden möchte.

Doch war ich überhaupt in einer Negativspirale? Ich hatte die besten Chancen, die Weltranglistenspitze zu erobern. Auf der größten aller Bühnen in unserem Sport. Im gleißenden Rampenlicht vor den Toren des Big Apple. Greller, bunter, lauter geht es nirgends zu im Tennisuniversum.

New York und ich also. Wieder einmal. Nun allerdings unter gänzlich anderen Voraussetzungen als in den Jahren zuvor. Und doch war alles vertraut. Schon im Anflug, beim Blick aus dem Flugzeug auf die Skyline der Stadt, spürte ich, dass sie etwas mit mir machte. Sie zog mich an wie ein Magnet und entfachte die Lust auf die anstehende Herausforderung. Einfach so. Wie selbstverständlich, fast unbemerkt. Nach der Transformation in den New-York-Modus war ich immun gegen die Hektik von Manhattan mitsamt seiner breit gefächerten Geräuschkulisse. Mehr noch, ich holte mir Energie aus dem vermeintlichen Chaos.

Der Schalter war umgelegt, ich passte mich der enormen Geschwindigkeit in dieser einzigartigen Metropole mühelos an. Unmittelbar nach der Ankunft hatte ich diesen charakteristischen Geruch in der Nase, New York im Spätsommer, schwer, feucht, fast schon modrig. Bevor das Turnier anfing, nutzte ich meine freien Stunden für Erkundungs- und Shoppingtouren auf der 5th Avenue oder für Spaziergänge durch den Central Park. Abwechselnde Verabredungen mit Freundinnen wie Caroline Wozniacki und Sorana Cirstea auf einen Kaffee halfen mir ebenso, um auf andere Gedanken zu kommen und Ausgleich zu den anstrengenden Trainingseinheiten zu finden.

Ein Wettkampf der anderen Art fand derweil auf politischer Bühne statt, da die erhitzte Debatte geführt wurde, wer der nächste Präsident der Vereinigten Staaten von Amerika werden würde. Die New Yorker hielten es anscheinend nicht für möglich, dass Donald Trump die Wahl im November gewinnen könnte, die Hillary-Clinton-Fans waren da ganz zuversichtlich. Auch hier, dachte ich, ein Wettkampf mit unsicherem Ausgang. Wer konnte wissen, was bis dahin noch alles passierte? Dann aber musste ich wieder an das Turnier denken, und mir kam eine Stelle aus Frank Sinatras Song „New York, New York" in den Sinn: „If I can make it there / I'll make it anywhere / It's up to you" – „Wenn ich es hier schaffen kann, kann ich es überall schaffen. Es liegt an dir."

Es wäre schon eine irre Geschichte, wenn es hier klappen würde. Wenn hier mein großer Traum, ganz oben zu stehen, in Erfüllung gehen sollte. Wie immer bei der Ankunft in den Turnierstädten, so malte ich mir auch dieses Mal aus, unter welchen Voraussetzungen ich wieder abreisen würde. Zufrieden? Oder am Boden zerstört? Euphorisch und nach einer langen Partynacht? Alles war möglich. Als Tennisprofi kommt man immer mit vielen Hoffnungen und Träumen bei den Turnieren an, aber die Realität ist, dass man bei etwa fünfundzwanzig

Turnierstarts im Jahr maximal ein bis zwei Turniere gewinnt (außer das Jahr ist wirklich herausragend). Das bedeutet, in über neunzig Prozent der Fälle ist eine Niederlage und somit der Frust vorprogrammiert. Das ist schon eine ziemlich harte Quote für ein Berufsleben.

Das Spannende in diesen Herbsttagen war, dass das Tennisturnier in der Stadt omnipräsent war. An jeder Straßenecke flackerten Bildschirme über den Tresen der Bars mit der Liveübertragung der US Open, überall leuchteten Werbebanner auf, und die Tischgespräche in den Bars drehten sich um die großen Stars, die Favoriten, bei den Herren wie bei den Damen. Und ich – war wesentlicher Teil davon. Als Nummer zwei der Weltrangliste zählte ich natürlich zu den Titelanwärterinnen, und als solche bestimmte ich die Kommunikation mit (auch wenn die New Yorker natürlich patriotisch waren und sich Serena als strahlende Siegerin wünschten). Ich wurde von den Menschen auf der Straße angesprochen, und der Concierge im Hotel wusste stets über die Ergebnisse Bescheid. Wenn ich mir im Rückblick diesen Weg vergegenwärtige, von 2011 bis 2016, von der „Touristin", die auf gut Glück, aber erfolglos in die Stadt reiste, hin zu einer prägenden Figur innerhalb des schillernden New Yorker Kosmos, dann ist das einfach nur der pure Wahnsinn!

Nur in Superlativen war auch das Turnier selbst zu beschreiben. Der Center Court, das Arthur Ashe Stadium, fasste über zwanzigtausend Zuschauer, ein Riesenkessel, der wie eine furchteinflößende und schwer einzunehmende Festung wirkte. Als ich zum allerersten Mal auf diesem Platz stand und mein Blick von unten nach oben Richtung Himmel wanderte, bekam ich Gänsehaut. Die unzähligen Sitzschalen in der Vertikalen nahmen einfach kein Ende. Hatte man ein Ticket ganz oben in einer der letzten Reihen, mussten die Tennisspieler klein wie Ameisen wirken. Erst später fand ich heraus, dass man vom obersten Rand des Stadions einen sensationellen Blick auf die Skyline von Manhattan hatte. Ich war dort hinaufgegangen, weil die Sonne gerade unterging und ich das fotografieren wollte. Wo immer ich auch bin, nehme ich Sonnenuntergänge auf, bei ihrem Anblick fühle ich mich wohl und geborgen, sie sind Balsam für meine Seele.

Das Flutlicht auf dem Center Court in New York empfand ich als heller als anderswo, geradezu gleißend und passend für die vielen Stars wie Leonardo DiCaprio, Ben Stiller, Charlize Theron, Meryl Streep oder Anna Wintour, die sich das Turnierspektakel nicht entgehen ließen. Alles wirkte dadurch eine Nummer größer, intensiver, extremer. Die ganze Atmosphäre war geladen mit einer fast explosiven Energie. Die Bässe der eingespielten Songs wummerten – nicht selten erreichten sie die Magengrube. Der Geräuschpegel im weiten Rund schwankte ständig zwischen „unruhig" und „laut", es herrschte eine beständige Betriebsamkeit. Der Grundton war ein Summen wie von Tausenden Bienen. Während der Wechsel tanzten Menschen auf der Tribüne, fanden Unterhaltungsspielchen („Kiss Cam") statt, live zu sehen auf den XXL-Leinwänden. Das war schon sehr beeindruckend und unterhaltsam – wenn man nicht selbst spielen musste. Zu sehr, ermahnte ich mich, darfst du dich nicht auf die Ablenkungen einlassen, auf diese rauschende Party, sonst sind sie dein zweiter Gegner. Man muss sich diese Kulisse regelrecht zum Freund machen, so wie die Gluthitze bei den Australian Open in Melbourne. Man muss die Umstände professionell akzeptieren – oder noch besser: ihnen sogar etwas Positives abgewinnen.

New York konnte im negativen Fall gnadenlos zermürbend sein. Andererseits: Wenn ich es hier in diesem gigantischen Hexenkessel schaffte, einen klaren Kopf zu bewahren, war ich bestens präpariert für alles, was noch kommen mochte.

Die Temperaturen waren seit Tagen hoch, und ich spielte und spielte, leicht und ohne größere Fehler. Von Tag zu Tag kam ich weiter, mein zweiter Grand-Slam-Sieg rückte in greifbare Nähe, zumindest schaffte ich es ins Halbfinale. Die frühere

Weltranglistenerste, Caroline Wozniacki, war meine Gegnerin, eine großartige Spielerin und gute Freundin seit Kindestagen, die den Durchbruch viele Jahre vor mir geschafft hatte. Es würde nicht leicht sein, sie zu schlagen. Aber ich wollte es, ich wollte die Nummer eins in der Weltrangliste werden, hier und jetzt. So lange hatte ich für diesen Traum gelebt und gekämpft, ich würde ihn mir erfüllen, auf dieser Anlage, auch diese Sehnsucht sollte ein Ende haben.

Im anderen Halbfinale standen sich Serena Williams und Karolina Plíšková gegenüber. Wer würde aus diesem Match als Siegerin hervorgehen? Davon hing viel ab, denn sollte Karolina die bessere Spielerin sein, dann wäre sie nicht nur abermals meine Gegnerin – für den Fall, dass ich gegen Wozniacki gewann –, sondern Serena würde den Weltranglistenplatz eins abgeben müssen, ich würde „automatisch" nachrücken.

In den Katakomben saß ich auf dem Ergometer, um mich für das Halbfinale warm zu machen. Ich wollte nicht an das Match zwischen Serena und Karolina denken, wollte mich ganz und gar auf den Tunnel konzentrieren, aber immer wieder ertappte ich mich dabei, wie ich hochblickte, um nach Torben Ausschau zu halten. Er verfolgte das Spiel, er würde mir sicher das Endergebnis mitteilen. Aber nur das, denn einen Zwischenstand wollte ich nicht wissen, das würde mich nur zu sehr aus meinen Gedanken werfen.

Plötzlich stand mein Coach neben mir, ich hatte ihn nicht kommen gehört, zu sehr war ich mit mir selbst beschäftigt gewesen. Was konnte ich in seinem Gesicht ablesen? Als grundfröhlicher Mensch, der er ist, war das nicht ganz einfach, aber doch schien er eine Spur aufgeregter zu wirken.

„Das Spiel ist aus", sagte ich leise, während ich ohne Pause weiter auf dem Ergometer trainierte.

„Genau, das Spiel ist aus", wiederholte Torben.

„Nun mach es nicht so spannend."

„Karolina hat Serena vom Feld gefegt, keiner hatte das erwartet. Eine kleine oder sogar große Sensation."

„Das heißt, jetzt …"

„Du bist die Weltranglistenerste, komme, was wolle. Angelique Kerber, die neue Nummer eins der Welt", wiederholte er aufgeregt. „Egal, wie dein Match jetzt ausgeht. Aber du wirst nicht verlieren. Hallo, das wird grandios. Besser kann es gar nicht sein."

Was für ein irrsinnig schöner Moment, und das nicht auf dem Platz, sondern schon in den Katakomben. Ich hatte es gepackt, ich hatte die Spitze erobert, hier in New York, und nichts und niemand würde sie mir in diesem Turnier noch nehmen können, nicht einmal eine Niederlage gegen Caroline.

Die Nummer eins, diese ultimative Bestätigung, die beste von allen Tennisspielerinnen zu sein, war und ist nicht greifbar wie ein Titel. Für einen solchen bekam man unmittelbar nach dem Spiel einen Pokal, den man anfassen und gen Himmel stemmen konnte, ehe er zu Hause in der Vitrine weiter glänzte. Die Nummer eins bedeutete unendlich viel Arbeit, über Jahre hinweg – ich war mit achtundzwanzig die älteste Nummer-eins-Debütantin. Ich konnte es nicht fassen, stoppte auf dem Ergometer und fiel Torben um den Hals. Meine Gefühle konnte ich kaum kontrollieren, so überwältigt war ich.

„Kein Platz für Sentimentalitäten", erklärte mein Coach bestimmt und klopfte mir auf die Schulter, „du hast jetzt eine Aufgabe zu erledigen und danach noch eine, das Finale."

Für einen kurzen Moment zuckte ich zusammen, denn eine weitere Niederlage gegen die Tschechin war nun überhaupt nicht in meinem Sinn, sie hatte vor drei Wochen meinen Sprung auf den ersten Platz verhindert. Aber was dachte ich an Karolina, ich musste erst einmal das Halbfinale hinter mich bringen, ein Schritt nach dem anderen. Die Freude konnte ich später zulassen, ein Gefühlschaos konnte ich jetzt wirklich nicht gebrauchen. Ich wusste nun aber, dass die eigenen Leistungen so konstant gut waren, dass die Poleposition Wirklichkeit geworden war. Und deshalb wollte ich auf dem Court beweisen, dass ich diese Platzierung als Branchenprima auch wirklich verdient hatte. Es war mir ein großes Bedürfnis, es allen zu zeigen. Besonders denjenigen, die wie ich zu den Zweiflern gehörten. Mit diesem Elan besiegte ich Caroline in zwei Sätzen. Es hätte ein Härtetest werden können, wie schon erwähnt waren sie und ich richtig gute Freundinnen, wir hatten schon gemeinsame Urlaube verbracht. Aber wir waren beide abgeklärt und erfahren genug und konnten die Freundschaft und die Realität des Profisports – der einen im extremen Fall auf dem Platz mit allen Mitteln gegeneinander kämpfen ließ – voneinander trennen.

Sie gehörte zu den erfahrensten Spielerinnen auf der Tour, ihr Kampfgeist und Durchhaltevermögen waren einzigartig. Ende 2010, mit gerade einmal zwanzig Jahren, stand sie für mehrere Wochen schon einmal an der Spitze der Weltrangliste. Früher als ich hatte sie schon sämtliche Stationen des Tenniszirkus durchlaufen und alle Sonnen- und Schattenseiten des Lebens im Rampenlicht kennengelernt. Vom umjubelten Newcomer bis hin zu herber Kritik, keine würdige Nummer eins gewesen zu sein, weil ihr zu dem Zeitpunkt noch ein Grand-Slam-Sieg fehlte. Ich konnte nachempfinden, dass ihr diese Unterstellungen nahegingen. Wenn du ganz vorn bist, hast du eine Zielscheibe auf dem Rücken, und viele wollen dich scheitern sehen. Auch bei mir sollte es noch ähnliche Töne geben, eine ungute Mischung aus Erwartungshaltung, Neid, Unverständnis für die Leistung anderer und manchmal auch Zynismus.

Nach dem Halbfinale und den anschließenden Presseterminen fuhren Torben und ich zurück nach Manhattan. Viele Profis taten es mir gleich und wohnten während des Turniers ebenso in Midtown, trotz des Trubels, was immer mal wieder in der Players' Lounge kritisch thematisiert wurde. Ich gehörte nicht zu ihnen, ich logierte im Lotte New York Palace Hotel in der Madison

Avenue, einer alteingesessenen Adresse in Manhattan, mit pompöser Empfangshalle im Stile des „American Chics", darüber gebaut war ein Hochhaus mit fünfundfünfzig Etagen, was zu langen Warteschlangen an den Aufzügen führte. Das Schönste an dem Hotel aber war, dass der Central Park in unmittelbarer Nähe lag, wohin ich während des Turniers bislang jeden Tag gegangen war. Dort hatte ich im südlichen Teil der Anlage meinen Stammplatz auf einer Wiese. Bis zum Jacqueline Kennedy Onassis Reservoir, dem stillgelegten Stausee im Norden des Parks, reichten meine Ausflüge nicht, Regeneration ging vor.

Auch in den nächsten drei Tagen bis zum Showdown mit Karolina suchte ich meinen Stammplatz auf. Als Proviant reichte mir bei meinen kleinen Ausflügen ein Coffee to go. Und als Begleiter ein Buch. Manchmal las ich aber gar nicht, sondern saß einfach nur da und betrachtete das entschleunigte Treiben, das in so krassem Gegensatz zum Rhythmus des restlichen Manhattans stand. Diese Diskrepanz verblüffte mich jedes Mal aufs Neue. Eine kleine Welt der Stille inmitten einer großen Welt der Hektik.

Ich dachte an meine Finalgegnerin. Karolina hatte mich bei unserem letzten Match glatt geschlagen, aber dieses Mal wollte ich es meiner Kontrahentin nicht zu leicht machen. Es war ihr erstes großes Finale, und ich ging davon aus, dass sie unter Druck stand. Sie würde sicher aggressiv auftreten und versuchen, das Spiel zu diktieren, zumal sie sehr aufschlagstark war. Aber ich hatte mir vorgenommen, in diesem Turnier weiter so zu spielen wie bisher – auf meine Chance wartend, um dann im richtigen Moment die Kontrolle im Spiel zu übernehmen. Dafür musste ich geduldig bleiben, ohne mich in brenzligen Situationen aus der Bahn werfen zu lassen.

Ich dachte an das Finale in Melbourne, es war nicht vergleichbar mit dem in New York. Bei den Australian Open fühlte ich mich weitab vom Schuss, im positiven Sinne. Die Eigendynamik, die meine Siege Runde für Runde auslösten, hielt sich in Grenzen, und alles hatte in Down Under einen eher familiären Charakter gehabt. In New York bewegte ich mich von Beginn des Events an unter dem Brennglas, alles wegen der Nummer-eins-Geschichte. War ich deswegen nervöser? Eigentlich nicht, sagte ich mir, während ich einen Schluck von meinem inzwischen erkalteten Kaffee trank. Konnte aber noch kommen. Spätestens, wenn ich den Gang im Bauch des Arthur Ashe Stadiums Richtung Center Court betrat. Aber die Nervosität war inzwischen beherrschbar geworden, ich wusste ja, was mich erwartete.

Entspannt beobachtete ich Kinder, die in ihr Spiel versunken waren, sie schienen alles um sich herum ausgeblendet zu haben, auch ihre Mütter, die sie immer wieder in den Blick nahmen und nicht weit von mir entfernt auf der Wiese ihre Decke ausgebreitet hatten. Die Kinder waren ganz bei sich in dem, was sie taten – sie wollte ich mir für den Samstagabend zum Vorbild nehmen.

Im Rückblick ist es verblüffend, wie unterschiedlich ich in meinen Karrierephasen mit Druck umging. In dieser Situation – ich wollte den Doppelpack aus Nummer eins und US-Open-Sieg um jeden Preis – nahm ich offen und bewusst die Herausforderung an. Ich war mit mir im Reinen, auf dem Platz, aber vor allem auch in den absoluten Tunnelphasen vor den Matches. Dann waren spielende Kinder und Parkatmosphäre Inspiration genug, um zu wissen, wie ich auftreten musste. In anderen Situationen dagegen war ich nicht mal in der Lage, dem Druck von ein paar hundert Zuschauern auf irgendeinem Nebenplatz standzuhalten. Oder besser gesagt: dem Stress, den ich mir vor allem selber machte; das konnte mich regelrecht in die Ecke drängen, fast wie gelähmt wirkten dann meine Bewegungsabläufe auf dem Platz. Vielleicht ging es genau darum: in Hochdruckphasen die innere Ruhe zu finden, Körper und Geist auf ein Maximum an Konzentration herunterzufahren, um sich bewusst zu machen, welche Herausforderungen vor einem liegen – auf dem Platz, aber auch ganz allgemein. Ich jedenfalls brauchte zum Runterkommen keine ausgefallene Lokalität, keine ausgefeilten Meditationstechniken, keine Achtsamkeitsratgeber. Es reichte ein Ort, wo ich in meinem Umfeld aufgehen und wo ich mich in die fokussierte Entspannung fallen lassen konnte. Natürlich musste ich auch in der Verfassung für diese Art des Energietankens sein.

Im Finale gegen Karolina Plíšková musste ich extrem kämpfen, die Tschechin übte, wie ich vermutet hatte, viel Druck aus. Im ersten Satz machte sie deswegen Fehler, sodass ich einen Vorsprung hatte, den ich bis zum Ende des Durchgangs verteidigte. Nach einer knappen Dreiviertelstunde hatte ich den Satz gewonnen.

Im zweiten Satz kam die Tschechin aber besser ins Spiel und nahm mir erstmals den Aufschlag ab; ich spielte dann auch noch meiner Rivalin in den Schläger. Mist. Ich war frustriert, meine Fehlerquote erhöhte sich merklich. Ich musste mich zusammenreißen. Den zweiten Satz gab ich nach anderthalb Stunden an Plíšková ab. Es war mein erster Satzverlust überhaupt während des ganzen Turniers.

Im dritten Satz lag ich zwischenzeitlich mit 1:3 zurück, haderte zwischendurch immer wieder mit mir und hing vergebenen Chancen viel zu lange hinterher. Das musste ein Ende haben. Meine Kämpferqualitäten erwachten wieder. Ich war bereit, alles zu geben, auch wenn es schmerzhaft werden sollte. Sollte ich verlieren, würde ich mir später wenigstens nicht vorwerfen lassen wollen, nicht alles versucht zu haben. Und mir gelang das Re-Break zum 3:3. Ein Nervenspiel. Beim Stand von 5:4 hatte ich dann drei Matchbälle. Meinen ersten Matchball schlug die Tschechin mit der Vorhand ins Aus. Game, Set and Match. Ich hatte Karolina besiegt. Was für ein knappes Match! Was für ein Jahr! Das beste in meiner Karriere. Ich hatte das Grand-Slam-Double geholt. Ein Wahnsinn!

Im Gegensatz zum Triumph in Australien brauchte ich diesmal nicht so lange, um meinen Sieg zu realisieren. Intuitiv ließ ich mich nach dem Coup gegen Karolina auf den Rücken fallen, schlug die Hände vors Gesicht. Mein Schläger lag diesmal nur zwei Meter entfernt neben mir. Ich hatte ihn irgendwie kontrollierter weggeworfen als noch in Melbourne. Es waren ergreifende Minuten, aber der Moment der erlösenden Gewissheit hatte mich dieses Mal auf eine andere Art mitgerissen. Nicht so komplett unvorbereitet wie noch in Australien. Ich fühlte mich überglücklich.

Den Medienmarathon kannte ich ja schon. Rund vier Stunden nach dem Matchende betrat ich gegen halb elf abends den fast menschenleeren Players' Garden, der gleich hinter der Rezeption des Transportation Services und vor dem westlichen Teil des Stadiums lag.

Mit lauten „Aaaangiiiie"-Rufen empfing mich mein Team. In der nächsten Sekunde hatte ich auch schon ein Glas Champagner in der Hand. Ich nippte und sah meine Mutter Beata etwas abseits und gedankenversunken an einem Tisch sitzen. Was ihr wohl durch den Kopf ging? Immerhin war es auch für sie eine verrückte Zeit, die ihr als meiner wichtigsten Vertrauensperson alles abverlangte. Wir suchten eine Rooftop-Bar in Downtown auf, und zusammen ließen wir noch einmal die letzten Wochen und Monate Revue passieren. Was für eine Saison, mit so vielen tollen Happy Ends. Die Zukunft, all die Fragen der Medien – „Was ist nun Ihr nächstes Ziel?", „Wie viele Grand-Slam-Turniere können Sie gewinnen?" – interessierten erst einmal nicht, ich genoss einfach das Hier und Jetzt.

Als mein Blick aus luftigen Höhen über Manhattan streifte, nahm ich die Strahlkraft und das Lichtermeer, das von den unzähligen Wolkenkratzern ausging, besonders intensiv war. Eine riesige Lichterkette, als Rahmen für die Feierlichkeiten. Es war die perfekte Kulisse. New York, die Stadt, sie stand auch ein Stück weit für meine Lebensreise.

Kapitel 8

EIN SPINNING-KURS GEGEN DIE KRISE

Madrid, Anfang Mai 2017. „Vamos, Vamos", rief der gut gelaunte Instructor und schob grinsend noch ein paar weitere spanische Anfeuerungen hinterher. Darüber konnte ich nur müde schmunzeln. Ich saß in einem Spinning-Kurs, den das Hotel, in dem ich logierte, seinen Gästen anbot. Und steckte ehrlicherweise in einer der größten Sinnkrisen meiner Karriere. Ich war völlig ausgebrannt und absolut orientierungslos, weil ich keine Ahnung hatte, wie ich aus diesem Tief wieder herauskommen sollte. Ich war seit dem Turnier in Indian Wells wieder Weltranglistenerste, aber auf dem Platz ging seit Wochen einfach gar nichts mehr zusammen. 2016 war mein Jahr gewesen, ich stand in fünf der sechs wichtigsten Turniere im Finale. Und 2017 folgte ein durchwachsenes Turnier dem anderen. Dabei waren es nicht so sehr die Ergebnisse, die deprimierten, sondern die Art, wie ich verlor. Ohne Kampfgeist, ohne Fokus, ohne Leidenschaft – das tat weh und war zum Verzweifeln. Dass ich diesen ordinären Kurs als Strategie gewählt hatte, zeigt, wie fatalistisch ich mit der Situation umging. Hin- und hergerissen zwischen den Gefühlswelten, war sie ein erstes Eingeständnis, dass es so nicht weitergehen konnte.

Am Abend zuvor hatte mal wieder eine von unzähligen Krisensitzungen mit meinem Manager auf dem Hotelzimmer stattgefunden, in der händeringend nach Halt im Abwärtsstrudel gesucht wurde – in der Hoffnung, die nächste krachende Blamage abzuwenden. Vergeblich. Es musste sich was ändern, aber mir fehlte die Kraft, der Wille, den ich gebraucht hätte, um das Ruder rumzureißen.

In den Medien wurde mein sportlicher Abstieg mit vernichtenden Überschriften begleitet und machte auch nicht Halt vor persönliche Diffamierungen. Nur wenige Jahre später, 2021, sah ich Naomi Osaka bei den French Open als gefeierten Shootingstar mit ähnlichen mentalen Problemen kämpfen, wobei ihr Hilfeschrei sich – meiner Kenntnis nach – nicht im Besuch von Spinning-Kursen äußerte, sondern sich in Form eines Medienboykotts Bahn brach. Nur zu gut konnte ich nachvollziehen, wie ihr zumute war. Wie schwer es fallen musste, Woche für Woche die immer gleich lautenden Fragen der Journalisten beantworten zu müssen, wenn man doch selber keine Antworten auf die eigene Orientierungslosigkeit parat hatte. Naomi Osaka entschloss sich dazu, offen mit ihrer depressiven Gefühlswelt umzugehen, was mir komplett fremd war. Ich schottete mich ab und predigte Durchhalteparolen in den Pressekonferenzen, die ich selber nicht so recht glauben wollte.

In dem Spinning-Kurs war ich gelandet, um dem Gefühl der Ohnmacht zu entkommen. Ich wollte wieder die Kontrolle zurückgewinnen und aus der Schockstarre entfliehen, die der graue Schleier mit sich gebracht hatte, der seit Anfang des Jahres über allem zu liegen schien. Nachts konnte ich nicht schlafen und meine Gedanken befanden sich in einer Endlosschleife.

Eine Handvoll Geschäftsleute waren an diesem Morgen ebenfalls Teilnehmer des Kurses. Durchaus ehrgeizig, aber konditionell verständlicherweise nicht sonderlich sattelfest. Wobei ich in den letzten Monaten das Training hatte schleifen lassen und ebenso weit von meiner Topform entfernt war. Eine Gruppe untereinander befreundeter Frauen hatte sich außerdem angemeldet. Profil: zwischen fünfundvierzig und sechzig Jahren, nette Spanierinnen auf Städtebeziehungsweise Shoppingtour. Tja, und mittendrin eben ich. Die Profisportlerin, zweimalige Grand-Slam-Siegerin, gepriesen als eine der ausdauerndsten Spielerinnen der WTA-Tour und nicht selten mit eigenem Fitnesscoach unterwegs.

Verkehrte Welt in der iberischen Metropole. Wie im falschen Film. Von außen betrachtet ein Realitystreifen mit komödiantischer Note. Hätte ich mich im Urlaub befunden, wäre das alles keineswegs erwähnenswert. Ich nahm gern mal in öffentlichen Fitnessstudios an Spinning-Einheiten mit gemischtem Publikum teil. Aber ich tat es während der Mutua Madrid Open, des größten Sandplatzturniers nach den French Open, dotiert mit einem Preisgeld von über fünf Millionen US-Dollar.

Nach einer rund sechzigminütigen Indoor-Einheit auf dem Spinning-Bike war ich schließlich entlassen und ich ging deprimiert in mein Hotelzimmer zurück. Trotz des „Trainings" fühlte ich mich jedoch keinen Deut besser oder gar befreit von dieser seltsamen Orientierungslosigkeit, die mich seit Wochen lähmte. Wie auch? Meine Hilflosigkeit schlug vielmehr in Panik um. In nur zwei Tagen war mein Erstrundenmatch angesetzt, und die Frustration, sich vor ganzer Welt auf dem Center Court abermals vorführen zu lassen, schien vorprogrammiert.

Wie schon erwähnt, hatte sich der Erfolg von 2016 nicht fortgesetzt, das erste Halbjahr 2017 war mehr als ernüchternd gewesen. Vieles hatte sich verändert, die Erwartungen waren auf einmal gewachsen, der Druck war immer größer geworden. Wie selbstverständlich wurde vorausgesetzt, dass ich meine Siegesserie problemlos verlängern würde. Bislang hatte man nie allzu große Erwartungen an mich gehabt, mich eher als Außenseiterin gesehen, nun aber war es damit endgültig vorbei. Ich stand vor einer Situation, der ich nicht gewachsen war. Es war leichter, die Nummer eins zu werden, als die Nummer eins zu bleiben. Und ich hätte gern den Pausenknopf in meinem Leben gefunden, um all das, was nur wenige Monate zuvor, 2016, passiert war, zu verarbeiten. Stattdessen wurde von mir noch mehr verlangt, ohne dass ich die Energie dafür aufbringen konnte.

Auf einmal musste ich den Tag ganz anders organisieren, hatte viel zu viele Termine, die nichts mit Tennis zu tun hatten. So verlor ich die Basis, die bei mir darin bestanden hatte, einfach nur gutes Tennis zu spielen. Das war aber auf einmal nicht mehr möglich, nicht einmal die einfachsten Dinge konnte ich richtig machen, nicht nur auf dem Platz, sondern auch abseits davon. Es war seltsam, festzustellen, dass ich plötzlich auch gegen die Zuschauer spielen musste. Früher, als ich noch der Underdog gewesen war, hatte man mir die Daumen gedrückt, und auf einmal waren es meine Gegnerinnen, denen man den Sieg wünschte. Die Sympathien drehten sich auf einmal zugunsten der sich ankündigenden Sensation, der Erstrundenniederlage der Topgesetzten. Was mich stark irritierte. Ich konnte das nicht verstehen, denn ich war immer noch ich, Angelique Kerber, auch wenn ich plötzlich Branchenführerin war.

Wie auch immer, plötzlich war nichts mehr so wie in meinem Traumjahr zuvor. Ein erstes Warnsignal machte sich bereits beim Auftaktturnier Anfang Januar in Brisbane bemerkbar. „Irgendetwas stimmt nicht, irgendetwas fühlt sich nicht gut an, einfach anders als sonst", sagte ich beim Abendessen zu meinem Coach. Ohne dass ich genau beschreiben konnte, was mir Sorge bereitete. Normalerweise leide ich eigentlich nie unter einem Jetlag, egal, ob ich von Osten nach Westen oder von Westen nach Osten fliege. Ich bin in dieser Beziehung robust. Selbst der alljährliche, knapp vierundzwanzigstündige Mammuttrip nach Australien kurz nach Weihnachten stellte eigentlich nie ein Problem dar. Diesmal aber machte mir die Zeitverschiebung enorm zu schaffen. Ich verspürte eine große Müdigkeit, die sich nicht ablegen ließ und dann von Woche zu Woche schlimmer wurde. Ungeachtet des australischen Sommers mit Sonne und Temperaturen bis zweiunddreißig Grad Celsius, der in mir normalerweise verlässlich ein andauerndes Hochgefühl auslöste. Diesmal nicht: Ich war komplett platt. Physisch, aber auch vom Kopf her. Ein völlig ungewohntes Gefühl.

„Das wird schon wieder, Angie. Wir werden in diesem Jahr so weitermachen wie bisher, hart arbeiten und unser Ding durchziehen", hieß es gebetsmühlenartig aus meinem Umfeld, während die Stimmungslage doch etwas anderes verriet. In den letzten zwölf Monaten war einfach unfassbar viel passiert ... Das alles musste ich erst einmal verarbeiten. Es stimmte. Da waren nicht nur all die Siege, da waren auch die vielen neuen Chancen abseits vom Tennis, die sich mir darboten. All das kostete viel Energie, und nach den ganzen Emotionen der letzten Monate fühlte ich eine tiefe Leere und sehnte ich mich nach Ruhe. Mir fehlte die Balance im Leben und ich wünschte mir jemanden, mit dem ich all das hätte teilen können. Ich fühlte mich allein, obwohl zu keinem Zeitpunkt in meinem Leben mehr Leute um mich herum waren. Allein ist das falsche Wort, weil ich Freunde und Familie hatte, aber am Ende des Tages war ich oft einsam.

Nach meinem großen Durchbruch kamen mir die letzten Wochen 2016 wie ein Tanz auf dem Vulkan vor. Zum WTA-Finale im Oktober reiste ich nach Singapur, das Turnier war der Saisonabschluss. Ich verlor das Endspiel, der Titel ging an eine vermeintliche Außenseiterin, Dominika Cibulková, die vor Freude zu Boden ging. Es war schwer gewesen, ihr dabei zuzusehen, hatte ich wenige Wochen zuvor doch Ähnliches selbst getan. Ein Perspektivwechsel, der in der Seele wehtat, auch wenn ich dennoch erstmals das Jahr als Nummer eins beendete, worauf ich trotz der unmittelbaren Enttäuschung nach dem missglückten Finale unendlich stolz war. Es gab also keinen Grund, Trübsal zu blasen. Der letzte Ball des letzten Spiels war an der Netzkante hängen geblieben und kullerte dann auf meine Seite, ein Hinweis darauf, dass man nicht immer alles kontrollieren kann, selbst wenn man es will. Es war unterm Strich das beste Abschneiden bei einer WM für mich, auch wenn die Messlatte für die Feierlichkeiten mittlerweile hoch angesetzt war. Ich hatte das Spiel nicht mit einem Fehler verloren, Dominika, eine Slowakin, war beherzt angetreten und unter den frenetischen Jubelrufen aus ihrer Box bis über die Ziellinie gesprintet. Es gab mir einen Stich ins Herz, angesichts der verpassten Chance, aber das Jahr hatte alles in den Schatten gestellt, was ich mir jemals erträumt hatte. So realistisch und analytisch war ich trotz allem. Dennoch merkte ich eine tief verankerte Erschöpfung, die ich in der Form so noch nicht kannte. Mir fehlte schlicht und einfach die Kraft. Das spürte ich deutlich.

„Ich weiß nicht, ob ich es schaffe, einfach so weiterzumachen wie bisher", sagte ich zu Torben einige Tage danach. Wenn ich in den Spiegel blickte, schaute mir ein bleiches Gesicht entgegen, mit tiefen Furchen unter den Augen, die das Leuchten verschluckt hatten.

„Das klingt nicht gut", erwiderte mein Coach ernst.

„Das klingt nicht nur nicht gut, das ist auch nicht gut. Manchmal habe ich den Eindruck, als würde mich das Tempo meines eigenen Lebens überholen. Es geht mir alles viel zu schnell."

„Kann ich verstehen", fügte Torben ratlos nebst einigen Floskeln hinzu; es verpuffte ungehört. Das Gespräch lief sich tot, denn ich spürte, dass wir an dieser Stelle nicht weiterkamen. Zuerst musste ich meine eigene Situation begreifen. Müdigkeit überkam mich. Ein Teil des Problems war sicherlich auch dem immensen Druck von außen geschuldet, ständig beobachtet zu werden, allen gerecht zu werden. Aber es war eben nur *ein* Teil des Problems. Denn eigentlich war das nichts mehr Ungewohntes. Nur meine Abwehrmechanismen versagten.

„Ständig ist da jetzt dieses Hoffen aufs Gewinnen, überlagert von der Angst vorm Verlieren. Das war früher nicht so. Zumindest gab es nicht so sehr diese Angst vor einer Niederlage", dachte ich laut, Torben wusste nicht, ob wir schon fertig waren.

„Das verkrampft dich natürlich, du bist nicht mehr locker, kannst nicht mehr so leicht und frei spielen wie noch vor einem Jahr."

Ich nickte.

„Und du nimmst jetzt Niederlagen noch schwerer als früher." Es stimmte wohl, aber es war nun mal nicht so einfach rational runterzubrechen. Die Parameter meiner Welt hatten sich verschoben und das forderte einen hohen Tribut.

„Wenn ich als Weltranglisten-Vierundachtzigste ein großes Turnier gewinne und danach eines verliere, das interessiert niemanden. Als Nummer eins bemerkt man das sofort, und direkt ist es ein riesengroßes Thema", setzte ich das Gespräch mit Torben weiter fort.

„Vergiss die Medien und alle anderen. Du bist einfach erschöpft, Angie. Du hast in den letzten Monaten so viel erlebt, da ist irgendwann der Speicher voll, da will sich das Gehirn einfach nur ausschalten."

Bereits nach meinem Sieg bei den Australian Open hatte sich mein Kosmos Schritt für Schritt erweitert. Was ich auch begrüßte und proaktiv vorantrieb. Da meine Familie mir finanziell die ersten Schritte ins Profibusiness ermöglicht hatte, waren Sponsoren und Business-Kooperationen erst relativ spät Bestandteil meiner Karriere geworden. Zunächst beschränkte es sich auf die unmittelbaren Ausrüster auf dem Platz, also Bekleidung und Schläger, aber Ende 2016 erweiterte sich der Kreis an Sponsoren, und es war keine Seltenheit mehr, dass ich mich in den Werbepausen der großen Sender wiederentdeckte. Worauf ich auch ein bisschen stolz war.

Die Anerkennung und kreative Zusammenarbeit bei der Ausgestaltung der neuen Projekte, an denen ich aktiv mitwirken durfte, machte Spaß und ich staunte nicht schlecht, als es am Ende des Jahres laut der renommierten Forbes-Liste hieß, ich sei geschätzt auf Platz zwei der bestverdienenden Sportlerinnen der Welt vorgerückt. Hinter Serena. Das war die eine Seite, die im Gleichschritt zu den sportlichen Erfolgen der vergangenen Monate mithielt. Hinzu kam aber auch die Verantwortung, die mit der Aufmerksamkeit als Nummer eins der Welt einherging.

Ich denke an die Vorbildfunktion, die ich wohl für die junge Generation haben musste. Und zwar in der Hinsicht, dass ich für den Sport begeistern wollte, dem ich so viel zu verdanken hatte. Nur zu gut konnte ich mich noch an die Zeit in meiner Kindheit erinnern, in der ich stundenlang vor der Ballwand stand und meinen Idolen nacheiferte, Vorhandtechniken nachahmte und im Stile der großen Stars jubelte, wenn keiner zuschaute.

Mit dem neu gewonnenen Status waren natürlich auch einige Annehmlichkeiten verbunden, die ich lange nur aus Erzählungen anderer Topspielerinnen kannte. Von mehrstöckigen Hotelsuites, in denen auch mal ein Billardtisch und Sauna integriert waren, bis hin zu Dachterrassen mit 360-Grad-Blick, die größer waren als meine Standardzimmer aus den vergangenen Jahren auf der Tour.

Wöchentliche Pflichtveranstaltungen wie die Players' Party bei den Turnieren bekamen plötzlich Relevanz, und es reichte nicht mehr aus, dass ich mich nur schnell blicken ließ und meinen Kolleginnen den Vortritt gewährte. Alles wurde im Vorfeld akribisch geplant. Von Outfit bis Ablaufplan, der auf die Minute getimt und weit im Voraus abgestimmt wurde. Kurzum, innerhalb von wenigen Wochen war nichts mehr wie zuvor, selbst ARD und ZDF waren nach Singapur gekommen, um meine Matches bei den WTA Finals live zu übertragen. Eine Selbstverständlichkeit in Zeiten von Boris und Steffi, aber eine Ausnahme in der Ära danach. Die Vorstellung bereitete mir große Freude, weil es die Chance mit sich brachte, wieder mehr Menschen für Tennis zu begeistern. Dass Deutschland eine Tennisnation war, hatte ich in meiner Kindheit selbst erlebt. In den Anfangsjahren meiner Karriere auf der Tour glich diese aber eher einem schlummernden Riesen. Zwar gab es eine Vielzahl an Vereinen, aber das Interesse schien insgesamt Jahr für Jahr abzunehmen. Ehemals große Turniere, bei denen noch Steffi Graf aufgeschlagen hatte, wie das renommierte Sandplatzturnier in Berlin, verschwanden langsam, aber sicher von der Bildfläche und wurden in andere Länder umgesiedelt.

Vor dem Start in Singapur, dem letzten Saisonhighlight, lief die Planung für die turnierfreie Zeit derweil auf Hochtouren. Für November hatte ich für einige Events zugesagt, bei denen es anscheinend nicht ausreichte, mich an meinem Kleiderschrank zu bedienen. Aus dem Grund war eine Stylistin mit dabei, die mich an turnierfreien Tagen, mithilfe von Skizzen, behutsam an einige Stilrichtungen heranführte, um herauszufinden, was mir für die anstehende Bambi-Verleihung, die knapp vier Wochen später in Berlin stattfinden sollte, gefallen würde – es stand schon fest, dass ich die Gewinnerin in der Kategorie „Sport" sein würde.

Ich entschied mich für ein Kleid von Narciso Rodriguez. Der US-amerikanische Modedesigner, der auch Michelle Obama bei der Amtseinführung ihres Mannes ausgestattet hatte, ließ mir verschiedene – eigens angefertigte – Bleistiftzeichnungen nach Singapur schicken, sodass ich mir ein Kleid aussuchen konnte. Ich interessiere mich zwar für Mode, aber nicht in diesem Maße, um Bleistiftzeichnungen in meiner Fantasie zum Leben erwecken zu können.

Natürlich wusste ich, dass mit all diesen Annehmlichkeiten auch Verpflichtungen einhergingen. Angefangen bei den Autogrammstunden über die unzähligen Pressekonferenzen und Medientermine hin zu dem Engagement für regionale und überregionale Projekte, für das mich die Turnierveranstalter buchten – „There is no such thing as a free lunch", lautet ein berühmtes Sprichwort, und ich verstand immer mehr, was es bedeutete. Aber zu diesem Zeitpunkt fand ich diese neue Welt aufregend, es war besonders und glich einer Herausforderung, mich auf fremdem Parkett zu behaupten.

In vielerlei Hinsicht. Zu den Neuheiten zählte nicht nur, den gleichen Designer wie Michelle Obama zu tragen – damals konnte ich noch nicht ahnen, dass ich nur wenig später mit Barack

Obama persönlich in Berlin zu Mittag essen würde. Hatte es noch eines ultimativen Beweises bedurft, dass sich durch meine Erfolge 2016 wirklich viel in meinem Leben verändert hatte, das war sicherlich einer davon. Das Treffen mit dem amerikanischen Präsidenten sollte auch eine der bemerkenswertesten Begegnungen bislang in meinem Leben werden.

Selbst mein Manager, den ansonsten wenig bis gar nichts aus der Ruhe bringt, staunte nicht schlecht, was in diesen Tagen alles möglich zu sein schien. Als er mich an einem sonnigen Novembertag auf dem Handy anrief und über die Einladung in die US-Botschaft berichtete. Ich hatte zunächst Mühe, meine Gedanken zu ordnen: Obama, Lunch, Botschaft, Berlin? Ich erinnerte mich daran, dass ich jüngst in der Zeitung von seiner Europareise gelesen hatte, seiner wohl letzten als Präsident, eine Abschiedstour. Er wollte auch die deutsche Hauptstadt besuchen, um sich unter anderem mit Bundeskanzlerin Angela Merkel zu treffen. Und: Obama war Tennisfan, das wusste ich. Es war also nicht komplett abwegig, was mein Manager mir da eben erzählt hatte. Vielleicht hatte Obama sogar mein Finale in Flushing Meadows am Fernseher verfolgt. Am liebsten hätte ich mich sofort und notfalls auch zu Fuß auf den Weg Richtung Berlin gemacht. Wobei sich unter die anfängliche Euphorie auch direkt Unsicherheit mischte – wie man einem Präsidenten Barack Obama wohl begegnen würde?

Natürlich kommt man als Tennisprofi viel herum in der Welt, darf an etlichen Events mit Leuten aus unterschiedlichsten Metiers teilnehmen. Schauspieler, Wirtschaftsbosse, Politiker. Doch eine persönliche Einladung zum Essen mit einem US-Präsidenten bleibt nur wenigen Sportlern vergönnt. Deshalb bin ich auch heute noch unglaublich dankbar für diesen besonderen Tag. Der 17. November 2016 jedenfalls wird mir auf Lebzeiten in Erinnerung bleiben.

Das Treffen mit Barack Obama fand am Mittag statt, am Abend stand die Bambi-Verleihung im Stage Theater in Berlin auf dem

Programm, zu der auch enge Freunde kommen würden, die serbische Tennisspielerin Ana Ivanovic, selbst eine ehemalige Weltranglistenerste, und Bastian Schweinsteiger. Im Juli war ich noch auf der Hochzeit der beiden in Venedig gewesen. Ein wenig wehmütig war ich damals geworden, viele meiner Kolleginnen heirateten oder bekamen Kinder – was mich daran erinnerte, immer noch solo durch die Welt zu reisen. Ob sich das irgendwann ändern würde?

Das Mittagessen mit dem bald scheidenden Präsidenten sollte in der amerikanischen Botschaft am Pariser Platz stattfinden, in der Nähe des Brandenburger Tors. Für den Anlass gab es keine Stylistin, dafür aber eine Klamottenkrise. Ich hatte mich für ein weißes Shirt, eine hübsche helle Jacke und eine schwarze Hose entschieden. Klingt albern, aber ich stresste mich im Vorfeld über die banalsten Dinge angesichts meiner fehlenden Erfahrung, was Form, Auftreten und eben auch Dresscode bei einem solchen Anlass angeht. Vorbereitet hatte ich mich insofern, dass ich sämtliche Artikel las, die ich über die letzte Wahl finden konnte. Vielleicht würde er dazu eine Frage stellen oder aus Höflichkeit nach meiner Meinung fragen?

Die Anfahrt gestaltete sich ob der höchsten Sicherheitsstufe zu einer echten Herausforderung. Am Tag zuvor hatten die Behörden unter anderem die Fahrgestellnummer und das Kfz-Kennzeichen des Autos angefragt. Beim Besuch des US-amerikanischen Staatsoberhaupts wurde nichts, aber auch rein gar nichts dem Zufall überlassen. Sämtliche Gullydeckel waren weitläufig versiegelt, und wir konnten sogar ein paar Scharfschützen auf den umliegenden Dächern erkennen, als wir uns im Schritttempo dem Ziel näherten.

Überhaupt war alles perfekt organisiert und wirkte aufgrund der Professionalität des Personals fast schon entspannt. Für meinen Manager, der an dem Tag das Steuer übernahm, bedeutete die vorletzte Schutzzone vor der Botschaft Endstation. Ich übergab ihm noch mein Handy, denn ich hatte mich wie die anderen

Gäste an strenge Regularien zu halten. Eine davon: Das Smartphone muss draußen bleiben! Okay, ein Selfie mit Barack Obama wäre dem Anlass wohl ohnehin nicht angemessen gewesen. Aber ein Bild von uns beiden, darauf hoffte ich ehrlich gesagt schon.

So ganz „blank" ging ich dann doch nicht in das Gebäude, das in seinem Naturstein ein bisschen wie ein normales Bürogebäude aussah, in der Mitte eine dunkel verglaste Rotunde. In der Hand hatte ich fest einen meiner Tennisschläger umklammert, den ich für den Gastgeber mitgebracht hatte. Sicherlich nicht das originellste Geschenk, aber damit schien ich nicht viel falsch machen zu können. Und auf eine merkwürdige Art dämpfte es meine Nervosität beim Gang zur Botschaft, einen Schläger in der Hand zu halten. Die letzten hundert Meter zum Eingang der Botschaft wurde ich dann von einem freundlichen Beamten begleitet, der mich willkommen hieß.

Beim Lunch ging es kurzweiliger und lockerer zu, als ich es mir vorgestellt hatte. Was mich enorm beeindruckte: Der Präsident vermittelte mit Worten und Gesten, dass er sich über das Kommen jedes einzelnen seiner insgesamt sieben Gäste – darunter unter anderem die Schauspielerin Maria Furtwängler, die Fernsehmoderatorin und Journalistin Dunja Hayali und der damalige Mercedes-Chef Dieter Zetsche – enorm freute. Obama wirkte sehr authentisch, und dank seiner unkomplizierten, sympathischen und umgänglichen Art legte ich sofort meine anfängliche Scheu und Nervosität ab. Auch weil er über eine hohe emotionale Intelligenz verfügt und alles daransetzt, seinem Gegenüber auf Augenhöhe zu begegnen.

Nach dem Dessert kam er zu mir herüber, und wir plauderten ein wenig über die deutsche Politik und natürlich auch über das US-Open-Endspiel, das er phasenweise im TV gesehen hatte. Ihm war dabei anzumerken, dass sein Herz am Tennissport hing, und am Ende erzählte er mir, dass er wie ich Linkshänder sei.

Übrigens: Mein Foto mit Barack Obama bekam ich doch noch. Trotz Handylosigkeit. John B. Emerson, der US-Botschafter und Hausherr, mailte abends noch eine Aufnahme, die er selbst gemacht hatte. Ganz relaxt stehe ich da neben dem Präsidenten, ich habe diese außergewöhnliche Einladung wohl sichtlich genossen. Ja, es war mir eine unglaublich große Ehre, Mr President! Viel Zeit, um das Erlebte sacken zu lassen, hatte ich an diesem Tag nicht mehr. Von der US-Botschaft aus ging es direkt ins Hotel und nach dem Umziehen nur wenig später weiter ins Stage Theater. „Von Barack Obama zur Bambi-Verleihung", sagte ich leise vor mich hin, als ich für ein paar Minuten allein in meinem Hotelzimmer saß und über die Hauptstadt blickte, ein Meer von Dächern, darunter viele erleuchtete Fenster. Es klang so ungläubig, wie ich es meinte.

Alles schien möglich in diesen Tagen. Der Tennissport hatte mir eine Welt geöffnet, von der ich nie geglaubt hatte, sie einmal betreten zu dürfen. Ich war mir sicher, dass dies kein Traum sein konnte. Eigentlich. Und dennoch nahm ich alles ein bisschen entrückt wahr. In das Traumwandeln mischte sich in diesen Tagen allerdings schon eine gewisse Distanz, die ich zum Tennis, meinem Sport, entwickelte. Vielleicht lag es daran, wie ich über die erlebten Erfolge bei den diversen Einladungen und Galaveranstaltungen sprach – nur auf eine Smalltalk-verträgliche Art, die nichts mit dem harten Leidensweg zu tun hatte, der mich an die Spitze der Tenniswelt geführt hatte.

In Sachen hundertprozentiges Begreifen hinkt man ohnehin chancenlos hinterher, wenn man sich in solch einer außergewöhnlichen Stimmungslage befindet. Interessant ist aber auch, dass einen selbst die größte Euphorie nicht lückenlos vor bestimmten Empfindungen bewahren kann. Zum Beispiel vor Nervosität. Es stand fest, dass ich als Preisträgerin bei der Bambi-Show eine Rede halten würde, über die ich mir schon seit Tagen Gedanken machte. Ich wollte emotional rüberkommen und den Leuten die Botschaft vermitteln, dass man niemals aufhören sollte, an seine Träume zu glauben. Auf einen kleinen Zettel notierte ich mir einige Stichworte, mehr auch nicht, ich wollte die Rede frei halten, und es war mir ein wirkliches Bedürfnis, meinen Dank an alle zu entrichten, die mich auf meinem Weg begleitet hatten.

Es konnte eigentlich nicht mehr viel schiefgehen. Oder doch? Meine Auszeichnung in der Kategorie „Sport" sollte ziemlich am Ende der ARD-Übertragung stattfinden. Reichlich Zeit also, um immer unruhiger zu werden. Zumal Bastian Schweinsteiger, der den Bambi-Ehrenpreis verliehen bekam, gleich zu Beginn auf die Bühne durfte. Wie gemein war das!

„Na, Angie, aufgeregt?", neckte er mich grinsend, als er danach in der ersten Reihe entspannt neben mir saß.

„Du hast gut reden. Du hast schon alles hinter dir. Bis ich drankomme, wird es noch eine gefühlte Ewigkeit dauern."

Als ich dann endlich die Bühne betrat, in meiner schwarzweißen Kombination von Narciso Rodriguez, und den Bambi in Händen hielt, schaute ich mit weit aufgerissenen Augen und klopfendem Herzen in die Menge, mit einem Gefühl aus Be- und Verwunderung angesichts eines Publikums, das sich auf eine befremdliche Weise ein bisschen zu gut darin gefiel, unter sich zu sein. Als mir das immer mehr bewusst wurde, hatte ich einen klitzekleinen Blackout und wusste auf einmal nicht mehr weiter, was aber glücklicherweise nur von kurzer Dauer war.

Nach der Auszeichnungszeremonie zog die Festgemeinde weiter zur After-Show-Party. Für viele scheinbar der eigentliche Hauptteil. Jedes Mal, wenn ich hoffte, den ganzen Trubel beobachten zu können, aus einer stillen Ecke heraus, kamen Menschen zu mir, die ein Selfie von mir wollten, und manchmal musste ich mir von Joschi, meinem Manager, erklären lassen, um welchen Promi es sich handelte. Der Ausflug auf den roten Teppich, das wurde mir in solchen Situationen bewusst, war in dieser Wucht

Neuland für mich. Zum ersten Mal realisierte ich komplett, was 2016 überhaupt passiert war, was ich geschafft hatte, wo ich stand und wie ich wahrgenommen wurde. Ein surreales Gefühl – eine komplett neue Erfahrung, aber auch irgendwie schön! Tennis rückte indes immer weiter in die Ferne, je mehr ich darüber sprach, desto abstrakter wurde es. Bislang hatte ich es nicht an mich herangelassen, welche Reaktionen meine beiden Grand-Slam-Siege, die Weltranglistenführung und Olympia-Silber in Rio bei einer Veranstaltung dieser Art auslösen konnten. Ich war noch immer dieselbe Person, ich war noch immer dieselbe Angie – und doch schien es nicht so zu sein.

An diesem Abend verließ ich früher als geplant die After-Show-Party. Fast fluchtartig, weil ich plötzlich das dringende Bedürfnis hatte, den ganzen Trubel, so schön er auch war, erst einmal im Stillen zu verarbeiten. Ich hatte den ganzen Tag nichts gegessen und war hungrig und müde. In unserem Hotel angekommen, saß ich noch eine Weile mit Joschi zusammen an der Hotelbar. Stillschweigend, zwischen den Berliner Hipstern, beide erschöpft und ich für meinen Teil etwas zu stark geschminkt, mit einem etwas zu teuren, eigens angefertigten Designer-Kleid. Wir waren von den Eindrücken des Tages erschlagen, wenngleich auch erleichtert, dass alles ohne Schwierigkeiten verlaufen war und ich meinen Part gut absolviert hatte – ohne mich zu blamieren. In der Nacht lag ich noch lange wach, bis in die frühen Morgenstunden, und versuchte, diesen verrückten 17. November mit Obama-Lunch und Bambi-Verleihung einzuordnen. Mir wurde zumindest ansatzweise klar, wie das Leben sein konnte, wenn man im Tennis die Nummer eins der Welt ist. Mein Kopf war voller neuer Eindrücke, die es erst mal zu verarbeiten galt. Dinge, von denen ich noch nicht mal zu träumen gewagt hätte, reihten sich aneinander. Eines schien klar: Egal, wie es weitergehen sollte, langweilig würde es wohl nicht werden.

Kapitel 9

AUSGEBRANNT

Mein Weg war in den letzten Jahren zuverlässig im Zickzackkurs verlaufen, ich hatte einige Zeit gebraucht, um diese Extreme zu akzeptieren und als Teil meines Weges zu begreifen. Ich wusste, dass bei mir nach einem Triumph oftmals eine schwache Phase folgte, von deren Auswirkungen ich mich meist nur langsam erholte. Aber dieses Mal wurde es von Monat zu Monat schwieriger, die Kehrtwende zu schaffen.

Das Frühjahr 2017 erforderte mir alles an Zuversicht, Geduld und Nehmerqualitäten ab. Wenige Monate nachdem es keine Grenzen zu geben schien, scheiterte ich in Madrid im Achtelfinale. Ich kam offenbar aus dem Teufelskreis nicht heraus. Ein weiterer Rückschlag, noch dazu hatte ich mir eine Verletzung zugezogen, eine Zerrung am hinteren Oberschenkel, weshalb ich das Match aufgeben musste, aufgeben wollte. Die Physiotherapeutin, die ich auf den Platz gerufen hatte, konnte aber auch nichts machen, es hatte keinen Sinn gehabt, weiterzuspielen. War ich etwa froh, verletzt zu sein und nicht weiterspielen zu *müssen*? Ein bittersüßer Gedanke, den ich aber schnell wieder verwarf. Ich hatte so lange dafür gearbeitet, an die Spitze zu kommen, und jetzt würde ich mich selber sabotieren und der Früchte meines Erfolgs berauben? Ich wollte nicht spielen, aber auch nicht verzichten. Ende Mai standen die French Open an, da wollte ich keinesfalls ein Risiko eingehen.

Während über dem Stadion ein Wolkenbruch niederging, saß ich niedergeschlagen in den Katakomben der „Caja Mágica". Es war die elfte Niederlage im dreißigsten Spiel der Saison. Ratlos und niedergeschlagen saß ich da, noch immer suchte ich vergebens nach meinem Rhythmus, der Leichtigkeit im Spiel, die mich so weit getragen hatte. Das nasskalte Wetter, kühl und windig, konnte ich nicht für meinen Misserfolg verantwortlich machen. Zu allem Überfluss hatte ich mich während des Matches noch mit meiner Box zerstritten, was die Stimmung zusätzlich trübte. Die Zweifel, sie tauchten wieder einmal brutal aus dem Nichts auf. Keine Siege, kein Selbstvertrauen. Kein Selbstvertrauen, keine Siege. Eigentlich vertraut, aber irgendwie doch nicht.

„Ich fühle mich auf ganzer Linie als Versagerin", sagte ich nach dem Match im Shuttle sitzend, auf dem Weg von der Anlage zurück ins Hotel, gut hörbar für meine Entourage. Damit war die Bühne frei für den Schlagabtausch. Unmittelbar nach missglückten Matches war es ein ungeschriebenes Gesetz und teamintern hinlänglich bekannt, dass es ratsam war, nicht direkt das Gespräch mit mir zu suchen.

„Du denkst momentan nur in Schwarz-Weiß. Sieg oder Niederlage. Gut oder schlecht. Weitergekommen oder ausgeschieden. Geschafft oder gescheitert. Das ist auf Dauer kontraproduktiv", antwortete mein Coach.

„Das hast du schon so oft zu mir gesagt, aber das hilft mir nicht weiter. All die gut gemeinten Ratschläge bringen mich nicht voran."

Empört schaute ich ihn an. Die Frustration saß tief, und ich war es leid, Woche für Woche die gleichen Gespräche führen zu müssen, nur um wenige Tage später bei der nächsten Station wieder Schiffbruch zu erleiden. Es kostete mich unendlich viel Kraft, mich wieder und wieder aufzuraffen, kurzzeitig Optimismus zu verbreiten, nur um die nächste Enttäuschung zu kassieren.

„Ich weiß, ihr wollt mir helfen. Aber ihr steht nicht da draußen, wisst nicht, wie sich das anfühlt. Ich kann so einfach nicht weitermachen", brach es aus mir heraus.

„'tschuldigung, ich wollte dir nicht zu nahe treten. Mir ist bewusst, dass für dich seit 2016 alles schwieriger geworden ist.

Deine Emotionen stehen auf dem Prüfstand, und je emotionaler du bist, umso verletzlicher wirst du. Nicht nur im Kopf, auch dein Körper, er hat es beim Match gerade bewiesen." Er spielte auf die Zerrung an, die ich mir zugezogen hatte und die zu allem Überfluss das Training und die Vorbereitung in dieser entscheidenden Phase der Saison vor den French Open erheblich einschränken würde.

„Ich kann dich kaum motivieren, das kannst nur du selbst." Seine Worte waren so leise, als hätte er sie zu sich selbst gesagt.

„Quatsch", widersprach ich vehement. „In so einem großen Krisenjahr wie diesem brauche ich jeden von euch. Jemand muss mir sagen, was ich falsch mache. Ich kann das nicht allein."

„Du machst nichts falsch, Angie, aber ..."

„Aber was?", unterbrach ich ihn scharf.

„Na ja, du musst dich dann auch ein wenig mehr öffnen. Zum Tennis gehört nun mal das Verlieren. Die meisten Spieler verlieren öfter, als sie gewinnen."

„Was ist das bitte für eine Aussage? Wie soll mich das weiterbringen?", entgegnete ich immer genervter. Es machte keinen Sinn mehr, weiter darüber zu sprechen. Die Ratschläge drangen nicht mehr zu mir durch, auch wenn wohl vieles davon stimmte.

Vor den French Open stand noch das Turnier in Rom an. Ich versuchte mich daran zu erinnern, was mich 2011 motiviert hatte, anzugreifen, welche Denkweise mich im Vorjahr zur besten Tennisspielerin der Welt hatte werden lassen. Doch die guten Emotionen, die ursprüngliche Motivation war in weiter Ferne. Ich hatte keinen Zugriff mehr auf meine positive Gefühlswelt, verspürte keinerlei Leidenschaft bei dem Gedanken an Tennis. Ich hatte zu oft darüber gesprochen, in Interviews, Werbespots und anderswo, um noch zu wissen, wie es sich eigentlich angefühlt hatte. Ich kannte es nur noch aus meinen eigenen Erzählungen.

Ich will ja, dachte ich, aber es klappt nicht richtig. Irgendwas in meinem Inneren trat auf die Bremse und ließ jedes zarte

Aufbegehren gegen meine Lethargie noch kräfteraubender und damit aussichtsloser erscheinen. Meine ernüchternden Leistungen waren das Ergebnis. Niederschmetternd war das. In Rom musste ich abermals eine Auftaktschlappe hinnehmen, gegen die Estin Anett Kontaveit in zwei glatten Sätzen. Eine weitere Woche war verstrichen, ohne dass die Trendwende sich ankündigte. Ich verschanzte mich in meinem Zimmer, anstatt wie in den Jahren zuvor jede freie Minute in der „ewigen Stadt" auf Erkundungstour zu verbringen. Meinem Gemütszustand entsprechend, stapelten sich vor meinem Zimmer die leeren Room-Service-Tabletts. Die Reservierungen in den sonst so geliebten römischen Restaurants verstrichen ungenutzt. Ich zog es vor, mit meinen Gedanken allein zu sein. Schlüssige Antworten hatte ich dennoch keine parat.

Für die Stimmung im Team war das unterdessen nicht förderlich. Es wurde viel mehr übereinander geredet als miteinander. Jeder wünschte sich, dass es bald wieder besser laufen würde, aber keiner konnte so recht sagen, wie der Weg dahin aussehen sollte. Die Trainingseinheiten auf dem Platz hatten ihre Unbeschwertheit verloren, und bei den kleinsten Ungereimtheiten kippte die Stimmung und das Training war gelaufen. Belanglosigkeiten wurden zur Projektionsfläche meiner Unzufriedenheit, Blitzableiter für misslungene Schläge und vieles sonst, was nicht nach Plan lief. Als Team rauften wir uns zwar immer wieder zusammen, dafür hatten wir schon zu viel miteinander erlebt, aber der Schwelbrand war merklich in der Luft.

Dann kamen die French Open. Ich war eine Topgesetzte, und gleich zum Auftakt erlebte ich ein Debakel, standesgemäß auf dem Center Court Philippe Chatrier. Aus in Runde eins gegen Jekaterina Makarowa. In meinen Ohren schrillte es: Nur selten zuvor ist eine Nummer eins im Roland-Garros-Stadion auf diese Weise gescheitert.

Die Expertenstimmen der Kommentatoren waren vernichtend. Meine vermeintlichen Schwächen wurden vor dem TV-Publikum bis ins kleinste Detail seziert. Der Spielaufbau passe nicht, überhaupt gebe es bei mir eine Fehlerflut, die Niederlage sei vorprogrammiert. Der Presse gegenüber betonte ich, dass ich immer daran geglaubt hätte, die Partie noch drehen zu können, aber die Analyse sagte etwas anderes – und viele würden dem Fazit der Kommentatoren folgen.

Und es stimmte auch mitunter, ich war nicht wirklich auf dem Platz – und Leidenschaft sah tatsächlich anders aus. Meine Körpersprache sprach bestimmt Bände. Auch, dass man von einer Nummer eins oder auch zwei mehr erwarten konnte. So kam es mir wenigstens vor. Denn weshalb verlor ich ständig gegen Rivalinnen, die weit hinter mir lagen? Und wieso verlor ich die Matches, die ich im vergangenen Jahr noch gewonnen hatte? Konnte es sein, dass die anderen ganz genau auf mich schauten und meine Schwächen nun gnadenlos ausnutzten? Musste ich womöglich anders spielen, weniger berechenbar?

Ich fand keine Antworten darauf, aber mir setzte das alles ziemlich zu. Dieses desolate Erstrunden-K.-o. war eine Katastrophe. Bevor das Turnier überhaupt begonnen hatte, war mein Hotelzimmer in einer Seitenpassage der Champs-Élysée schon wieder geräumt. Fluchtartig verließ ich die Stadt und sagte sämtliche Termine ab, die in Paris noch anstanden. Unter anderem auch die Galaehrung des Tennisweltverbandes ITF, bei der ich die Auszeichnung zur besten Spielerin der vorangegangenen Saison erhalten sollte. Es hätte sich nicht richtig angefühlt, diese Auszeichnung für das Jahr 2016 entgegenzunehmen, das lag auf der Hand.

Ich erwischte mich dabei, wie ich dachte: Mist, ich habe den optimalen Zeitpunkt verpasst, um aufzuhören. Nico Rosberg kam mir in den Sinn – und sein überraschendes Laufbahnende unmittelbar nach dem Gewinn seines ersten Formel-1-WM-Titels Ende 2016. Ein Abschied mit Niveau. Eigentlich ein ideales Szenario: Tschüss sagen auf dem Höhepunkt, wenn keiner damit rechnet. Nur wenige Monate zuvor saßen wir bei der *Sportler des Jahres*-Gala in Baden-Baden am selben Tisch, kurz zuvor hatte er seine Entscheidung verkündet. Er schien entspannt und mit seiner Entscheidung völlig im Reinen zu sein. Aber wann wusste man, wann dieser Zeitpunkt erreicht ist? Wie oft stellt man sich nach einem solchen Rückzug die Frage, ob er nicht doch zu früh kam? Jeder Profi fürchtet sich insgeheim davor, den perfekten Absprung zu verpassen ...

Nach meiner Auftaktschlappe in Paris bestand jedenfalls dringender Redebedarf. Mal wieder, wie schon so oft in den Wochen davor. Ein weiterer Krisengipfel, in einem Café unweit der Champs-Élysée. Bonjour Tristesse! Joschi und ich verzogen uns an einen Tisch in der hintersten Ecke.

Unsere Krisensitzungen folgten einem festen Muster: Im ersten Akt des Schauspiels, der gespickt mit Provokationen war, beteuerte ich meinen sofortigen Rücktritt, sprach jeder Maßnahme der Vergangenheit ihren Nutzen ab und schloss mit einer flammenden Rede auf meine Unfähigkeit, Tennis spielen zu können, jetzt und für immer – weswegen es so oder so keinen Sinn machen würde, nach Lösungen zu suchen. Das Ganze wurde untermalt mit vergeblichen Beschwichtigungsversuchen meines Managers, wild gestikulierend und bemüht, einen konstruktiven Ton anzuschlagen, wovon wir aber weit entfernt waren. Von außen musste es den Anschein machen, als ob die Paris-Reise eines Paars gründlich danebengegangen war. Was auch irgendwie stimmte. Danach schwiegen wir eine Weile. Bevor dann im zweiten Akt eine analytische, nüchterne Bestandsaufnahme meines Managers folgen sollte, die oftmals ein wenig zu langatmig geriet, aber im Grunde eine akkurate Beschreibung der aktuellen Problematik darstellte. Im dritten Akt, dem Finale furioso, gelang es uns dann zuverlässig, einen Schlachtplan für die Zukunft zu entwerfen und, wenn nötig, auch harte Entscheidungen zu treffen.

Ein Theaterstück als Ursprung für viele wichtige Entscheidungen meiner Karriere.

„Ich bin ganz bei dir", erwiderte ich. „Ich will ja aus diesem Tief herauskommen, habe aber nicht die geringste Ahnung, wie ich das anstellen soll. Mir ist aber so was von bewusst, dass es so nicht weitergehen kann."

Ich dachte an die Menschen, die draußen über die Straße spazierten. Unbeschwert. Genau das wollte ich auch sein. Unbeschwert. Doch in meinem Kopf schwirrte ständig ein Aber umher.

„Vielleicht steckst du aber auch nur in deinen alten Strukturen fest und brauchst einen neuen Ansatz, der dich wieder nach vorne bringt."

„Was soll das sein? Ich bin motiviert, ich will Tennis spielen. Noch liebe ich diesen Sport."

„Vielleicht geht es gar nicht um dich und deine Leidenschaft fürs Tennis, sondern eher um die Impulse, die von außen kommen."

„Du denkst an mein Trainerteam, habe ich recht?", fragte ich zögernd.

„Nicht zwangsläufig, aber vielleicht auch."

„Doch, doch. Das könnte schon der richtige Ansatz sein. Torben ist super, aber wir kennen uns nun schon so lange und wissen beide immer schon genau, was der andere sagt. Es kommen keine neuen Ansätze mehr, die mich voranbringen. Wir drehen uns im Kreis."

Sicher hatte er diese Lösung, auf die das Gespräch hinauszulaufen schien, selbst im Hinterkopf gehabt. Vor unserem Gespräch musste er alle Optionen durchgegangen sein, auch wenn wir beide wussten, wie schwierig so ein Wechsel in einer laufenden Saison sein würde. Zumal das Saison-Highlight Wimbledon vor der Tür stand.

Und es würde natürlich auch menschlich schwierig werden. Torben und ich arbeiteten nun schon so lange zusammen, wir hatten sicher mehr als eine rein professionelle Beziehung, sondern auch eine Freundschaft über die Jahre entwickelt. Aber letztlich ist der Profisport ein Business, manchmal ein knallhartes, und ich musste auch solche unliebsamen Entscheidungen treffen, wenn ich mir davon versprach, dass sie mich weiterbrachten, zurück zum Erfolg führten – auch wenn ich vielleicht nicht der Typ dafür war.

„Ich brauche jemanden, der mir meine Blockade aus dem Kopf jagt", sagte ich zu Joschi.

„Verstanden. Aber ein neuer Trainer reicht nicht. Du brauchst auch wieder ein Ziel, auf das du dich voll fokussieren kannst."

„Was kann das sein, ich habe ja schon alles erreicht. Fast alles ..."

„Genau das ist das Problem. Aber wie du selbst sagst, du hast nur *fast* alles erreicht. Eine Sache steht noch aus."

„Du meinst Wimbledon, meinen Kindheitstraum?"

„Gegen Wimbledon habe ich nichts einzuwenden, Paris wird es dieses Jahr wohl erst mal nicht", sagte er lachend, die Stimmung war nun merklich besser.

„Klingt gut."

So gut, dass mein aktuelles Wohlgefühl sofort um ein paar Prozentpunkte nach oben schnellte – was aber auch kein Wunder war, da es sich nahezu im Keller befunden hatte. Aber ein Triumph bei diesem außergewöhnlichen Turnier machte Sinn, es war der nächste logische Schritt. Wimbledon – war das nicht das Ziel meiner Ziele? Danach konnte ich immer noch meine Karriere beenden – mit einem Titel, der in Erinnerung blieb, à la Nico Rosberg.

„Einfach wird das nicht werden", warnte Joschi. „Du musst dich darauf einlassen, dass es ein langer Prozess sein kann und nicht von heute auf morgen alles so laufen wird, wie du es dir vorstellst."

„In der aktuellen Phase gehe ich auch nicht davon aus. Aber vielleicht kann ich nur wieder etwas aufbauen, wenn ich richtig zu Boden gehe, wie hier bei den French Open."

Mein Manager nickte. „Ohne eine schonungslose Analyse wird es nicht funktionieren, erst dann kannst du zielgerichtete Veränderungen vornehmen. Dabei helfe ich dir, das weißt du. Aber viel Zeit sollten wir nicht mehr verlieren."

Joschi hatte einen guten Blick auf mich. Andere konnten inspirierende Impulsgeber sein, aber am Ende war ich es, die in verfahrenen und schier ausweglosen Situationen den Schalter umlegen musste. Nicht zum ersten Mal musste ich mir das klarmachen. Ich selbst musste meinen persönlichen Träumen, Wünschen und Zielen Leben einhauchen, das konnten andere nicht. Was bedeutete, dass alles bei einem selbst anfängt. Bei der schonungslosen Analyse des Status quo. Warum bin ich gerade hier, an jener Station des Lebens angelangt, an der ich eigentlich nicht sein will?

Die Aufarbeitung meines Istzustands ging jetzt fließend über in den Optimierungsbereich, an dessen Anfang die bedingungslose Bereitschaft für einen Neustart stand. Mit allen Konsequenzen. Ein Weg, der in Paris begann, aber noch bis zum Jahresende dauern sollte, bis ich verstand, was zu tun war. Ich bin der Meinung, dass jeder Mensch Kampfgeist besitzt. Jeder einzelne. Entscheidend ist, ihn zu wecken. Denn er ist unentbehrlich, wenn man auf einer Talfahrt das glaubhafte Zeichen zur Umkehr geben will.

Joschi und ich waren nun eindeutig im dritten Akt unseres Theaterstücks angekommen. Wir waren guter Dinge, und bei einer Flasche Wein versuchten wir dem verkorksten Trip nach Paris noch etwas Positives abzugewinnen.

„Das Leben besteht in den seltensten Fällen aus Obama oder Bambi, diese Dinge muss man irgendwann abhaken und als schöne Erinnerung verbuchen. Sie gehören nicht zum Alltag und setzen gefährliche Standards. Du brauchst neue Ziele", sagte Joschi noch einmal.

Mir kam an der Stelle ein Vergleich in den Sinn, den ich erst kürzlich in einem Gespräch aufgeschnappt hatte. Dabei ging es um den Astronauten Buzz Aldrin, der Jahre nach seiner Rückkehr von der Mondmission und mit Blick auf seine folgende schwierige Zeit auf der Erde einmal von „the melancholy of all things done", von der „Melancholie der erfüllten Aufgabe", gesprochen hatte – was konnte ihn nach seiner Aufgabe im All hier auf der Erde noch erwarten?

Draußen dämmerte es bereits, und wir machten uns langsam auf den Heimweg. Beseelt von einem wirklich guten Gespräch. Vielleicht ist es ganz menschlich, dachte ich im Nachhinein, dass sich die Suche nach neuen Zielen im Anschluss an ein besonderes Lebensereignis erst einmal so aussichtslos gestaltet. Dass man vor lauter Adrenalin und Euphorie abdriftet vom Erfolgsweg, wenn sich nach jahrelanger harter Arbeit der Kindheitstraum endlich erfüllt hat. Vielleicht war es ganz natürlich, dass man zunächst nicht mehr den rechten Antrieb verspürt, sich zu quälen für etwas, das einem womöglich nicht mehr denselben Kick geben kann wie der vorherige Mega-Erfolg. Dass man in ein tiefes emotionales Loch stürzt und dann erstaunt ist von der Heftigkeit des Schmerzes nach dem Aufprall. Am Anfang der Saison 2017 hatte ich mir noch eingeredet, dass ich gut trainierte. Aber das stimmte nicht. Mir fehlte der Antrieb, den ich als Basis unbedingt brauche, um die Erfolgsmaschinerie Kerber überhaupt erst zum Laufen zu bringen. Ich verspürte eine Zerrissenheit, weil ich ahnte, dass ich gemessen an meinen Ansprüchen und gemessen an der öffentlichen Erwartungshaltung an mich nicht aufopferungsvoll genug arbeitete. Aber Joschi hatte natürlich recht. Wollte ich weiterhin erfolgreich sein, wollte ich noch einmal angreifen – und das wollte ich –, musste ich mich von all dem lösen und mir neue Ziele setzen. Nur so konnte ich mich neu motivieren. Und ich brauchte dafür frische Anreize von außen.

Wahrscheinlich hätte ich nach den French Open und vor allem nach diesem Bewusstwerden über die Krise eine Pause gebraucht. Aber mein Pflichtbewusstsein erlaubte mir eine solche nicht. Es war schlicht nicht möglich, einfach so aus dem Trott auszusteigen, da ich als Topspielerin Verpflichtungen hatte, die ich auf der anderen Seite auch nicht schleifen lassen wollte.

Aber hätte eine mehrwöchige Pause überhaupt geholfen? Ich war nicht wirklich davon überzeugt. Von zu Hause aus tatenlos zuschauen, wie die Kolleginnen gerade irgendwo in Miami, Madrid oder Toronto spielten und Punkte sammelten? So etwas hätte mich eher nervös gemacht. Komplett abschalten während der Saison, das gestaltete sich als schwierig, dazu hatte ich mich im Lauf der Jahre zu sehr an den zementierten Takt des Profilebens gewöhnt. Den Rhythmus zu durchbrechen, fiel mir nicht gerade leicht. Die Schere zwischen Erwartungshaltung der Öffentlichkeit und tatsächlicher Leistung hatte mich am Ende jedoch noch viel mehr Kraft gekostet, das Nicht-spielen-Wollen, aber zugleich der Wunsch, das Gefühl zu konservieren, ganz oben zu sein. Ein Spannungsfeld, das in den letzten Monaten ins Unermessliche gestiegen war.

In wenigen Tagen stand nun Wimbledon an, aber selbst dieses Zauberwort verpuffte bald nach einem sehr kurzen Gefühl großer Euphorie („Ja, das ist mein neues Ziel"). So ist das im Tennis mit den guten Vorsätzen – nichts wird beschönigt oder kann kaschiert werden. Halbgare Lippenbekenntnisse werden beim nächsten Turnier direkt bestraft und nach dem Wertesystem des Profisports, Sieg oder Niederlage, schonungslos der Realität zugeführt. Was hatte ich für Hoffnungen gehabt, dass Wimbledon eine Wende für mich bringen würde, aber ich hatte sie wohl selbst versiebt.

Ich hatte einen Fehler gemacht. Beim Training verletzte ich mir den Arm, aber statt ihn zu behandeln, ignorierte ich jede Warnung und besuchte ein Konzert von U2. Auf die Performance von Frontsänger Bono – und ein bisschen Spaß – wollte ich nicht verzichten. Zudem ging ich nicht allein dorthin, sondern mit meinen Freunden aus Mallorca, die für ein paar Tage in der Stadt waren. Es wurde sehr spät, ich saß Stunden in einem Taxi, mit dem Resultat, dass ich für das Achtelfinale am Tag darauf schlecht vorbereitet war. Ich wusste das, dennoch hatte ich mich nicht gegen das Konzert entschieden. Das sagte wohl eine Menge über mich als Profitennisspielerin aus. Oder über meine Bedürfnisse, die ich lange ignoriert und dem Tennis untergeordnet hatte. Ich wollte zwar wieder an meine alten Leistungen anknüpfen, aber nicht zwangsweise über den steinigen Weg der bedingungslosen Disziplin. Dazu zählte auch, dass ich entgegen meinen sonstigen Prinzipien in der ersten Turnierwoche in Wimbledon abends auf ein Date ging. Einfach um zu sehen, wie eine neue Work-Life-Balance aussehen könnte. Um es vorwegzunehmen – das Resultat war durchwachsen.

Nach drei Sätzen hatte ich in der vierten Runde das Nachsehen gegen Garbine Muguruza – ich verlor das Match, wobei es an Chancen zum Sieg nicht mangelte. Es fehlten lediglich ein paar Prozent, zwei bis drei entscheidende Punkte, um die Partie zu meinen Gunsten zu entscheiden. Ich hatte zwar gekontert, gekämpft und angegriffen, fast zweieinhalb Stunden hochklassiges Tennis gespielt, anders als bei den drei vorherigen Zitterpartien, aber es hatte nicht gereicht. Ich verließ den Platz als Geschlagene, auch in dem Wissen, dass ich nicht mehr Weltranglistenerste war; ich war inzwischen auf den dritten Platz des WTA-Rankings gefallen.

Das Match hätte ein Wendepunkt in dem bislang so verkorksten Jahr werden können – aber ich hatte es vermasselt.

„Sieg und Niederlage liegen im Profisport eben eng beieinander", murmelte mein Noch-Coach Torben. „Im Tennis entscheiden oftmals zwei, drei Punkte eine Partie, so wie eben – und damit vielleicht auch die folgenden Wochen, Monate, eine ganze Saison. Es geht um Nuancen."

Es stimmte, was er sagte, gerade bei wichtigen Turnieren, wenn die Gegnerinnen auf Augenhöhe waren, konnten wenige Ballwechsel den Unterschied ausmachen. Ein Sieg in einem engen Match wie dem gegen Muguruza hätte mir sicher viel Selbstvertrauen fürs Viertelfinale gegeben, den berühmten Schalter im Kopf umlegen können. Aber letztlich hielt ich das für vage Spekulation.

Im Spätsommer steckte ich noch immer in einem Motivationstief, das war nicht von der Hand zu weisen. Mir war zwar seit Paris klar geworden, was zu ändern war, aber der Prozess ging nur schleppend voran. Kein Antrieb bedeutete: keine reelle Chance, dem Istzustand zu entfliehen. Ich fühlte weiterhin eine große Leere in mir. Ich wollte allen beweisen, dass ich es noch draufhatte, aber es ging nicht. Ich wollte sogar beweisen, dass ich noch mehr draufhatte als 2016, es um jeden Preis erzwingen. Wie verrückt war das denn? Dadurch ging die nötige Lockerheit verloren, die für Bestleistungen benötigt wird. Das spürte ich. Jede weitere Niederlage traf mich nach wie vor wie ein Keulenschlag. Häme wurde über mir ausgeschüttet, man hielt mich einer Weltklassespielerin nicht mehr für würdig; diese verbalen Hiebe setzten mir gewaltig zu. Mir war klar, dass ich mit negativen Schlagzeilen leben musste, dass Journalisten einfach nur versuchten, ihren Job zu machen. Manchen gelang das besser, in der Analyse hart, aber fair, in anderen Kommentaren wurde es wiederum fast schon polemisch. Wie in anderen Berufen eben auch. Ganz egal würden mir diese Headlines und Artikel aber nie sein.

Auch merkte ich, dass meine Gegnerinnen auf dem Platz spürbar weniger Respekt vor mir hatten. Gegen viele hatte ich schon mal gewonnen, dadurch wusste ich, wann sie anfingen, nervös zu werden, wie sie sogar Angst bekamen, wenn sie einen Doppelfehler gemacht hatten. Nun hatte ich so viele Spiele verloren, dass nichts mehr davon zu spüren war. Die Hochachtung war fort, im Bewusstsein, dass sie nichts zu verlieren hatten – sie konnten nur gewinnen. Ich kannte diesen psychischen Mechanismus, der auch mich Spiele gewinnen ließ. Und weil ich das alles wusste, drehte ich mich vor Verzweiflung nur noch schneller in meinem Hamsterrad.

In diesen Tagen begriff ich, wie wichtig es für meine weitere Entwicklung war, eine rigorose Trennung vorzunehmen – auf der einen Seite die Tennisspielerin, auf der anderen Seite die private Person. Das würde mich womöglich davor bewahren, mich nach einer Niederlage tagelang so elend zu fühlen. Es reichte schon, wenn ich mir gegenüber als Sportlerin knallhart war. Mein Wert als Person hingegen durfte sich nicht über die Anzahl an Weltranglistenpunkten definieren. Diese unterbewusste Verknüpfung, die sich über die Jahre eingeschlichen hatte, war brandgefährlich.

So eine rigorose Trennung war nicht einfach, das war mir klar – aber zugleich höchst überfällig. Warum das so war, zeigten mir die darauffolgenden Wochen.

Im August verlor ich bei den US Open, in meiner Wohlfühloase, haushoch gegen die Japanerin Naomi Osaka in der ersten Runde, nach nur fünfundsechzig Minuten. Naomi war damals fast noch ein Teenager, gerade neunzehn Jahre alt, ein No-Name – und sie hatte mich alt aussehen lassen, sehr alt. Ich konnte nur noch vom Platz flüchten. Ihrer Unbekümmertheit hatte ich nichts entgegenzusetzen. Eiskalt hatte sie meine Schwächen ausgenutzt, daran war nicht zu rütteln. Ich würde nun aus den

Top Ten fallen, nachdem ich wenige Tage zuvor noch an der Seite von Roger Federer und Rafael Nadal beim Arthur-Ashe-Kids-Day den Status eines Superstars des Turniers innegehabt hatte. Davon war in meinem Selbstverständnis nicht mehr viel übrig geblieben. Trotzdem sagte ich gegenüber Journalisten: „Es war nicht mein Tag ... Ich gebe aber nicht auf, ich weiß, was ich kann." Durchhalteparolen, wie ich sie in dem Jahr schon mehrfach in die Mikrofone diktiert hatte.

Nach dem Match musste ich zu allem Überfluss noch zur Dopingkontrolle, was aus jahrelanger Erfahrung leider Stunden dauern konnte. Gedankenverloren saß ich in den Katakomben des Arthur Ashe Stadiums neben der Dopingkontrolleurin und Joschi, dem die Enttäuschung über die wiederholte Ernüchterung ebenso anzusehen war. Ich wusste, dass es für ihn in den kommenden Tagen in seiner Funktion als Manager auch nicht leicht sein würde, unseren Partnern und Sponsoren schlüssige Gründe für den fallenden Kurs unseres Unternehmens zu liefern. Denn nichts anderes war die Marke „Angelique Kerber" letztendlich in der Außendarstellung – ein Unternehmen, das abhängig von Sieg und Niederlage an Wert gewann oder verlor. Vor den US Open wurden von meinen Sponsoren Kampagnen vorbereitet, die darauf abzielten, dass ich weit kommen würde. Das beschämte mich zwar, aber darum konnte ich mich jetzt nicht auch noch kümmern.

Neben unzähligen Baustellen in meinem Spiel, denen das Triebmittel „Selbstbewusstsein" fehlte, merkte ich selbst, dass ich beim Aufschlag schwächelte. Dazu laborierte ich an Ellbogenproblemen herum, weshalb ich den Arzt meines Vertrauens und langjährigen Weggefährten Ulf in seiner Praxis in Düsseldorf aufsuchte. Obwohl er seit über fünfundzwanzig Jahren Mannschaftsarzt im Eishockey war und eine eigene Praxis hatte, hängt sein Herz auch an Fußball und Tennis. Schon oft hatte er mir medizinische Ratschläge erteilt und war immer für mich erreichbar, wenn ich ihn anrief.

In den vielen Telefonaten, die wir führten, schaffte er es, mich aufzurichten. Es war eine beachtliche Überzeugungsarbeit, die er da leistete. Irgendwann spürte ich, dass all die Sätze bei mir angekommen waren, nachdem sie sich durch ein Geflecht von Zweifeln und Trotz gekämpft hatten. Und ich merkte, dass sie einen Sinn ergaben. Doch bis zu dieser Erkenntnis dauerte es noch ein wenig.

Nach meinem frühen Ausscheiden beim Turnier in Peking Anfang Oktober schloss ich die Saison für mich zunächst ab und plante keine Starts mehr. Das war mein Schlussstrich unter dieser Katastrophensaison. Ich machte Urlaub auf den Seychellen, herrlich weit weg von allen Turbulenzen. Als ich auf meinem Handydisplay dann plötzlich Joschis Nummer aufblinken sah. Mir schwante nichts Gutes. Auch wenn wir täglich miteinander sprachen, wusste er eigentlich, dass ich ein paar Tage runterkommen wollte. Daher ahnte ich, dass es dringend war.

Seit über einer Woche hatte ich keinen Schläger in der Hand gehabt und war nur zweimal eine kleine Runde gejoggt; normalerweise hatte ich täglich zwei Trainingseinheiten absolviert von jeweils ein, zwei Stunden, dazu Physio, Regeneration etc.

„Gib mir kurz eine Minute, bevor du dich zum nächsten Tauchgang aufmachst. Ich muss etwas Wichtiges mit dir besprechen", sagte mein Manager, nachdem ich das Gespräch angenommen hatte.

„Okay, das klingt jetzt nicht wirklich vielversprechend", stellte ich ein wenig beunruhigt fest. „Aber schieß los."

„Angie, hör zu, wenn du nicht mehr spielst, wirst du am Ende der Saison aus den Top 20 der Welt fallen. Das ist kein Weltuntergang, aber auch nicht ganz folgenlos, wie du weißt. Mit einem Start bei dem Turnier in Luxemburg nächste Woche und danach in Zhuhai hättest du noch eine Chance, das Jahr in den Top 20 zu beenden."

Ich verstand direkt, worauf er hinauswollte. Ein Platz unter den besten zwanzig Spielerinnen im WTA-Ranking war bei der Vergabe von Wildcards und im Hinblick auf die Planung für das kommende Jahr eine magische Grenze.

„Letztlich ist es natürlich deine Entscheidung. Aber es gehört nun mal zu meiner Jobbeschreibung, dich wenigstens darauf hinzuweisen", betonte Joschi fast entschuldigend.

Zweifellos hatte er recht, trotzdem dachte ich im ersten Moment: Das kann doch jetzt nicht wahr sein ... kann ich nicht einmal in Ruhe am Strand liegen? Ich verfluchte die Tourwelt, überlegte kurz und gab Joschi am Ende zu verstehen, dass er sich um Flüge kümmern sollte und ich an den beiden Turnieren teilnehmen würde. Auch wenn es bedeutete meinen Urlaub abzubrechen. Zum Glück fiel mir noch ein, dass 2018 ja alles anders werden sollte, und dafür war es wichtig, die richtigen Weichen zu stellen. Ich wollte nicht einknicken, nichts unversucht lassen, es durchziehen und das Jahr positiv enden lassen. Zumindest mit einem guten Gefühl durch gewonnene Matches. Sollte es dann doch nicht klappen, hatte ich wenigstens alles versucht. Aber es sollte alles noch schlimmer kommen.

Von den verbliebenen Chancen in Luxemburg und Zhuhai nutzte ich ... keine einzige. Der Kontrast zum glanzvollen Saisonende im Vorjahr mit Bambi-Auszeichnung, Sportlerin-des-Jahres-Pokal sowie Obama-Tête-à-Tête hätte im Herbst 2017 nicht größer ausfallen können. Trotz meiner dürftigen Ergebnisse der vergangenen Monate war ich auch in Luxemburg das Poster-Girl des Turniers und wurde gemäß meiner regulären WTA-Verpflichtungen von den Veranstaltern zu Marketingzwecken eingesetzt. Dazu gehörte auch der Besuch der Players' Night in einer umgebauten Tennishalle, die durch die Ausstattung mit Gartentischen und Plastikstühlen wenig Glanz verströmte. Wo im Vorjahr noch Robbie Williams bei der Bambi-Verleihung nur wenige

Meter vor mir performte, war es jetzt Roberto Blanco, der vor der angeheiterten Menge auf einer provisorischen Bühne sein Programm abspulte.

In Zhuhai, bei der Partie gegen die Russin Anastasia Pavlyuchenkova zertrümmerte ich meinen Schläger. Ich, die ich mich sonst auf dem Court eigentlich zuverlässig im Griff hatte, die nicht zu den Spielerinnen gehörte, die in irgendeiner Art und Weise ausrasteten. Eine WTA-Offizielle, die das Ganze beobachtet hatte, konfrontierte mich nach der Partie mit einer interessanten Feststellung: „Warum hast du das mit dem Racket nicht schon vor ein paar Monaten ausprobiert? Einfach nur, um den ganzen Frust mal rauszulassen." Vielleicht wäre das gar keine so schlechte Idee gewesen.

Am Ende sollte ich zum Saisonabschluss also sämtliche Ziele verfehlt haben. Wäre ich doch auf den Seychellen geblieben. Den Listenplatz unter den Top 20 schaffte ich jedenfalls nicht mehr, die neue Saison würde ich als Nummer 21 starten.

Nach vielen Tagen voller Tränen und Selbstmitleid rang ich mich endlich zu einer längst überfälligen Entscheidung durch. Am vermeintlichen Tiefpunkt angekommen, fand ich langsam, aber sicher wieder zu mir. Jetzt gab es nur noch einen Weg, und mir war klar, dass ich diesen in seiner ganzen Radikalität und Konsequenz verfolgen musste. Kurz darauf, im November 2017, schrieb ich einen Brief an meine Fans, die das ganze Jahr über mit mir gelitten hatten.

Hallo ihr Lieben,

verglichen mit dem unglaublichen Tennisjahr 2016 ist in den letzten Monaten vieles anders gewesen, dennoch bin ich sehr dankbar für die spannende, aber natürlich nicht ganz einfache letzte Zeit. Ich habe bis zum Saisonende gekämpft und mich den Aufgaben gestellt, auch wenn es nicht gut lief. Die

Menschen, die meinen Weg in den letzten Jahren begleitet haben, wissen, dass ich nie aufgebe und die Herausforderung immer annehme. Es sind auch diese wichtigen Erfahrungen, die beruflichen Rückschläge, in denen man sehr viel über sich selbst lernt. Ich bin in den letzten zwölf Monaten einen großen Schritt vorangekommen, wobei der Maßstab in meinem Leben nicht immer nur die Weltrangliste ist. Der eigene Wert als Person sollte nicht über berufliche Erfolge definiert werden, sondern unabhängig davon sein. Das muss man sich als Sportler immer mal wieder vergegenwärtigen.

Nach einem Traumjahr, in dem man langjährige Ziele in kürzester Zeit erreicht, muss man sich neu orientieren, neu motivieren und neue Ziele setzen. Das ist nicht immer einfach gewesen. Für mich ist aber klar, dass ich ein Kapitel erst abschließen muss, damit ein neues beginnen kann. In den letzten zwei Jahren ist so viel passiert und es stimmt eben beides – alte Erinnerungen können beflügeln, aber auch ein Bremsklotz sein. Das heißt nicht, dass ich mich auch im kommenden Jahr nicht auf meine Stärken und Erfahrungen verlassen werde. „Niemals aufgeben" war schließlich die Devise, die mich im Tennis ganz nach oben gebracht hatte. Da gehört eben auch manchmal dazu, bittere Niederlagen zu ertragen und stärker daraus hervorzugehen.

Es ist Zeit für ein großes Dankeschön an meine Fans, die mir genau dabei so viel Rückenwind geben. Die lieben Kommentare, die mich jeden Tag auf meinen Accounts erreichen, geben mir viel Zuversicht für die neuen Aufgaben, besonders in der Off-Season, wenn es keine wöchentliche Unterstützung bei den Turnieren gibt. Ich bin so dankbar, dass ich besonders in diesen stilleren Zeiten das Gefühl habe, die besten Fans der Welt zu haben, die mich immer unterstützen und mit mir gemeinsam diesen Weg gehen.

Seid euch sicher – ich werde mich mit ganzem Herzen auf 2018 vorbereiten und auch neue Wege gehen. Für euch, aber ebenso für mich. Denn Tennis ist meine Leidenschaft.

Alles Liebe, eure Angie

Dieser Brief war mir sehr wichtig, denn ich glaubte, dass sich jeder mit der beschriebenen Problematik auskannte. Und sei es nur im übertragenen Sinne. Man hat Ärger im Job und vermag die dadurch entstandene schlechte Laune selbst bei abendlichen Treffen mit Freunden nicht abzustreifen.

Diese Unterteilung in Kerber und Angie, in die Spielerin und die Person, wie ich sie vorgenommen hatte, gelang natürlich nicht durchgehend. Das Konstrukt konnte immer aufs Neue ins Wanken geraten, die Grenze drohte dann zu verschwimmen wie die Ränder von Wasserfarben. Aber der Fortschritt, den ich diesbezüglich ausgerechnet 2017 gemacht hatte, war beachtlich.

Wenige Tage später gab ich bekannt, dass ich mich von meinem langjährigen Trainer Torben trennen und ab sofort mit dem Belgier Wim Fissette arbeiten würde, der unter anderem Kim Clijsters und die Rumänin Simona Halep trainiert hatte. Ein Top-Coach, der später auch Naomi Osaka zu Grand-Slam-Titeln anleiten würde. Er sprach fließend Deutsch, denn er hatte lange in Nordrhein-Westfalen gelebt.

Es hatte mich mitgenommen wie kaum etwas anderes zuvor, Torben meinen Entschluss mitzuteilen. Insbesondere, weil er bereits die Vorbereitung für die neue Saison durchgeplant hatte und optimistisch wie eh und je nach vorn blickte. Als ich ihn aus Dubai anrief, um offen darüber zu reden, blieb ich erst einmal stumm. Gezwungenermaßen, denn der Kloß in meinem Hals ließ nichts anderes zu. Tränen liefen mir übers Gesicht, als ich das Gespräch begann.

„Das ist keine Entscheidung gegen dich, sondern für mich", erklärte ich ihm, nachdem ich ihm von meinem Entschluss erzählt hatte. „Wir haben uns zu sehr aneinander gewöhnt, ich muss wieder meine Aufmerksamkeit erhöhen und Verantwortung übernehmen."

„Ich weiß, Angie. Ich kann das nachvollziehen und akzeptieren. Traurig ist es dennoch, ich kenne dich, seitdem du sechzehn bist."

„Wir werden uns auch nicht aus den Augen verlieren, und ich hoffe, dass wir Freunde bleiben. Denn das bist du in der Zeit geworden, ein Freund, trotz unserer Differenzen in den vergangenen Monaten."

„Da kann ich ja guten Gewissens nach Itzehoe zu meiner Familie reisen."

Es dauerte ein wenig, bis ich mich an Wim Fissette gewöhnt hatte. Doch er hatte mich überzeugt, dass er mein Spiel verändern, es weiterentwickeln musste. Natürlich hatte ich das auch schon mit Torben und allen anderen Trainern getan, jeder von ihnen hatte seinen Anteil daran, wie ich mein Spiel gestaltete. Aber es war notwendig geworden, dass ich bei meinen Kontrahentinnen wieder für Überraschung sorgte. Wir arbeiteten daran, wie ich meine Fußstellung bei meinem Aufschlag verändern konnte, ich stand nun leicht offen, wodurch ich mehr Winkel spielen konnte. Meine Beinarbeit war eine andere geworden – eine radikale Veränderung im Leben eines Tennisspielers, aber sonst schwer nachvollziehbar. Wim erklärte, der letzte Schritt müsse groß sein, nicht klein, denn der Druck, den der Fuß auf den Boden bringt, setze sich bis in den Ball fort. Auch in der Ausholbewegung wurde ich dynamischer, schon in der ersten Woche unseres Trainings war mir das gelungen, was mich sehr erstaunte. Ebenso legte ich mehr Aggressivität an den Tag, Wim hatte mir Mut gemacht, wieder mehr aus mir herauszugehen, mehr Vertrauen zu haben.

Der Neustart, den ich mir vorgenommen hatte, war nicht nur ein gesprochenes Wort, sondern er fühlte sich auch real an. Mein neuer Trainer holte alles aus mir heraus, was er konnte, brachte mich wieder in Form, davon war ich überzeugt. 2017, so dachte ich, wird sich nicht wiederholen, 2018 wird eine völlig andere Saison werden.

Wim gab mir zu verstehen, dass ich nun nicht gleich jedes Spiel gewinnen würde und auf Dauer immuner gegen handfeste Krisen sein müsse. Er sagte das deutlich, aber auch so, dass ich tatsächlich bereit war, 2018 wirklich etwas zu ändern. Meine Leistungen in China waren so unterirdisch gewesen, so konnte ich mein Leben als Profi nicht beenden, ich musste noch einmal angreifen.

Mit jedem Neuanfang öffnen sich auch wieder Türen. Für mich ging es fortan darum, mit der Vergangenheit abzuschließen, sie zu akzeptieren und nach vorne zu blicken. Keine Altlast mit auf den weiteren Weg zu nehmen. Ich hatte der Kritik und den Meinungen anderer viel zu viel Raum gegeben, sodass sie Macht über mich hatten. Doch jetzt begriff ich endlich, dass sie nur so viel Macht über mich haben konnten, wie ich ihnen gab. Beeinflussen konnten sie mich einzig und allein, wenn ich es zuließ. Ich durfte nicht ihren Weg gehen, sondern musste meinen gehen. Ich musste verhindern, mir Pflichten oder Schuldgefühle aufzuladen, die ich als falsch empfand und die mich nur aufhielten und einschüchterten. Und nach und nach konnte ich auch sehen, dass meine schwierigen Erfahrungen nicht umsonst gewesen waren, dass ich aus ihnen lernen konnte. Vieles, was mich behindert hatte – es waren letztlich Kleinigkeiten gewesen, die mir aber groß erschienen waren. Meine Ängste, meine Zweifel, meine Befürchtungen, meine Dämonen. Aber darum wollte ich mich nicht mehr kümmern, es ging für 2018 allein um das Ziel meiner Ziele – und das war immer noch Wimbledon. Jetzt aber richtig, da konnte U2 noch so oft in London auftreten, für mich persönlich in einem Club ein Konzert geben wollen, ich würde wieder diszipliniert sein.

Offiziell begann mein Neustart Mitte November im Trainingslager auf Lanzarote. Nicht nur der Trainer war ein anderer, das gesamte Team war komplett ausgetauscht, also auch der Fitnesscoach und der Physiotherapeut. Ich war unfassbar nervös, schon im Taxi auf dem Weg vom Flughafen ins Hotel.

Das erste gemeinsame Zusammentreffen mit Wim, Rob (Konditionstrainer) und Timo (Physiotherapeut) fand bei einem Abendessen statt. Joschi kam für die ersten Tage eingeflogen, um den Übergang und das Kennenlernen mit meiner neuen Entourage zu begleiten. Er hatte uns in einem abgelegenen Apartmenthotel mit Kantine eingemietet, ein hochmodernes Sportresort, in dem ambitionierte Hobbysportler und Olympioniken trainierten, alles lief zu hundert Prozent professionell ab und ohne Kompromisse. Eine perfekte Wahl, denn in den beiden Wochen legten wir ohne große Ablenkung die Basis für meine Rückkehr, den Grundstein für die kommende Saison; hier setzte mein belgischer Trainer das um, was er mir zuvor mitgeteilt hatte. Auch der Spaß kehrte zurück, nicht nur meine Fitness. Die Stimmung war gut im Team, es harmonisierte. Lange hatte ich mich nicht mehr so befreit gefühlt.

Wenige Tage vor unserer Abreise drehte ich frühmorgens auf der Vierhundertmeterbahn eines alten Leichtathletikstadions allein meine Runden. Die Sonne ging gerade hinter der bizarren Felsenlandschaft auf, das Meer glitzerte unwirklich. Kurz blieb ich stehen und beobachtete das Naturschauspiel. Ich verspürte eine tiefe Zufriedenheit, auch eine besondere Ruhe und Überzeugung. Gepaart mit einem Gefühl der Stärke, der Angriffslust. Huschte mir vielleicht sogar ein Lächeln übers Gesicht? Ich ging davon aus, denn ich hatte auf der Kanareninsel wiedergefunden, was ich fast ein ganzes Jahr verzweifelt gesucht hatte: die Lust, wieder die Centre Courts zu betreten, die Leidenschaft für meinen Sport. Bis in die Haarspitzen hinein war ich motiviert, ich würde es mit meinen Gegnerinnen aufnehmen, sie würden wieder Respekt vor mir haben.

Und die ersten Triumphe folgten, direkt mit einem Turniersieg in Sydney, als ungesetzte Spielerin – es war der Wahnsinn. In Melbourne, bei den Australian Open 2018, stand ich dann im Halbfinale gegen Branchenführerin Simona Halep, jene Spielerin, die Wim zuvor trainiert hatte. Es war ein episches, ein dramatisches Match an einem heißen Tag, mit vielen spektakulären Ballwechseln, unzähligen Wendungen, Standing Ovations und mehreren Matchbällen. Ich war zwar schwach gestartet, doch nach dem Verlust des Auftaktsatzes kämpfte ich furios in alter oder besser gesagt: neuer Manier weiter. Wir boten einen wahren Tenniskrimi, einen großen Kampf. Die WTA erklärte im Nachhinein das Halbfinale zum „besten Grand-Slam-Match 2018".

Nach dem Spiel sagte ich: „Wenn mir jemand vor vier, fünf Wochen gesagt hätte, dass ich so einen Saisonstart haben werde, ich hätte es ihm wahrscheinlich nicht geglaubt." Aber ich hatte es gehofft. Und nach Lanzarote war vielleicht davon auszugehen. Das positive Gefühl, das ich dort hatte, es war nicht trügerisch gewesen, es hatte sich hier in Melbourne bestätigt. Ich kehrte auf Platz neun der Weltrangliste zurück. Für mich ein entscheidender Schritt. Es hatte den Anschein, dass ich auf dem besten Weg dazu war, mich weiterzuentwickeln. Ich merkte, wie ich Woche für Woche stärker wurde – was auch in der Umkleidekabine nicht unbemerkt blieb. Keine Spielerin wollte mich mehr als Gegnerin haben, was mir wiederum zusätzliches Selbstvertrauen gab. Die Gesetze der Negativspirale aus dem Vorjahr drehten sich ins Positive und mit jedem Sieg wuchs die Gewissheit in mir, dass das Beste noch kommen sollte.

Anfang Juni traf ich im Achtelfinale der French Open auf Caroline Garcia. Die Französin kam nicht klar mit meinem linkshändigen Slice-Aufschlag, sie stand auf der Grundlinie und schaute

Bällen nach, die sie hätte kriegen können. Ganz offensichtlich setzte sie die Begegnung vor Heimpublikum ganz gehörig unter Druck, was ihr nicht erlaubte, frei aufzuspielen. Nur zu gut kannte ich das Gefühl und die Schwierigkeit, damit fertig zu werden.

Im Viertelfinale spielte ich wieder gegen Simona Halep – auf dem voll besetzten Court Suzanne Lenglen vor fünfzehntausend Zuschauern. Ich war bei mir, aber irgendwann fing ich an, zu viel zu laufen, und im dritten Satz war ich zu langsam und machte zu viele Fehler. Aber es war ein fesselndes Match auf hohem Niveau, und von Boris Becker hörte ich, dass er mich noch nie so gut auf Sand hätte spielen gesehen.

Nach einer kleinen Verschnaufpause trainierte ich ab Mitte Juni für die Rasensaison auf Mallorca, das Haus, in dem ich wohnte, lag direkt am Meer. Die Dinge entwickelten sich in einem rasanten Tempo, und ich fühlte, dass ich die Kontrolle zurückgewonnen hatte.

Die Welt war schon wunderbar verrückt und unberechenbar. Selbst die unerwartete Erstrundenniederlage beim Vorbereitungsturnier in Mallorca hinterließ mich lediglich etwas verärgert, aber keineswegs verunsichert. Mein Ziel war Wimbledon, und nichts sollte mich daran hindern.

WIMBLEDON 2018, FINALE, GAME, SET AND MATCH – UND NOCH NICHT DAS ENDE

„Thirty Forty", sagt Kader Nouni. Es steht 3:2 im zweiten Satz und ich habe die Chance, Serena den Aufschlag abzunehmen. Mit einem Vorhand-Winner Longline schaffe ich das Break. 4:2. Ein weiterer Schritt, alles läuft bestens, aber ich muss meiner Linie treu bleiben, darf jetzt keinen Millimeter abweichen vom Masterplan. Das könnte fatal sein, alles zerstören. Serena ist noch voll da, feuert sich immer wieder an, schreit ihren Frust heraus, zeigt nach gelungenen Schlägen die Faust. Angezählte Gegner – im Tennis jene mit einem Satzrückstand – sind oftmals die gefährlichsten. Wie beim Boxen.

Serena brennt nach wie vor darauf, dieses Finale zu ihrer einzigartigen Geschichte werden zu lassen und weiter an ihrer Legende zu stricken. Ihre kämpferische Miene verrät, dass sie den Glauben daran trotz des Zwischenstands keineswegs verloren hat. Bester Beweis: Beim Stand von 2:5 aus ihrer Sicht serviert sie zwei Asse und schlägt einen Aufschlag-Winner. 3:5. Aufpassen! Champions gewinnen deshalb die begehrten Titel, weil sie genau in diesen Momenten wissen, was sie zu tun haben. Serena ist ein Champion. Aber auch ich bin ein Champion … aber ein anderer als noch 2016!

Die Royal Box bleibt für mich weiterhin eine optische Tabuzone – ohne dass mich dieser Zustand stört. Ein guter Indikator, ich bin weiterhin absolut fokussiert. Ob es daran liegt, dass ich meine unmittelbare Vorbereitung auf das Wimbledon-Finale etwas anders gestaltet habe als beim letzten Mal?

Politik der Konfrontation hieß meine Devise. Ich beschloss, mich am Tag vor dem Match bewusst für einige Zeit von allem zurückzuziehen. Ich wollte für mich sein, mit meinem Team sein, damit das, was durch die neue Dynamik entstanden war, auch richtig zum Tragen kam. Seit Lanzarote waren wir gemeinsam einen Weg gegangen, der mir viel Rückhalt gegeben hatte, so sehr, dass ich mir schließlich nichts anderes mehr hatte vorstellen können, als Serena zu besiegen. Genau darauf wollte ich mich vor dem Finale fokussieren, den Erfolg mental beschwören.

Wie immer hatten wir für die beiden Turnierwochen in der Nähe der Anlage ein Haus gemietet. Diesmal in der Inner Park Road, nur rund fünf Autominuten beziehungsweise zwanzig Gehminuten entfernt vom gusseisernen Eingangstor des All England Lawn Tennis and Croquet Clubs. So machen es viele Teilnehmer der Championships, weil der Weg durch den täglichen Stau in ein Hotel in der Innenstadt von London einfach zu zeitintensiv wäre.

Das Wohnen in den „eigenen" drei Stockwerken mit wunderschönem Garten samt Rosen und Pfeifensträuchern, die im britischen Sommer wohl nicht nur in den Rosamunde-Pilcher-Romanen so atemberaubend blühen, ist charakteristisch für dieses Turnierevent und hat einen ganz besonderen Charme. Wie der Geruch nach frisch gemähtem Gras, den ich lustigerweise schon in der Nase habe, sobald ich englischen Boden betrete. Und der sich während der Turniertage hartnäckig hält, völlig egal, wo ich mich aufhalte.

In unserem Haus wohnen diesmal meine Mutter Beata, mein Wimbledon-Physiotherapeut André, mein Coach Wim und ich. Das hat etwas Familiäres. Und es hat den Vorteil, dass man wunderbar gemütlich zu Hause essen kann. Auch am Abend vor dem Finale saßen wir im Wohnzimmer mit Blick in den Garten, in dem unter anderem eine Tischtennisplatte stand.

Die Stimmung war gut gewesen, es wurde viel gelacht, ich ruhte in mir. Auch weil ich das Gefühl hatte, diesmal eine angemessene

„To-do-Liste" für den großen Tag zu besitzen. Das gab mir Sicherheit. Vor zwei Jahren hatte ich mich gleich nach dem Semifinale auf das Endspiel konzentriert. Im Rückblick ein Fehler. Diesmal hatte ich meinen Finaleinzug viel mehr genossen und erst am Tag vor dem Showdown mit der Vorbereitung begonnen.

„Eine Partie Tischtennis, Angie?", fragte André.

„Natürlich, immer doch", entgegnete ich.

Früher hatte ich mit Torben Karten gespielt, nun vertrieb ich manche Pausen mit Tischtennis – auch eine Form von Wettkampf.

Ich telefonierte auch noch mit Freunden aus der Heimat. Tennis war in diesem Gespräch überhaupt kein Thema. Diese Ablenkung tat gut, sie barg nicht wirklich die Gefahr, dass ich in meinem Konzentrationsmodus gestört wurde. Es war, als wenn ich meinen Pfad kurz verließ, um einen Abstecher in die Blumenwiese am Wegesrand zu machen. Wohltuend inspirierend, aber nicht wirklich fordernd.

Danach informierte ich mich, was meine Freunde aus Mallorca planten, die bei meinem Halbfinale gegen Ostapenko gleich hinter der Box gesessen hatten. „Heute Abend kann ich nicht bei euch sein, aber das holen wir nach", versprach ich ihnen via Handy und präzisierte: „Das holen wir ganz bald nach." Eventuell war ich dann: Wimbledonsiegerin. Was für meine Freunde keinen Unterschied machen würde.

Als ich ins Bett ging, stellte ich meinen Wecker auf sieben Uhr dreißig. Obwohl es ein Ding der Unmöglichkeit war, dass ich verschlafen würde. Aber egal. Das gehörte zu den Automatismen, die man einfach nicht mehr hinterfragt, auch wenn sie fernab jeder Logik waren.

Ich brauchte dieses Mal etwas länger zum Einschlafen als üblich. Viele Gedanken gingen mir durch den Kopf. Am Ende meiner Überlegungen stand die Frage: „Packe ich es diesmal hier?" – „Ja", antwortete ich im Flüsterton, bevor ich ein paar Minuten später einschlief. Mit dem guten Gefühl, alles getan zu haben, um diesmal beim Champions' Dinner am Sonntagabend mit dem frischgebackenen Sieger der Männerkonkurrenz zu tanzen.

Zwanzig Minuten vor dem Klingeln des Weckers wurde ich wach. Ich hatte nichts geträumt, die Leinwand blieb blank. Vielleicht war das auch besser so, womöglich ein unbewusster Schutz vor einer Reizüberflutung in den Stunden vor dem emotionalen Feuerwerk.

Dafür dachte ich an diesem Morgen darüber nach, wie viele Spielerinnen schon versucht hatten, Serena Williams in einem Wimbledon-Endspiel zu besiegen, aber gescheitert waren. Die Polin Agnieszka Radwanska, die Spanierin Garbine Muguruza, die Russin Vera Zvonareva – und ich selbst. Das sollte heute anders werden! Ich hatte 2016 erlebt, wie es ist, als Verliererin den Centre Court zu verlassen und zur Siegerehrung wieder zurückzukommen. Den kleinen Silberteller, die Belohnung für den sogenannten Runner-up, also die Zweitplatzierte, so überlegte ich, besaß ich bereits. Er stand bei mir zu Hause in der Tennis Academy direkt hinter den Grand-Slam-Pokalen. Nun war die Zeit reif für den nächsten Schritt, die Wimbledon-Schale.

Ich lauschte, es war ruhig im Haus. Ob die anderen noch schliefen? Oder gaben sie sich heute besondere Mühe, leise zu sein? Ich blieb noch kurz liegen, obwohl ich mich ausgesprochen fit fühlte, und schaute an die Decke. Vielleicht waren das die letzten ruhigen Minuten. Der große Tag, er war angebrochen. Unwiderruflich. Es gab kein Zurück mehr. Die Revanche. Das Duell in einer erneuten Auflage.

„Lass dein Herz auf dem Platz. Gib einfach alles, denn das ist schon eine Menge", sagte ich mir.

Schon am gestrigen Nachmittag hatte ich mich in mein Zimmer im zweiten Stock zurückgezogen, um die vermeintlichen Schlüsselmomente des nächsten Tages vor meinem geistigen Auge durchzuspielen. Mein „Puzzeln". Ein Titelgewinn bei einem Grand

Slam besteht aus sieben Siegen, viele Dinge müssen passen, um das Puzzle komplettieren zu können. Ich wollte mir die bestmöglichen Voraussetzungen schaffen.

Die Simulation bestimmter Situationen sollte mich mit einer gewissen Immunität gegenüber den äußeren Einflüssen ausstatten, die die Konzentration in einem Wimbledon-Finale aufs Extremste herausfordern. Das ist keine Eventualität, das ist ein Gesetz. Das hatte ich vor zwei Jahren an gleicher Stelle zu spüren bekommen, als mich die meterhohe Welle von Eindrücken schlichtweg überrollt hatte. Es ist so verrückt wie fatal, vordergründig vielleicht auch schwer nachvollziehbar: Du hast Gänsehaut, genießt all die optischen, verlockenden Reize um dich herum, ohne zu merken, dass sie still und heimlich Energie ziehen, Kraft kosten und somit auch mentale Frische, die dann später in den ein, zwei entscheidenden Situationen auf dem Platz eventuell fehlen.

Ich simulierte den Gang auf den Centre Court und den Blick in die Royal Box. Ich sah Meghan, ich sah Kate. Und ich sah viele andere, mir unbekannte Personen auf den vollbesetzten Tribünen. Genau genommen nahm ich diese Menschen bei meinem Testdurchlauf optisch nicht einzeln, sondern als Masse wahr. Gesichtslos würde es wohl am treffendsten beschreiben. Trotzdem konnte ich ihre Präsenz ganz genau spüren. Sie bildeten den Rahmen beim vielleicht wichtigsten Match meines Lebens.

Mein Holodeck funktionierte. In meiner Box, der mir vertraute Anblick. Mein Team saß auf den angestammten Plätzen – das Team Angie. Die gleiche Konstellation seit Anbeginn des Turniers. Bestimmte Abläufe müssen sein, die dürfen nicht verändert werden. Keine weiteren Freunde, Familie oder Gäste waren aus der Heimat angereist. Was ich im Nachhinein ein wenig bedauere, aber in dem Moment wollte ich keine Störfaktoren riskieren.

Ich blickte auch in Serenas Box mit hoher Prominentendichte. Anna Wintour, die britische *Vogue*-Chefin mit der markanten Sonnenbrille und dem akkuraten Pagenkopf. Der mehrmalige

Formel-1-Weltmeister Lewis Hamilton, Golfikone Tiger Woods. Ich wusste nicht, ob sie tatsächlich dabei sein würden, aber auf jeden Fall war ich darauf eingestellt. In meiner Vision wollte ich auch gar nicht dorthin schauen. Weder in die Royal Box noch in die Williams-Box. Serena, ein Vollblutprofi, würde es sofort merken, wenn ich abgelenkt wäre und den Fokus verlöre. Sie würde es gnadenlos bestrafen. Mit Recht. So wie ich es umgekehrt natürlich genauso machen würde. Für Sentimentalitäten ist in einem Finale kein Platz.

Die Welt scheint plötzlich stillzustehen. Eingefroren für einen Moment, der mir vorkommt, als würde er nie enden. Ich spüre nur noch meinen Herzschlag – wieder und wieder. Und diese Stille. Es ist so ruhig, so unfassbar ruhig. Kein Lüftchen weht, kein Vogel zwitschert mehr an diesem lauwarmen sommerlichen Spätnachmittag.

Ich habe Matchball. Gegen Serena. Ein Punkt fehlt mir noch. Ein Punkt. Ein einziger. Einer. So also fühlt es sich an, wenn das vollkommene Glück im günstigsten Fall nur noch einen Ballwurf entfernt ist. So nah und doch so fern. Ich habe Aufschlag. Es steht 6:3, 5:3 und 40:30, nachdem ich mir eben mit meinem Sahneschlag, der Vorhand die Linie entlang, diese besondere Chance per Winner erspielt habe.

Ich spüre beim Gang zur Grundlinie, wie in mir wieder dieses immens große Verlangen nach diesem Titel aufsteigt, der wie kein anderer alles überstrahlt. Aber auch meine Nervosität ist deutlich spürbar. Keine Chance, ruhig zu bleiben. Würde ich jetzt nicht bewusst druckvoller als sonst den Griff meines Schlägers mit der linken und den Ball mit der rechten Hand umklammern, wäre es wohl nicht nur für meine Vertrauten in der Box, sondern auch für alle anderen deutlich sichtbar. Inklusive Serena.

Ich habe das Gefühl, alles schaut hierher, auf mich, diejenige, die Serenas „Mumback" auf den letzten Metern noch verhindern könnte. Schluss jetzt, ich muss wieder zurück in den Tunnel. Schnellstmöglich. Ich zwinge mich, die Konzentration wiederzuerlangen, und fokussiere mich auf lediglich eine Sache: „Bring bloß dieses nächste Service ins Feld. Egal wie. Und: keine Experimente."

Keine Experimente. Genau das hatte ich mir vor rund zweieinhalb Jahren vor meinem Matchball im Endspiel der Australian Open gegen Serena auch gesagt, damals hatte sie Aufschlag ... und ich gewann. Jetzt also Wimbledon. Das Tippen der Filzkugel fällt mir schwerer als sonst, erfordert durch mein Zittern noch mehr Aufmerksamkeit. Selbst über Jahrzehnte einstudierte Handlungen geraten in derart außergewöhnlichen Stresssituationen zur Herausforderung. Schließlich geht es um den Wimbledon-Titel, dessen bin ich mir bewusst.

Erstaunlich immer wieder, wie der Kopf den Körper lenkt. „Nur nicht die Nerven verlieren", befehle ich mir. „Bleib cool!" Mein galoppierender Herzschlag zeigt sich unberührt von der Bitte. Ich bin nervös wie nie zuvor. Wie kann ich es auch nicht sein?!

Könnte Wimbledon mir in dieser Sekunde nicht ein paar Prozent unerschütterliche Abgeklärtheit ausleihen? Ich würde sie nach vollbrachter Tat auch postwendend zurückgeben. Aber da muss ich jetzt durch, kurz vor der ersehnten und so greifbar nahen Erlösung. „Stopp, Angie!" Ich darf nicht so weit denken. Business as usual erscheint mir gerade so unpassend, aber kurioserweise ist es der einzige Weg zum Ziel.

Ich werfe den Ball in die Höhe wie schon Hunderttausende Male zuvor in meinem Leben. Mir gelingt ein Service in Richtung ihres Körpers, nicht besonders hart, aber Williams scheint überrascht, sie findet keine optimale Schlagposition, muss improvisieren, kippt ein wenig zur Seite, bringt keinen Druck hinter den Ball. Dann bleibt ihr Rückhandreturn an der Netzkante hängen. Dieses Geräusch werde ich nie vergessen. Für alle im Stadion

harmlos leise, aber in meiner Realität laut wie ein Jumbojet in der letzten Beschleunigungsphase vor dem Abheben. Und vor allem mit Wirkung. Der Wahnsinn, der sich noch wundervoller anfühlt als in meinen kühnsten Vorstellungen, reißt mir förmlich den Boden unter den Füßen weg und setzt das Feuerwerk der Emotionen in Gang:
W I M B L E D O N S I E G E R I N!
Ich!
Für immer!
Und ewig!
Es ist vollbracht!
Vollkommen!
My way!
Ganz oben!
Zurückgekommen!
Kindheitstraum!
Mission completed!
Never give up!
Eine Welle aus purem Glücksgefühl, grenzenloser Euphorie und extremer Erleichterung erfasst mich. Meine Gedanken überschlagen sich, schießen wie Blitze durch meinen Kopf. Kontrolle unmöglich. Aber mit einem Mal bin ich komischerweise ganz klar. „Ich hab's", flüstere ich. Ein Leben lang. Wimbledonsiegerin!

All die unzähligen Trainingsstunden, die Entbehrungen, die Rückschläge, die Selbstzweifel, die Ängste, die Tränen, diese quälenden Achterbahnfahrten mit ungewissem Ausgang – das alles ergibt in diesem Moment plötzlich einen Sinn. Wie eine äußerst gewagt aufgestellte Rechnung, die nach der Krise 2017 doch noch aufgegangen ist. Es sollte wohl alles so sein – und nicht anders. Vorherbestimmt. Ein bisschen glaube ich schon an Schicksal, muss ich gestehen. Nach diesem Umweg ist alles wieder komplett. Ich habe mir das zentrale Teil meines ganz persönlichen Vollkommenheitspuzzles erspielt. Erarbeitet. Verdient. Weil ich immer wieder aufgestanden und stärker zurückgekommen bin. Die Wucht der Rückschläge konnte ich transformieren in eigene Stärke. Das macht alles noch viel spezieller und mich einfach unglaublich stolz und dankbar zugleich.

Das „Game, Set and Match, Miss Kerber" von Stuhlschiedsrichter Kader Nouni höre ich kaum. Eine fremde Kraft zieht mich wie ein Magnet nach unten auf den Boden. Ich lasse es zu, sinke auf die Knie, schlage die Hände vors Gesicht und bleibe wenig später auf dem Rücken liegen. Das unsichtbare Korsett, gewoben aus Druck von außen und eigenen hohen Erwartungen, hat sich aufgelöst.

Ich zittere noch immer. Stärker als vor dem Matchball? Kann sein. Aber der Grund ist ein anderer, ein viel schönerer. Die Welt um mich herum ist anscheinend aus ihrer Starre erwacht, ich sehe, noch verschwommen, jubelnde Menschen. Wimbledon nun laut.

Den stechenden Schmerz in meinem Handgelenk spüre ich vor lauter Adrenalin zu diesem Zeitpunkt noch nicht, erst als mir Serena gratuliert. Meinen Schläger halte ich nach der herzlichen Umarmung erst noch fest umklammert. Dann werfe ich ihn weg in Richtung meines Stuhls. Und den Ball, der für den zweiten Aufschlag vorgesehen war, den ich aber zum Glück nicht benötigte, einfach hinterher.

Als ich in die Mitte des Courts gehe und Kusshände ins Publikum werfe, fühle ich mich losgelöst, voller Emotionen, und bin gleichzeitig angekommen. Endstation und Erfüllung eines Kindheitstraums. Das denke ich immer wieder.

Ich will jetzt in meine Box. Also laufe ich los, ohne zu wissen, wie ich eigentlich zum Ziel gelange. Mein taktischer Plan gegen Serena ging auf, aber wie komme ich zu meinem Team? Die Intuition leitet mich hinauf auf die Tribüne. Ich sehe, dass mein Team in der Box die Tränen nicht zurückhalten kann.

Die Siegerehrung genieße ich in vollen Zügen. Diesen speziellen Moment, der die Zeit für einen Moment stillstehen lässt.

Und wie bereits bei den Australian Open 2016 habe ich den Eindruck, dass mir Serena auch dieses Mal den Titel gönnt. Was ich ihr hoch anrechne. Sie ist eine Inspiration für viele Frauen, auch für mich. Die Venus Rosewater Dish übergibt mir Prinz Philip, sie wiegt mehr, als ich dachte. Ein Schwergewicht in vielfacher Hinsicht, für mich Symbol dafür, dass ich nie aufgegeben habe, den Mut hatte weiterzumachen. Die Trophäe, sie ist für mich auch – eine Frage des Willens.

Das Klicken der Kameras schwillt zu einem beeindruckenden Konzert an, als ich die Schale in die Höhe halte. „Kiss the throphy", ruft einer der unzähligen Fotografen, der wie seine Kollegen und Kolleginnen hinter einer gespannten weißen Schnur steht. Mit geschlossenen Augen küsse ich die Silberschale. Alles hat sich gelohnt, allein für diesen Moment, denke ich. Ich laufe die Ehrenrunde und habe Gänsehaut.

Die darauffolgenden Momente erlebe ich wie im Zeitraffer. Unmittelbar im Anschluss an die Zeremonie auf dem Centre Court werde ich in Richtung der Royal Box geleitet, zu den beiden Herzoginnen, deren Ehemänner an diesem Tag nicht dabei sind. Kate trägt ein weißes Kleid mit schwarzen kleinen Tupfern, Meghan eine sportliche blau-weiß gestreifte Bluse zu einem weißen Rock. Letztere sieht noch ein wenig enttäuscht aus, weil ihre Freundin nicht gewonnen hat, dennoch begrüßen sie mich freundlich, gratulieren mir herzlich zu meiner „außergewöhnliche Leistung" und haben sichtlich Spaß, sich über das Finale zu unterhalten. Die Bedeutung dieses Erfolgs wird mir erneut bewusst.

Bevor ich mich versehe, stehe ich auf dem Balkon und präsentiere die Siegerschale den Zuschauern, die sich für diesen traditionellen Moment nach dem Finale zu Tausenden vor dem Centre Court versammelt haben. Ein Kindheitstraum wird wahr, ich sage es mir wieder. Was für ein Gefühl.

Als ich wenig später in den Katakomben auf Joschi treffe, sage ich: „Ich kann das noch gar nicht fassen." Ich brauche einen

Moment für mich und verschwinde in die Umkleide. Die Tür fällt hinter mir mit einem lauten Schlag ins Schloss. Der Trubel ist plötzlich ganz weit weg. Ich bin in einer anderen Welt, sitze einfach nur da, atme tief und ganz bewusst, lasse die Emotionen auf mich wirken.

Im Spiegel sehe ich, dass die Rückseite meines weißen Shirts und mein linker Arm dreckig sind. Spuren des Matches. Kurz und unvermittelt kommen mir einzelne Szenen der Partie in den Sinn. Und dann der Matchball gegen Serena. Jetzt realisiere ich langsam, dass es vorbei ist.

Als Nächstes bekomme ich von Club-Chairman Philip Brook auf der Terrasse („The Lawn") des Millennium-Gebäudes, von dem aus eine kleine Brücke in Richtung Centre Court führt, die runde lila-weiße Member-Plakette verliehen. Sie wird mir ans Revers geheftet. Darauf steht in goldener Schrift: „The All England Lawn Tennis Club – Angelique Kerber – 2018". Ich könnte platzen vor Stolz. Die streng limitierte Auflage des optisch eigentlich unspektakulären Ansteckers beträgt 500. Willkommen im Club!

Zumindest bin ich nun auf Lebenszeit Mitglied im AELTC, kann zum Beispiel auch nach meiner Karriere zu fast jeder Zeit auf der Anlage Tennis spielen. Ich muss nur eine zwölfstellige Telefonnummer mit +44 208 am Anfang wählen, um einen Court zu reservieren. Ebenso, so wird mir in einer kleinen Einführung mitgeteilt, habe ich fortan Zutritt zu einer exklusiven Garderobe und darf eines der feudalsten Fitnessstudios im Königreich benutzen. Einmal in der Woche übrigens bekommen alle Member, also unter anderem auch Prinz William und Prinz Harry, eine E-Mail mit den Neuigkeiten aus dem Club. Das Wort „Member" ziert den Briefkopf.

Nach der offiziellen Pressekonferenz stehen die Fernsehinterviews an. Joschi präsentiert mir, belustigt angesichts der Länge der Liste, den Fahrplan mit insgesamt neunzehn verschiedenen

TV-Sendern. Veranschlagt sind dafür insgesamt 1:10 Stunden. Kaum zu schaffen. Aber vielleicht schafft man an solchen Tagen einfach alles …

19:00 Uhr: ZDF, 19:10 Uhr: FOX Sport Asia, 19:15 Uhr: WOWOW, 19:20 Uhr: Wimbledon Off Film, 19:25 Uhr: BBC TV, 19:30 Uhr: ESPN, 19:35 Uhr: SKY Deutschland, 19:40 Uhr: Tennis Channel, 19:45 Uhr: Wimbledon Channel, 19:45 Uhr: BEIN Sports, 19:45 Uhr: ESPN International, 19:50 Uhr: SKY Italia, 19:50 Uhr: TSN Canada, 19:50 Uhr: Star Sports, 19:55 Uhr: Sports Club Serbia, 20:05 Uhr: ARD TV, 20:10 Uhr: CNN (US), 20:10 Uhr: SKY Sport News, 20:10 Uhr: ITN-ITV News, 20:15 Uhr: Rolex TV.

„Ein ambitionierter Zeitplan, lass uns starten, aber vergiss nicht, den heutigen Abend zu planen", sage ich augenzwinkernd zu Joschi, bevor wir uns an die Arbeit machen. Früher hätte ein solcher Mikrofonmarathon bei mir noch Unruhe ausgelöst, damit hatte ich mich aber über die Jahre längst arrangiert und einen für mich gut funktionierenden, professionellen Umgang gefunden. Der Wimbledon-Pressemarathon an dem Nachmittag ist dann aber doch weit von Routine entfernt. Im Zickzack wechsele ich die verschiedenen Interviewräume, bevor mich Joschi nach der Hälfte des Programms zur Seite nimmt und mir Zeit zum Durchatmen lässt. Nach all den Jahren funktioniert unsere nonverbale Kommunikation so gut, gerade in stressigen Situationen, dass wir beide genau wissen, was zu tun ist, und uns blind aufeinander verlassen können.

„Angie, genieße es! Das ist so ein großer Moment für dich. Das alles soll nicht in Lichtgeschwindigkeit vorbei sein."

Wie recht er hat, aber es scheint mir, dass wir die kurze Pause nicht nur für mich einlegen. Wir bleiben noch eine Weile sitzen. Ungestört. Schweigend. Die Ruhe lässt mich runterkommen, klarer denken. Aber vor allem: begreifen. Die Mini-Auszeit war Gold wert. Ich absolviere den Rest der Fernsehgespräche bewusster.

Dann kommt mir mein Handy in den Sinn. Ganz unten in der Schlägertasche finde ich es. Während eines Matches habe ich mein Smartphone stets auf Flugmodus gestellt, damit es nicht mal aus Versehen während des Spiels klingelt. Die Anzahl der Glückwunsch-WhatsApps ist ... hoch. Eine Videobotschaft sticht besonders ins Auge und hat zur Folge, dass ich in schallendes Gelächter ausbreche. Meine Schwester Jessica hat sich während des Finales vor dem Fernseher filmen lassen, in dem Moment, als ich das Finale gewann. Sie tanzte, jubelte und sang. Der ganze Wahnsinn in ein paar Szenen auf den Punkt gebracht.

Nach dem offiziellen Programm kehren wir kurz in unser Haus zurück und ziehen dann in die Londoner Innenstadt weiter. Ich spüre eine riesige Erleichterung, eine tiefe Zufriedenheit. Beim Essen im Londoner Stadtteil Soho sind auch meine Freunde aus Mallorca und Bekannte aus Polen dabei. Wir schaffen die Grundlage für eine lange Partynacht. Den Fehler von Melbourne 2016, als ich nach meinem Finalsieg über Serena Williams bei den Australian Open bis zum nächsten Morgen bis auf eine Banane nichts aß, will ich nicht wiederholen. Morgen früh soll es mir besser gehen als damals am Tag danach in Down Under.

Danach tanzen und feiern wir in einem Club, bis sich London langsam, aber sicher schlafen legt. Als wir gegen 3:30 Uhr woanders hinwollen, heißt es: „Sorry, game over! We're closing now!" Wer weiß, wofür es gut war.

Es wird bereits hell, als wir gegen 4:30 Uhr in der Früh in unser Haus zurückkommen. Der Tag eins nach meinem Wimbledonsieg ist längst angebrochen. Aber alles ist noch so frisch, so wunderbar aufregend. Ich bin trotzdem irgendwann so müde, dass ich in kürzester Zeit einschlafe. Die wie neu glänzende Siegerschale habe ich vorher noch vorsichtig auf den Nachttisch platziert.

Kapitel 10

DIE NEUE NACHDENKLICHKEIT

„Angelique Kerber in der Krise". Wie oft hatte ich kritische Kommentare und ähnliche Schlagzeilen lesen müssen. 2017 andauernd, durch die Fallhöhe der Erfolge im Jahr zuvor. Damals war es noch ein wenig ungewohnt für mich, aber auch in anderen Jahren gab es immer wieder Phasen, in denen ich mich mit harscher Kritik auseinandersetzen musste.

Die Medien bedienen sich ganz bestimmter Mechanismen. Siegt ein Athlet, macht sich schnell Euphorie in der Öffentlichkeit breit – in wohl keinem anderen Bereich werden Triumphe so deutlich gegenüber dem Durchschnitt hervorgehoben wie im Sport. Folgt jedoch eine Niederlage zu viel, wird schnell alles infrage gestellt. Wer vorher noch ein Held war – oder eine Heldin –, wird aufs Abstellgleis geschoben, unterfüttert durch Häme in den sozialen Netzwerken. Es ist Fluch und Segen zugleich, seinen Beruf in der Öffentlichkeit auszuüben.

Die Medien bestimmen zudem auch die Wertigkeit eines Events – oder im übertragenen Sinne eines Sportlers. Bleiben die Erfolge aus, werden die Athleten mit Missachtung bestraft. Das ist lediglich eine Feststellung, keine Wertung.

Die eigene Innenperspektive ist aber nicht weiß oder schwarz, sie ist oft grau und verschwommen. Mir jedenfalls fällt es enorm schwer, messerscharf und möglichst emotionslos zu analysieren, um diesen einen plausiblen Grund für schwache Ergebnisse zu finden. Die eigene Leistung stellt sich als komplexes Konstrukt dar. Arbeitet nur ein einziges der vielen sensiblen Teilchen nicht optimal, gerät der gesamte Ablauf ins Stocken und droht im ungünstigsten Fall sogar vollständig zu kollabieren.

Siege sind enorm emotionale Erlebnisse, deren Folgen man im Moment des Triumphs nicht annähernd absehen kann, nicht anders erfährt man die Niederlagen in allen Facetten. Der Umgang mit diesen sportlichen Aufs und Abs, die irgendwie das Charakteristikum meiner Karriere darstellen, hat mich als Athletin und Person nachhaltig geprägt. Eine absolute Garantie, nie mehr zurück in alte Muster zu verfallen, gibt es trotz aller persönlichen Weiterentwicklung leider nicht. Immunität gegen vermeintliche Schwäche? Unwahrscheinlich!

2019 sollte ein Jahr mit vielen Herausforderungen sein. Und nicht nur der guten Art. Auch wenn sie sich anders anfühlten als jene vor zwei Jahren. Prägte das Schlagwort „Hilflosigkeit" meine Saison 2017 über weite Strecken, so spürte ich im Jahr nach meinem Wimbledon-Coup einen Hauch von „Gleichgültigkeit" gegenüber meinen Ergebnissen. Es war mir zwar nicht egal, wenn ich als Verliererin den Court verließ. Keineswegs. Dazu liebe ich den Wettkampf und das Siegen viel zu sehr. Aber diesen tiefen Schmerz, diese lähmende Fassungslosigkeit von 2017 empfand ich diesmal nicht – eher hatte sich eine gewisse innere Distanz aufgebaut, als wenn der Finalsieg in London wie ein verlässlicher Schutzschild fungierte, an dem alles Negative abprallte. Mein Totschlagargument, meine Entschuldigung mir selbst gegenüber, mein Konter auf alle noch so unbequemen Fragen, die ich mir stellte, bestand aus neun Buchstaben: W-i-m-b-l-e-d-o-n!

Doch selbst Totschlagargumente sind vergänglich. Auch sie haben ein Ablaufdatum. Selbst die Euphorie über den Gewinn des größten Titels in meinem Sport konnte mich unmöglich durch die gesamte folgende Saison tragen. Schon deshalb nicht, weil ich wieder mit dem Zielproblem konfrontiert war. Offenbar ging meine Motivation verloren, wenn ich ganz oben angekommen war. Was sollte da noch folgen? Wofür lohnte es sich, ein weiteres Jahr auf der Tour zu absolvieren? Auf dem Court zählt nur die Gegenwart, nicht die Vergangenheit – und die Gegenwart will von Woche zu Woche einen neuen Sieg. Was mir am Anfang als größtes Geschenk meiner Karriere erschienen war, entwickelte sich plötzlich zu einer tonnenschweren Last. Sich in kurzen Abständen immer wieder aufs Neue beweisen zu müssen, gerade als Siegerin von Wimbledon, der Benchmark im Welttennis, war ohne ein weiteres Ziel eine immense Herausforderung, der ich nicht gerecht wurde.

Kurze Rekapitulation der Ereignisse: Nach meinem Comeback, dem ultimativen Happy End, dinierte und tanzte ich mit dem serbischen „Rasenkönig" Novak Djoković. Er im schwarzen Smoking, ich in silbernen High Heels und knallrotem Kleid. Die Tage rund um den Wimbledon-Sieg fanden ihren vorläufigen Höhepunkt bei jenem Champions' Dinner, einer ehrwürdigen Galaveranstaltung mit Traditionscharakter.

In der Zeit unmittelbar danach begann ein neuerlicher Umbruch – in meiner Gefühlswelt und im Hinblick auf die Zukunftspläne. Würde ich genauso weitermachen wollen wie bisher? Bis Wimbledon hatte ich alles einem Ziel untergeordnet, nichts sonst hatte Platz in meinem Leben. Disziplin und Verzicht waren die Taktgeber, die Einseitigkeit meines Alltags – bestimmt durch den Sport – prägte die Wirklichkeit.

Der Sommer war voll im Gange, und während alle Welt die Arbeit ruhen ließ, stand für mich die nächste große Reise mit den Turnieren in Kanada und den USA an.

Bei den US Open schied ich bereits in der dritten Runde aus, stand aber trotzdem unter den ersten fünf der Weltrangliste. Ich ignorierte die Negativschlagzeilen („Angie Kerber verliert gegen sich selbst") und war stolz auf meine Platzierung. Das war das, was ich aus meinen Niederlagen gelernt hatte, das konnte mir keiner mehr nehmen. Immer häufiger visualisierte ich die schönen Momente und ließ mich von kurzlebigen negativen Meinungen nicht beeindrucken.

Die Aufbruchstimmung vom Jahresanfang wurde vom Touralltag verschluckt, und so kam es, dass mein Trainer Wim und ich in den Wochen nach Wimbledon unterschiedliche Vorstellungen entwickelten, wie es weitergehen sollte. Ich konnte dem Gedanken, weniger Turniere zu spielen, durchaus etwas abgewinnen, er wollte noch mehr aus mir herausholen. Die Erfüllung der Titelmission hatte die Einheit unseres Teams auf eine harte Probe gestellt – es herrschten zuweilen durchaus Zwietracht und Differenzen. Schließlich beendeten wir unsere Zusammenarbeit nach elf Monaten und ich flog – als Nummer zwei der Weltrangliste – ohne Trainer zu den WTA Finals nach Singapur. Das war zwar ungewöhnlich, aber dennoch die beste Lösung. Die ganzen Spekulationen ignorierte ich geflissentlich, ich wollte mich gänzlich auf mein Spiel konzentrieren. In Singapur schied ich mit zwei Niederlagen bereits in der Vorrunde aus.

Im Oktober wurde ich nach Mailand eingeladen zu einem Shooting der *Vogue*. Veröffentlicht wurden die Fotos schließlich in der Februarausgabe 2019. Zwanzig Jahre nach Steffi Graf war ich die erste deutsche Sportlerin, die als Covermodell fungierte. Eine willkommene Abwechslung für mich, etwas gänzlich Neues auszuprobieren. Im Innenteil des Magazins fand sich eine elfseitige Bilderstrecke in Schwarz-Weiß, in modisch extravaganten Outfits, die wohl sonst keinen Platz in meiner Garderobe gefunden hätten. Aber die *Vogue*-Chefredakteurin schien ihr Handwerk zu verstehen, ganz offensichtlich, also ließ ich mich darauf ein. Ein rückenfreies Abendkleid von Valentino, ein eleganter Anzug mit Schlaghose von Gucci sowie ein flauschiger Strickpullover von Calvin Klein – die Outfits wechselten im Zehnminutentakt. Die Haare mal offen und nass, mal streng als Knoten gebunden. Für ein Bild steckte mir der Hairstylist einen künstlichen Pony mit Haarnadeln an. Dabei erwischte ich mich immer wieder, wie ich ihn zur Seite strich, weil sich das so gar nicht nach mir anfühlte.

Besonders gefiel mir die stilvolle Verbindung zwischen Sport und Mode. Das Programm war ambitioniert, die Motive flimmerten über die Screens im Fotostudio, die überall aufgebaut waren, damit jeder für seinen Bereich unmittelbar die Abnahme vornehmen konnte. Es machte unglaublich Spaß, verschiedene Facetten von mir auszuprobieren. Eine wundervolle Erfahrung und ungemein spannend, als Sportlerin in solchen Outfits abgelichtet zu werden.

Auch wenn ich bereits eine gewisse Routine hatte, was Fotoshootings betraf, so verspürte ich doch eine gewisse Nervosität. Es war eben ein ganz besonderes Ereignis. Mich beeindruckten die Coolness und die Professionalität der Crew, das zur Schau gestellte Selbstbewusstsein der Mitarbeiter, die sich ihrer Rolle in der Modewelt bewusst waren und das auch ausstrahlten. Mir gefiel es schlichtweg, mit den Besten der Modebranche zusammenzuarbeiten, ich spürte, dass hier ein ähnliches Level herrschte, was Arbeitsethos, Commitment und Radikalität bei der Verfolgung der eigenen Ziele anbelangt, wie im Profisport. Wieder einmal zeigte sich, was ich schon so oft beobachten konnte: Man schafft es nur an die Spitze, wenn man seine Leidenschaft lebt.

Auch der Empfang von führenden Persönlichkeiten aus Politik und Wirtschaft, zu dem ich wenige Tage später von SAP-Chef Bill McDermott und seiner Frau spontan eingeladen wurde, verkörperte diese Perfektion. Die Gastgeberin: Bundeskanzlerin Angela Merkel. Für mich ein ähnlich aufregendes Erlebnis wie das Treffen mit Barack Obama am Jahresende 2016. Mit dem Unterschied, dass wir nicht so viel über Politik redeten, sondern Angela Merkel mehr über meinen Sport wissen wollte.

Kurz vor Weihnachten wurde ich schließlich bei der Sportlerwahl im Kurhaus von Baden-Baden – einer Abstimmung unter 1100 Sportjournalisten – zur „Sportlerin des Jahres" gewählt (bei den Männern wurde der Triathlet Patrick Lange ausgezeichnet). Kristina Vogel war die Zweitplatzierte, jene zweimalige Bahnrad-Olympiasiegerin, die im Training so schwer stürzte und sich an der Wirbelsäule verletzte, dass sie seitdem im Rollstuhl sitzt. Ihre erste Pressekonferenz nach ihrem Unfall werde ich nie vergessen, sie sagte Worte, die so viel Mut und Hoffnung machten: „Ich bin da. Ich bin immer noch ich. Nur anders." Es waren so einfache Sätze – und doch trafen sie mich tief in meinem Innern.

Meine ursprünglich zurechtgelegte Rede, die ich im Vorfeld ein wenig geübt hatte, um der Nervosität bei solchen Auftritten zu begegnen, verwarf ich zu großen Teilen und richtete meine Worte direkt an Kristina: „Du bist ein Vorbild für so viele Menschen. Du hast so viel geleistet in diesem Jahr, so viel gekämpft und Mut und Willensstärke bewiesen. Bleib so, wie du bist." Dann konnte ich sie nur noch umarmen.

Das Jahr 2018 endete also ganz ähnlich wie das Erfolgsjahr 2016: Während die außersportlichen Ereignisse immer außergewöhnlicher wurden, merkte ich, dass es auf dem Platz immer weniger rundlief. Das Verhältnis zu mir selbst war überhaupt nicht im Takt, es fehlte im Grunde an allem. Willkommen in der anderen Welt, der steinigen Variante auf meinem Lebensweg als Athletin.

Doch während ich 2017 nach vielen intensiven Gesprächen und einem klaren Plan am Ende das Comeback schaffte, entsprach meine Devise nun eher einem „Augen zu und durch". Einfach weitermachen, in der Hoffnung, dass der Knoten schon irgendwann platzen würde. Trainer kamen und gingen, wobei sie letztlich nur so viel erreichen konnten, wie ich bereit war zu geben. Mein Wechselspiel, das man guten Gewissens als „Triumph und Neustart" benennen konnte, fand in der Konsequenz seine Fortsetzung.

Auch in dieser Phase der Neuausrichtung hinterfragte ich mich wieder kritisch. Eine Aktion wie der skurrile Spinning-Kurs zwei Jahre zuvor in Madrid blieb jedoch aus. Und irgendwie war die Ernüchterung nach einem Jahr uneingeschränkter herzlicher Zuneigung, die ich von allen Seiten erfuhr, doch auch schmerzhaft. Es war sogar besonders schmerzhaft, weil ich genug mit mir selbst zu tun hatte und in einem letztlich vertrauten Teufelskreis gefangen war: keine Motivation – keine Siege; keine Siege – kein Selbstvertrauen; kein Selbstvertrauen – keine Motivation.

Ganz bewusst hatte ich die fehlende Motivation als Ausgangspunkt ausgemacht. Als Wurzel des Übels, denn wenn ich kein konkretes Ziel vor Augen hatte, fehlte mir der Fixpunkt, das übergeordnete Ziel, für das es sich lohnte zu kämpfen.

Die Orientierungslosigkeit kostete Zeit und Kraft! Viel Kraft! Mental wie physisch.

Aber tief im Inneren wusste ich, dass ich die Kehrtwende aus eigener Kraft, auch in schier ausweglosen Situation, jederzeit schaffen konnte. Das hatte ich mir schon oft bewiesen, und warum sollte sich daran etwas geändert haben? Der Weg der kleinen Schritte, unablässig bis zum Ziel, war seit jeher meine Herangehensweise. Nur das Ziel musste eben aus tiefer Überzeugung heraus feststehen. Jeder kennt schwierige Zeiten, in denen man ein erstes Tool braucht, um mittelfristig die Wende zum Guten zu schaffen. Am Ende bleibt es eine Frage des Willens und der bedingungslosen Hingabe für die gesteckten Ziele. Nicht halbherzig, sondern mit vollem Einsatz. Das ist mein Credo und zugleich ein Versprechen, das einen auch in die Verantwortung nimmt. Und das ist gut so. Gewissermaßen ein Pakt mit sich selbst, der klare Regeln besitzt und wenig Interpretationsspielraum zulässt.

In den USA hatte man mir in den Anfangsjahren meiner Karriere einmal den Spitznamen „Houdini" gegeben, in Anlehnung an den berühmten Entfesselungskünstler Harry Houdini. Houdini zog sich auf Tour gern Zwangsjacken an, aus denen er sich entfesselte. Ähnlich sah man meine Stärke darin, mich noch aus der verfahrensten Situation auf dem Platz befreien zu können.

2019 fehlte mir jedoch die Basis für Houdini-Acts. Meine berühmten Kämpferqualitäten? Dazu fehlte mir die Kraft. Mein Fokus? Verloren gegangen beim Versuch, irgendwie im Spagat die Balance zwischen glorreicher Vergangenheit und herausfordernder Zukunft zu halten. Und das in allen Bereichen meines

Lebens. Stattdessen nur ein Vakuum. Nichts mehr, worin ich mich verbeißen, worauf ich mich mit Leib und Seele einlassen konnte, was mir als allseits präsenter und hell leuchtender Fixstern diente, Halt bot im täglichen Trainings- beziehungsweise Turnierbetrieb. Ich brauchte diese festen Strukturen an meinem Firmament. Seit frühster Jugend waren sie das Fundament meiner Erfolgspyramide.

Mit der Ziellosigkeit ging auch eine Art Kontrollverlust einher, mit dem Tennisprofis ohnehin schlecht leben können. Es ist ein bedrohlicher Zustand. Im Jahr nach meinen ersten beiden Grand-Slam-Triumphen, 2017, hatte ich das Gefühl gehabt, als würde ich einen defekten Kompass in Händen halten, dessen Magnetnadel wild in alle Richtungen ausschlägt. Dabei war ich doch auf der Suche nach einem Wegweiser gewesen, der mich zum nächsten Traum geleiten sollte. Zum nächsten großen Gipfel, dessen Eroberung die Antriebsfeder für mein ganzes weiteres Wirken auf dem Court sein könnte. Sein musste, denn eine andere Lösung für mein Motivationsproblem gab es nicht. Was sollte nach Wimbledon noch kommen?

Auf der anderen Seite merkte ich aber auch, dass ich mich weiterentwickelt hatte, wobei ich noch nicht ganz einschätzen konnte, wohin meine persönliche Reise ging. Ich war offener und spontaner geworden, was aber nicht bedeutete, dass damit auch eine Immunität gegen unerfreuliche Erfahrungen einherging. Natürlich hatte auch ich die ein oder andere Enttäuschung mit Freunden und Bekannten erlebt. Aber eventuell ganz anders, als man gemeinhin annehmen mochte. Eigentlich wird davon ausgegangen, dass man den Wert und die Stabilität einer zwischenmenschlichen Verbindung erkennt, wenn es für den einen beruflich oder privat mal nicht so läuft. In der Krise also. Eine Portion Trost am Telefon, aufbauende Worte im direkten Gespräch. Fürsorge ganz generell. Das sind für die meisten überzeugende Beweise für intakte Beziehungen.

Ich hatte allerdings festgestellt: Echte Freunde erkennt man in besonders guten Zeiten! Hört sich vielleicht erst einmal befremdlich oder nicht ganz schlüssig an. Mir geht es dabei auch keineswegs um den Aspekt des „im Erfolg des anderen sonnen", sondern um den des Mitfreuens, des Gönnens. Für mich ein entscheidender Indikator. Ich denke, ich spüre mittlerweile genau, wer mir einen Sieg wirklich gönnt – und wer die Nähe aus den falschen Gründen sucht. Wer sich aus ganzem Herzen mit mir freut – und an welcher Stelle Berechnung mitschwingt.

Wenn ich mit meinen Freunden zusammen bin, dann spielt mein Job in den Gesprächen keine größere Rolle als der der anderen. Diese gelebte Selbstverständlichkeit genieße ich. Dann tauche ich ein in die Gemeinschaft, in die Erzählungen des Unternehmers, der Sachbearbeiterin, des Arztes oder Maklers. Diese Welten interessierten mich, weil sie sich doch völlig von meiner unterschieden. Trotzdem fühle ich mich nicht als Fremdkörper, wenn ich mit meinen Freunden zusammensitze. Mein etwas „anderes" Berufsleben, wenn man so will, wird in dieser Gruppe als Bereicherung empfunden. Ohne dass dieses Thema überstrapaziert oder überbewertet wird. Es herrscht eine angenehme Unaufgeregtheit und Vertrautheit. Das sind für mich essenzielle Bestandteile einer Freundschaft.

In schwierigen Phasen meiner Karriere habe ich Menschen kennengelernt, die ich als Freunde bezeichnete. Um dann in sportlichen Erfolgszeiten eines Besseren belehrt zu werden. Gerade nach dem verrückten Erfolgsjahr 2016, das alles auf den Kopf gestellt hatte, trennte sich die Spreu vom Weizen. Übrig geblieben sind diejenigen, denen ich wirklich blind vertrauen kann. Die mich so mögen, wie ich bin, die mich auch in meiner ständigen Weiterentwicklung unterstützten, mit denen ich mich auch reiben kann. Mit ihnen zusammen zu sein, wird mir immer wichtiger. Ich werde durch sie umgänglicher – nicht nur mit anderen, sondern auch mit mir selbst.

Das war ein ganz wesentlicher Impuls, den ich aus der 2019er-Lebensphase mitnahm: Ich merkte, wie wichtig mir die Dinge außerhalb des Profialltags nun waren: die Familie sowieso, aber eben auch die echten Freundschaften, vielleicht eine feste Partnerschaft, auf jeden Fall ein „normales Leben" – auch dafür wollte ich fighten. Der Kampf dafür, diese Dinge auch genießen zu können, das sollte sich in den folgenden Monaten herausstellen, würde jedoch keinesfalls einfacher werden als der Kampf um Weltranglistenpunkte und Turniersiege.

Kapitel 11

TENNIS, CORONA UND DIE LIEBE

Wenn ich heute auf die Jahre 2020 bis 2022 zurückblicke, trägt diese Zeit eine seltsame Melange in sich. Natürlich spielte ich Tennis, und dass das alte Feuer noch da war, dass ich noch vorn mitspielen konnte, zeigte der Sieg bei „meinem Turnier" in Bad Homburg und das Halbfinale in Wimbledon. Aber Tennis spielte nicht mehr die alleinige Hauptrolle, denn: Ich lernte jemanden kennen, und das, was ich mir so sehnlichst wünschte – nicht mehr „allein" zu sein, Geborgenheit, ein „normales Leben" abseits des stressigen Profialltags –, schien immer mehr Wirklichkeit zu werden. Beide Welten waren auf einmal miteinander vereinbar – mein Drang, die Leidenschaft für den Sport auszuleben, und mein Wunsch nach einem echten Privatleben.

Von einer unbeschwerten Zeit kann rückblickend dennoch nicht die Rede sein, dafür war Corona ein zu ernstes Thema. Zwar hatte ich das Privileg, bis auf die ersten Monate zu Beginn der Pandemie relativ schnell unter Auflagen in meinen Alltag zurückkehren und die Turniere bereisen zu können, aber der Sport war angesichts der weltweiten existenziellen Bedrohung zweitrangig geworden. Die vielgepriesene große Entschleunigung, die hervorholte, was wirklich wichtig war im Leben, diente anfänglich zwar als eine willkommene Abwechslung, täuschte aber nicht über die Bedrohlichkeit der Pandemie hinweg. Die Entschleunigung war nur von kurzer Dauer, das Tempo – sowie die Gedanken zum weiteren Lebens- und Karriereschritt – kamen schnell zurück.

Ein Auseinanderdividieren dieser Melange dürfte kaum möglich sein, weil jedes Element – das Tennisspielen, mein privates

Glück und Corona – mit dem jeweils anderen verknüpft war, manchmal als Einheit, manchmal im Widerstreit.

Meine Einstellung zum Tennis, mein Leben als Athletin wandelten sich – auf eine gute, gesunde Weise. So, wie ich es mir schon früher gewünscht hätte. Ich trat bei Turnieren an, weil ich die Emotionen auf dem Platz spüren wollte, mich nach der Interaktion mit dem Publikum sehnte. In dem Bewusstsein, dass es auch eine Zeit nach dem Tennis geben würde. Warum spielte ich noch? Jetzt konnte ich die Frage klar und deutlich für mich beantworten: aus der Liebe zum Sport heraus. Nicht aus Alternativlosigkeit, weil ich die Leere nach der Karriere fürchtete, sondern weil es mir nach wie vor mehr bedeutete als alles andere. Dazu passte auch, dass Ende Juli schließlich Torben als Trainer zurück in mein Team kam. Dadurch, dass er die Top-20-Spielerin Donna Vekić trainierte, hatten wir uns 2019 fast wöchentlich auf den Turnieren gesehen, und mir war immer mehr bewusst geworden, wie sehr ich das Familiäre, Freundschaftliche mit ihm schätzte; ich war mir sicher, dass mich seine Art der Motivation und unsere Vertrautheit immer noch weiterbringen und glücklich machen konnten.

Ich teilte Torben relativ rasch mit, dass ich nicht mehr so viele Stunden trainieren wolle. Als ich angefangen hatte, hatte ich zweimal am Tag Tennis gespielt und einmal am Tag meine Fitnesseinheiten absolviert. Später kam der Physio-Teil hinzu, mit Behandlungen und Massagen, mit Regeneration. Ich war fast nur auf dem Tennisplatz und ein bisschen im Fitnessstudio, von acht bis zwanzig Uhr, natürlich mit Pausen. Bis vor ungefähr zwei, drei Jahren hatte ich noch immer jeden Tag zweimal auf dem Platz gestanden, selbst bei den Turnieren, auch wenn man nur eine oder eineinhalb Stunden spielte, morgens von elf bis zwölf oder bis halb eins, dann wurde Mittag gegessen, und dann noch einmal von zwei bis drei, halb vier. Danach ging es zurück ins Hotel, es folgte die physiotherapeutische Behandlung, danach aß man zu Abend – und schon war der Tag vorbei. Im Fernsehen sieht man nur das Spiel, aber man sieht nicht das Drumherum, die Vorbereitungen und das Danach. Nach zwei, drei Stunden Match musste ich mich auslaufen, etwas essen, ich hatte Pressekonferenzen, konnte nie direkt einschlafen, weil noch so viel Adrenalin da war. Nun wollte ich diesen kräfteraubenden Tagesablauf anpassen.

Torben und ich passten das Trainingspensum entsprechend an: weniger Zeit auf dem Platz, dafür mit hundertprozentiger Intensität. Wenn, dann würden wir es richtig machen. Vollgas bei jeder Einheit, ohne unnütze Diskussionen. Viel war passiert, seitdem wir das letzte Mal gemeinsam auf dem Platz standen.

Im Unterschied zu den Anfangsjahren war mein Körper verletzungsanfälliger geworden, die Regenerationszeit war mittlerweile länger als die Trainingszeit, weshalb die Anpassung im Trainingspensum nicht nur einem Umdenken entsprang, sondern durch äußerliche Faktoren auch alternativlos geworden war. In jungen Jahren hatte ich gedacht, Regeneration, das ist Quatsch, das brauche ich nicht, aber ich war inzwischen klüger geworden und hörte auf meinen Körper. Zum Ende meiner Reise hat sich also mein Trainingsplan komplett geändert.

Früher bestimmten die günstigsten Ticketpreise meine Reiseplanung – nach Australien bedeutete das dann schnell, zwanzig, dreißig Stunden im Flieger in der Economy zu sitzen und trotzdem am nächsten Tag entspannt Tennis spielen zu können. Fliege ich heute zusammengekauert auf einem Sitz nach Australien, kann ich mich eine Woche lang nicht bewegen. Wenn ich am nächsten Tag Leistung bringen will, ist es für mich wichtig geworden, viel mehr Wert auf Details zu legen. Denn ich weiß, die richtige Planung, das Vermeiden von unnötiger Reisezeit, gehört mit dazu und beeinflusst auch die sportlichen Ergebnisse.

Torben konnte meine Entscheidung nachvollziehen. „Angie, du scheinst gelassener geworden zu sein", sagte er. „Mehr im Moment zu leben. Gute Voraussetzung, um wieder auf Tour zu gehen, wenn es wieder möglich ist. Auf ein gutes Team. Und auf unsere Freundschaft."

Um es vorwegzunehmen: Unsere abermalige Zusammenarbeit hielt nicht ewig. Als er zum dritten Mal mein Trainer wurde, war ich davon ausgegangen, dass er mich bis ans Ende meiner Karriere begleiten würde. Und ich hatte beteuert, dass ich keinen weiteren Trainerwechsel mehr im Sinn hätte. Torben hatte immer offen über andere Optionen geredet, aber ich war nie auf den Gedanken gekommen, unsere Wege könnten sich trennen. Ich vertraute auf unsere Zusammenarbeit, unsere Erfolge und Niederlagen. In unserer Spieler-Trainer-Beziehung hatten wir immer Respekt voreinander gehabt, aber Spaß und Freundschaft hatten ebenfalls Priorität. Doch Ende 2021 entschied er sich für eine neue Aufgabe und übernahm die Betreuung der frischgebackenen US-Open-Siegerin Emma Raducanu.

Ich war enttäuscht – nein: sogar maßlos enttäuscht –, dass es so auseinandergegangen war. Wusste aber, dass er auf privater Ebene mir gegenüber immer loyal sein würde. Ein neuer Trainer kam für mich vorerst nicht in Frage. Vielleicht sollte es so sein, dachte ich. Ich hatte noch mein altes Team aus Fitnesstrainer, Physiotherapeut und Hitting-Partner, mit denen wollte ich weitermachen. Außerdem war es an der Zeit, selbst mehr Verantwortung zu übernehmen.

Meine Rücksichtnahme auf meinen Körper, man könnte auch sagen: mein bewussteres Tennisleben, ging einher mit dem Engagement für das neue WTA-Turnier in Bad Homburg, das 2021 zum ersten Mal stattfinden sollte (nachdem es 2020 wegen der Pandemie verschoben worden war). Zwei Jahre lang steckten Joschi und ich viel Herz in die Organisation, als Turnierbotschafterin und Schirmherrin sah ich es als meine Verantwortung an, bei allen Themen involviert zu sein. Eine neue Aufgabe, die mir extrem viel Spaß machte, da ich durch die vielen Jahre auf der Tour mittlerweile alles gesehen hatte, was die Tenniswelt an Events zu bieten hat. Diese Erfahrung wollte ich mit einbringen, um sowohl für Spielerinnen als auch Fans ein einzigartiges Erlebnis zu schaffen. Das Ganze sollte im Stile eines „Boutique-Turniers" stattfinden, in Anlehnung an die vorherrschenden Boutique-Hotels.

Während der Premiere 2021 nahm ich die Doppelrolle als Spielerin und Veranstalterin an, stolz und ehrfürchtig ob der neuen Herausforderung – es war wunderbar, zu sehen, wie glücklich und voller Vorfreude die Zuschauer in den ersten Turniertagen auf die Anlage strömten und unsere Vision von Wimbledon-Flair im historischen Kurpark von Bad Homburg, auf der ältesten Tennisanlage auf dem europäischen Kontinent, zum Leben erweckt wurde. Stand ich nicht selber auf dem Platz, war ich entweder im Turnierbüro, bei den Journalisten, holte Feedback von den Spielerinnen und Betreuern ein oder genoss die Atmosphäre als einfache Zuschauerin mit Freunden und Familie im Stadion. Kurzum: Ich arbeitete nicht für das Turnier, ich identifizierte mich damit. Mit vollem Elan, rund um die Uhr – es war schließlich ein ganz spezielles Herzensprojekt. Besonders wenn ich beobachtete, wie Kinder sämtlicher Altersklassen an den Trainingsplätzen verharrten oder gebannt die Matches verfolgten.

Da ich von der eigens kreierten Wohlfühlatmosphäre enorm profitierte, entwickelten sich die Bad Homburg Open von Runde zu Runde zu meinem ganz persönlichen Sommermärchen. Der Turniersieg war für mich einer der emotionalsten Momente – ich gewann den Titel nicht nur für mich, sondern auch für die Fans und das ganze Team, das allen Widrigkeiten in der Corona-Zeit getrotzt hatte. Zwar sollte ich noch kurz darauf das Halbfinale in Wimbledon erreichen, aber Bad Homburg war für mich so emotional, weil ich wusste, wie viel Arbeit und Hingabe jeder in meinem Team investiert hatte. Dazu wollte ich meinen Teil beitragen und den Zuschauern etwas für ihr Vertrauen zurückgeben. Und dieses wunderbare Gefühl nahm ich mit in die Wochen danach.

Als in Bad Homburg langsam abgebaut wurde, stand für mich schon das nächste Highlight an – Wimbledon.

Auch hier waren Fans wieder zugelassen, wenn auch nur wenige hundert, aber es herrschte eine tolle Atmosphäre auf der Anlage. Im Halbfinale verlor ich gegen die Australierin Ashleigh Barty, doch ich hatte wieder gespürt, wo ich hingehörte. Ich wusste wieder, was ich auf dem Platz zu machen hatte, wusste, wofür ich die letzten Wochen gearbeitet hatte, trotz der ganzen Niederlagen. Außerdem war es schön, die Wertschätzung und Anerkennung zu bekommen, wieder zu hören: „Wow, die Kerber hat es erneut geschafft, die ist zurückgekommen."

Von London aus flog ich in die Staaten, spielte in Cincinnati, in New York, es lief überall gut. Danach hatte ich sogar die Chance, bei den WTA Finals teilzunehmen. Am Ende hatte ich es zwar nicht geschafft, aber allein die Möglichkeit, durch nur drei, vier Turniere, die ich gespielt hatte, die Option zu haben, das fand ich großartig. Ich war nicht wie sonst in den vergangenen Jahren traurig oder enttäuscht, sondern erleichtert und froh, dass ich es überhaupt bis hierhin geschafft hatte. Auch wenn die Chance nur gering war, sie war da gewesen. Ich hatte also wieder ein „Comeback" erreicht; ich hatte es den anderen bewiesen, aber an erster Stelle mir.

Die ganzen Zweifel, die ich in den ersten Monaten des Jahres gehabt hatte, sie hatten Sinn ergeben. Ich war wieder eine der Top-Favoritinnen, war auch kurzfristig in den Top Ten gewesen. Ziel erreicht. Anfang 2021 hatte mich jeder Zweite noch gefragt: „Wann willst du denn aufhören, wird es nicht langsam Zeit dafür?" Ich erwiderte nur: „Nein, es ist noch nicht so weit. Noch nicht. Wenn es so weit ist, werde ich es spüren." Nach Wimbledon wurde mir diese Frage nicht mehr gestellt. Jeder ging davon aus, dass ich auch im nächsten Jahr weiterspielte. Nur ich selbst war mir da nicht so sicher. Aber ich wollte diesen Moment, über ein anderes Leben nach meiner Profilaufbahn nachzudenken und es in die Wege zu leiten, nicht erzwingen – es konnte ja sein, dass ich noch viele Jahre auf dem Platz stehen würde. Ich selbst wollte die Entscheidung treffen, wann ich loslasse, wann meine Reise zu Ende sein würde. Ich hatte gelernt, an mich zu glauben, Vertrauen zu haben, vielleicht noch diese oder jene Challenge anzunehmen. Einen großen Willen hatte ich bewiesen – wenn ich etwas wollte, dann gelang mir das auch. Da konnte ich nicht einfach so von heute auf morgen einen Schlussstrich ziehen.

Mit dem Turnier in Bad Homburg hatte ich einen Schritt in eine neue Zukunft gewagt, doch wie sehr ich mich dafür einsetzen würde, war eine andere Geschichte. Aber ich denke, dass ich nach meiner aktiven Zeit als Spielerin im Tennis bleiben und das zurückgeben möchte, was ich gelernt und erfahren habe. Dieser Wunsch war schon mehrmals in mir aufgetaucht, hatte sich mehr und mehr verstärkt. Aber in welchem Umfang – das wird man dann sehen.

Zu dem Zeitpunkt waren wir immer noch inmitten der Pandemie, aber die Umgangsweise mit Corona hatte sich geändert – im Vergleich zum Frühjahr 2020, als das Virus über die Welt hereinbrach. Wenn ich über diesen ganzen Wahnsinn nachdenke, erinnere ich mich gern an einen Tag Anfang Mai 2020, die Zeit der Entschleunigung. Als die Welt im Chaos versank und doch Stillstand herrschte. Ich war mit meinem neuen schwarzen Mountainbike auf einer Lichtung angekommen und schaute mich um, als würde ich Neuland entdecken. Dieser besonders große Baum da vorn, stand der eigentlich die letzten zehn Jahre auch schon dort? „Muss ja", sagte ich leise. Überzeugend klang das nicht. Warum hatte ich ihn noch nie bewusst wahrgenommen? Etliche Male war ich hier gewesen in den vergangenen fünfzehn Jahren. Aber diesmal war alles anders.

Die Sonne schien und ließ das satte Grün der Wälder noch intensiver leuchten. Ich schloss kurz die Augen. Ein paar Vögel zwitscherten. Bei genauem Hinhören bemerkte man, wie synchron dieser Chor agierte. Als hätten sich die gefiederten Protagonisten vorher abgesprochen, um eine vollkommene Harmonie an diesem Vormittag auch wirklich zu gewährleisten. Moment mal, dachte ich auf einmal, wann war mir so etwas zuletzt aufgefallen, wann hatte ich zuletzt darüber nachgedacht – über singende Vögel, die Farbe der Bäume, die Wunder der Natur?

Diese Gedankenspiele fühlten sich vielleicht in Ansätzen vertraut an. Aber eigentlich stammten sie aus einem anderen Leben. Aus meinem Leben vor der Profikarriere, in dem Druck fast keine Rolle spielte – und ich Unbekümmertheit als etwas Selbstverständliches betrachtete.

War man erst einmal Teil des Tenniszirkus, sank das Stresslevel selbst unter normalen Umständen nie mehr in jenen grünen Bereich, der die Basis für die Entschleunigung von Körper und Geist darstellt. Selbst der zweiwöchige Urlaub am Saisonende konnte mich nicht in den Zustand kompletter Gelassenheit versetzen.

„Entspann dich, Angie!" Wie oft habe ich diesen durchaus gut gemeinten Satz gehört, bevor es in den Urlaub ging. Allein: Es ist unmöglich, in dieser kurzen Zeit körperlich wie mental herunterzufahren und den Akku wieder aufzuladen. An der Oberfläche wird gekratzt, klar. Aber mehr nicht.

Man unterliegt gewissermaßen einer Täuschung, weil man ein Stück weit den Bezug zur Realität verloren hat. Ich glaubte Jahr für Jahr aufs Neue, mich wunderbar erholt zu haben, wenn ich nach dem Relaxen am Strand im Flieger nach Hause saß. Die Erkenntnis, dass dem überhaupt nicht so war, brachte mir die durch die Pandemie verursachte Turnierpause 2020. Eine Vollbremsung quasi. Zwar nicht von hundert auf null, weil ich sowieso mit einer hartnäckigen Oberschenkelverletzung zu kämpfen hatte und vor dem Lockdown schon einige Turnierteilnahmen hatte absagen müssen. Aber sagen wir: von sechzig auf null. Entscheidend war die Null. Exakt jene Null, vor der ich mich irgendwie fürchtete, weil sie mich mit meiner Zukunft konfrontieren, mir vieles über mein Leben nach der sportlichen Karriere verraten würde. Über den Alltag ohne Tennis, ohne tägliches Training, ohne Matches, ohne diese unvergleichlichen Adrenalinschübe nach Siegen, andererseits aber auch ohne diese manchmal körperlich spürbaren Schmerzen nach Niederlagen. Und ohne die Strukturen, die mir in den vergangenen anderthalb Jahrzehnten Halt gegeben hatten. Auf denen irgendwie auch vieles fußte.

Das Coronavirus sorgte dafür, dass ich den Blick in die Kristallkugel wagen musste. Den eigenen Ängsten stellt man sich ungern freiwillig. Manchmal wird man regelrecht dazu gezwungen. Okay, der Vorgeschmack auf das „normale" Leben, wie ich es jetzt mal nenne, fand unter verschärften Bedingungen statt. Da ich aus dem Ausland nach Polen eingereist war, musste ich zunächst zwei Wochen in Quarantäne verbringen. Was unter anderem bedeutete, dass eine Polizeistreife mindestens einmal am Tag prüfte, ob wir uns auch wirklich im Haus aufhielten. Den Kontakt zu meinen Großeltern mied ich zunächst, weil sie zur Risikogruppe gehörten. Ich verbrachte also viel Zeit allein. Abgesehen vom regelmäßigen Facetimen mit meinen Freunden.

Es ist schon erstaunlich, durch wie viele unterschiedliche Phasen man gehen muss, um wieder anzukommen. Und ich meine: wirklich anzukommen. Bei sich selbst – und seinen ureigenen Sinnen. Nicht in einem Pseudozustand, der einem die totale Gelassenheit bloß vorgaukelt. Ich hatte über die Jahre fast vergessen, wie schön und erfüllend bestimmte Dinge sein können, wenn man sie ganz in Ruhe und ohne Zeitdruck angehen kann. Im Verlauf der mehrmonatigen Zwangspause hatte ich zum Beispiel festgestellt, wie ich Leuten konzentrierter zuhörte und damit viel besser auf sie eingehen konnte. Ich hatte schon immer zugehört, aber ein konzentriertes Zuhören war es ehrlich gesagt nicht. Mich mit dem Gesagten zu beschäftigen, mehr Empathie für das Schicksal eines anderen zu empfinden, Sympathie für einen anderen zu entwickeln – das hatte ich stets gehabt, aber nie bewusst. Ich war ständig für alle da gewesen, wollte immer, dass es allen gut ging. Aber es war kein bewusstes Wahrnehmen gewesen. Funktionierende Interaktionen als Indiz für eine erfolgreiche Entschleunigung? Anscheinend.

Befindet man sich in einer regulären Saison rund zehn Monate auf Tour, ist man logischerweise oft gefangen im Hamsterrad. Und das dreht sich nun einmal um einen selbst. Die Kapazitäten für andere und anderes sind beschränkt. Der Zugriff auf sie gelingt meist nur, wenn man diese innere Ruhe findet. Doch selbst in den Phasen, als ich das Gefühl hatte, tiefenentspannt, geduldig und aufnahmefähig zu sein – ich war es eigentlich nicht. Der Schein trog meist. Das weiß ich jetzt!

Die Erkenntnis, dass der Turnierstopp für mich persönlich Gold wert war, stellte sich allerdings erst langsam ein. Am Anfang des Lockdowns kam ich mir vor wie ein Fisch ohne Wasser. Mein Lebenselixier fehlte mir. Das heißt: Ich hatte kein Ziel, auf das ich hinarbeiten konnte, weil lange nicht feststand, wann und ob die Saison überhaupt weitergehen würde.

In der Quarantäne war ich zunächst unruhig, innerlich aufgewühlt. Gar nichts tun? Das war einfach nichts für mich. Natürlich kann ich auch entspannt auf dem Sofa liegen und ein paar Stunden lang irgendwelche Serien schauen. Oder ein Buch lesen. Aber irgendwann muss ich mich bewegen.

Also entschied ich mich, Dinge anzugehen, die schon lange, zugegebenermaßen äußerst lange auf meiner To-do-Liste standen. Ich räumte auf, in vielerlei Hinsicht und auf mehreren Ebenen, aber unmittelbar auch erst einmal meinen Kleiderschrank. Wobei ich zu denjenigen gehöre, die sich schlecht von Dingen trennen können. Auch wenn ich genau wusste, dass ich dieses oder jenes Oberteil wohl nie mehr tragen würde, wanderte es wie von Geisterhand zurück in den Schrank. Für alle Fälle.

Kochen war auch so eine Sache, die ich mir in den nächsten Jahren zu eigen machen wollte. Da war ich buchstäblich auf den Geschmack gekommen. In meinem Apartment nimmt die Küche einen zentralen Platz ein, als Platz für ein Zusammenkommen von Freunden und Familie. Es hat inzwischen einen besonderen Stellenwert für mich, wenn ich Freunde und Bekannte zu mir zum Essen einlade. Wie viel Spaß das macht, das hätte ich vor ein, zwei Jahren noch nicht für möglich gehalten.

Zu Beginn brachte Corona also im Grunde die große Entschleunigung und für mich eine essenzielle, positive Veränderung. Später, als die Tennistour wieder startete, machte das Virus dagegen alles schwieriger: die strengen Quarantäneregeln, das sogenannte Spielen in der „Bubble". Wie oft geschrieben, knäulten sich Zeit und Raum in diesen Monaten zu einer undefinierbaren Masse zusammen, und ich fühlte nie den Ort, wo ich gerade war, ob in Dubai, Stuttgart, Madrid oder nur in Melbourne, die Städte und Hotelzimmer verschwammen ineinander, obwohl sie mir früher so vertraut gewesen waren. Ich war gefangen in Räumen oder auf vorgegebenen Plätzen, hatte Trainingseinheiten nach einem exakt bestimmten Zeitplan, der strikt eingehalten werden musste, um Begegnungen mit anderen Sportlern oder Trainern zu vermeiden.

Auf einen Schlag war jegliche Spontanität verloren gegangen. Es war nicht mehr möglich, abends einfach mal ein Musical zu besuchen, in einem Restaurant zu essen oder einfach nur durch eine Stadt zu bummeln – darauf mussten auch alle anderen verzichten, aber als Tennisprofi ist das Leben besonders durchgetaktet, da fehlten die kleinen Auszeiten schon sehr. Zumal ich mich früher so sehr auf meinen Sport fokussiert hatte, dass ich derartige Dinge ohnehin lange nicht gemacht hatte. Meine Leidenschaft zum Tennis war immer größer gewesen, sodass es mir leichtgefallen war, mich gegen die Sachen zu entscheiden, die für andere so wichtig sind. Aber das änderte sich über die Jahre, und ich hatte in Hinsicht Freizeit einen großen Nachholbedarf. Jetzt aber war dieser unfreiwillig gestoppt worden. WhatsApp-Calls über Video mussten reale Begegnungen ersetzen. Sie erinnerten mich an Zeiten, in denen ich irgendwo auf den fünf Kontinenten unterwegs gewesen war und mit meiner Familie und Freunden geskypt hatte. Damals hatte ich trotz aller Begeisterung für den Sport manchmal Tränen in den Augen, wenn ich wusste, dass irgendwelche Familienfeste anstanden und ich nicht dabei sein konnte. Weit weg war ich, und ich dachte, wofür mache ich das alles überhaupt?

Hinzu kam das Spielen vor leeren Rängen, das mir extrem schwerfiel – ich brauchte die Energie, das Mitfiebern der Zuschauer. Sicher, meine Fans würden meine Spiele übers Internet verfolgen, aber das war nicht dasselbe wie der Livekontakt. Ohne Zuschauer machte Sport doch überhaupt keinen Sinn! Natürlich war ich privilegiert, ich konnte meinen Beruf ausüben, anders als viele Menschen in dieser Zeit, aber dennoch trug das fehlende Publikum mit dazu bei, dass ich wieder im Krisenmodus agierte.

Ich spielte eine erste Jahreshälfte, die hinter meinen Erwartungen zurückblieb, mit Auftaktniederlagen in Melbourne – wo ich nach einer mehrtägigen Isolierung in meiner Hotelsuite erst drei Tage vor Turnierbeginn trainieren durfte – und auch bei den French Open in Paris. Meine bedingungslose Hingabe für den Berufsalltag wurde auf eine harte Probe gestellt, obwohl ich es als Privileg verstand, weiter meinem Beruf nachgehen zu dürfen – für uns Tennisspieler wurden durch Ausnahmeregeln die Grenzen geöffnet und Sonderregeln erwirkt, während in den meisten Teilen der Bevölkerung berechtigte Existenzängste grassierten.

Erst die Rasensaison mit der schrittweisen Rückkehr der Zuschauer in die Stadien, die mich maßgeblich zu meinem Heimsieg in Bad Homburg anpeitschten, endete die Durststrecke; einmal im Aufwärtstrend angekommen, war die Halbfinalteilnahme in Wimbledon kurz darauf fast schon die naheliegende Fortführung. Es war wohl nicht zu ändern: Desaströse Niederlagen gehörten mit dazu, um in der Folge wieder glanzvolle Siege zu feiern. Und nur diese wiederkehrende Selbstbestätigung durch Erfolg erlaubte mir, mich freizumachen und mein komplettes Potenzial zu entfalten.

Mir war klar, dass ich diesen Zyklus nicht mehr allzu oft würde durchhalten können. Dafür fehlten mir die Kraft und auch die Motivation. Ich hatte mich zwar wieder einmal herausgekämpft aus der Misere, aber gerade dieses Comeback machte mir bewusst, dass die letzte Etappe meiner Tennisreise langsam zu Ende ging. Irgendwann würde der Schritt in etwas Neues notwendig werden.

Das bringt mich zur dritten Komponente dieser eigenartigen Jahre 2020 bis 2022: meinem Privatleben. Oder sagen wir besser: zu dem Konflikt zwischen Profidasein auf der einen Seite und der Sehnsucht nach einem „normalen" Leben, nach einem „Zuhause" auf der anderen Seite, den ich nun schon seit Jahren in mir austrug.

Man kann sagen, dass ich lange Zeit vor Letzterem regelrecht geflüchtet bin – vielleicht war es auch eine Flucht vor mir selbst. Natürlich sehnte ich mich nach dem anderen, aber wie sollte das gehen? Ich wollte Tennis spielen, und nichts bedeutete mir mehr, als mich immer wieder aufs Neue dem sportlichen Wettkampf zu stellen, mich weiterzuentwickeln und neue Erfolge zu erreichen – auch wenn das viel mit Alleinsein und einem Leben fernab der Normalität verbunden war. Im Grunde war es ambivalent, denn ich wollte beides haben, aber es gab nur ein Entweder-oder. Das dachte ich zumindest.

Schon als Teenagerin hatte ich nur Tennis im Kopf. Meine jüngere Schwester redete ständig über Jungs, sie hatte schon früh Beziehungen, war an den Wochenenden unterwegs, traf sich mit Leuten, freute sich auf Partys. Ich hörte gern zu, wenn sie mir von ihren neuesten Freunden erzählte, aber es blieb beim Zuhören. Fragte sie: „Und, hast du auch mal einen Typen kennengelernt?", schüttelte ich nur den Kopf. „Aber du bist doch die Ältere, du musst doch jemanden kennengelernt haben?" Es stimmte, ich war die Ältere, aber mein Leben sah komplett anders aus als ihres, ungemein diszipliniert. Während sie sich schick machte und mehrere Outfits und Make-ups probierte, schaute ich ihr zu. „Ich lass mir damit Zeit", entgegnete ich, „irgendwann wird schon der Richtige kommen." So oder so ähnlich verliefen zu der Zeit viele Gespräche mit Jessi oder guten Freundinnen: „Wie willst du es wissen, dass jemand der Richtige ist, wenn du nicht Erfahrungen sammelst und Fehler machst? So wie bei deinem Tennis", war eine mir bekannte, von meinen Freundinnen gut gemeinte Reaktion.

Die meisten von ihnen hatten mit Tennis nichts am Hut, es interessierte sie nicht im Geringsten. Aber irgendwie hatten sie ja recht, irgendwann musste ich auch diesem Teil des Lebens einen größeren Platz einräumen und anfangen zu daten. Aber meist schob ich den Gedanken beiseite, blieb lieber zu Hause, sah mir einen Film im Fernsehen oder mit Freundinnen im Kino an, ging früh ins Bett.

Ich war also lange verschlossen und distanziert, was Beziehungen, was Gefühle wie Verliebtsein betraf. Und als ich mich dann im Profisport etablierte und auch tatsächlich den einen oder anderen Mann kennenlernte, war es mir wichtig gewesen, dass diese Liaisons nie offiziell wurden. Das Private sollte nicht nach draußen dringen, da gab es eine rote Linie, eine eindeutige Grenze, die nicht überschritten werden durfte. Ich glaube, dass mir das auch gut gelang. Googelte man mich, konnte man alles über meine Erfolge oder Niederlagen erfahren, aber über Beziehungen – nichts. Niemand wusste so genau, hat die Kerber nun einen Freund oder nicht? Ist die vielleicht sogar verlobt? Bei mir gab es nichts Konkretes. Das war gut so. Andere Spielerinnen preschten mit diesen Themen geradezu in die Öffentlichkeit, mussten jeden Moment zeigen, wie sie lebten und welche privaten Neuigkeiten es gab. Offene Persönlichkeiten, zu denen ich nicht zählte. Überhaupt lasse ich nie viel durchblicken, und das wird sich auch in Zukunft nicht ändern.

Ich hatte mich fürs Tennis entschieden, wollte mich allein darauf konzentrieren und fokussieren. Ich war dadurch ständig unterwegs, Koffer packen, in einen Flieger einsteigen, wieder aussteigen, Europa, USA, Australien. Jeder Partner, den ich hatte, kam mit diesen Reisen nicht klar. Nie hatte es gepasst, sodass daraus etwas Ernstes werden konnte, nie konnte ich sagen: „Lass es uns einmal versuchen." Meist war der andere durch seinen Beruf an einen Ort gebunden – und wahres Glück konnte man das nicht nennen, wenn man sich nur wenige Tage im Jahr sehen konnte. Aber letztlich war ich diejenige, die es verhinderte, denn ich hätte sicher auch einige Turniere weniger spielen können, aber ich wollte nicht. Da Tennis oberste Priorität war, hatte ich schon eine gläserne Wand zwischen dem anderen und mir aufgebaut, bevor er überhaupt in mein Leben trat. Ein kurzes Entflammen, und dann war ich auch schon wieder weg, weg von dem, was man vielleicht ein normales Leben hätte nennen können. Freude, Euphorie, Leidenschaft, große Emotionen – das verband ich zumeist nur mit dem Tennisspiel und meinem Leben auf der Tour.

Aber dauerhaft nagte da doch etwas an mir, in mir. Ich wurde dreißig, und eine gewisse Panik stieg in mir auf. Hatte ich nicht auch von Mr Right geträumt, damals, als mir meine Schwester und Freundinnen brühwarm von ihren neuesten Liebschaften erzählt hatten, wollte ich nicht auch einmal heiraten und eine Familie haben? Ein normales Leben? Viele Tennisspielerinnen, mit denen ich befreundet war und bin, hörten langsam auf und zogen sich ins Privatleben zurück. Sie und Freunde aus meiner Jugendzeit luden mich nach und nach zu ihren Hochzeiten ein – und oftmals ging ich allein hin oder in Begleitung von Freunden, aber das war nicht das Gleiche, als wenn ich einen Partner an meiner Seite gehabt hätte. Meine Freunde rechneten auch gar nicht damit, es hätte sie eher erstaunt, wäre ich offiziell mit einem festen Freund auf ihrem Fest erschienen. Andere Freundinnen bekamen schon ihr zweites Kind – und ich hatte noch nicht einmal einen Seelenverwandten gefunden. Und dann drängten sich die vielen einsamen Abende in den Hotelzimmern in mein Gedächtnis, bei denen ich zwar oft mit meinen Freunden über Video telefonierte, aber bei großen Zeitunterschieden war das auch nicht möglich, sie schliefen, wenn ich wach war, oder umgekehrt. Wie sollte das weitergehen, dachte ich. Denn wenn alles blieb wie bisher, das war mir bewusst, hatte ich kaum eine Chance, jemanden zu treffen. So lautete zumindest meine Annahme. Doch zugleich kannte ich mich, ich konnte mich nicht zweiteilen, ich konnte nicht Tennis spielen und ein anderes Leben führen. Dafür war die Leidenschaft für Tennis, der Hunger auf die Erfolge auch noch viel zu groß.

Natürlich wäre es schön, mit jemandem verbunden zu sein, aber nicht um jeden Preis. So extrem war es dann mit meiner Panik auch nicht, dass ich mich einfach auf jemanden einließ. Sicher, ich befand mich auf meiner Tennisreise an einem Punkt, den ich als letzte Phase beschreiben konnte. Ewig würde ich nicht mehr spielen wollen, aber ich vermochte noch nicht zu sagen, ob ich noch zwei Monate, zwei Jahre oder doch länger spielen würde. Es war klar, dass meine Tenniskarriere irgendwann ein Ende haben würde – aber den Zeitpunkt würde ich bestimmen. Und noch war dieser Tag nicht gekommen.

Als ich mir Anfang März 2020 den Oberschenkelmuskel gerissen hatte – zum ersten Mal in meinem Leben war ich richtig verletzt – und aufgrund der Pandemie sämtliche Tennisveranstaltungen abgesagt wurden, quartierte ich mich für fünf Monate bei meinen Großeltern ein, um mich auszuruhen. Ich hatte es schon geschrieben, gerade anfangs fiel es mir schwer, mich an diesen sonderbaren Zustand der Starre, der Bewegungslosigkeit zu gewöhnen. Was dazu führte, dass ich an manchen Tagen unglaublich melancholisch war; nicht selten fühlte es sich so an, als ob sich der ganze Schmerz der zurückliegenden Jahre im Hier und Jetzt manifestierte. Natürlich wünschte ich mir in einer solchen Katerstimmung all das, was ich nicht hatte: ein Zuhause, ein stressfreies Leben, eine Beziehung …

Das Gute war, dass ich solche Dinge nicht nur mit mir selber ausmachen musste, sondern – wie schon erwähnt – diverse Standleitungen via Skype, Facetime und WhatsApp mit Freunden und Vertrauten in aller Welt unterhielt.

Das mit meinem Oberschenkel war eine Vollbremsung gegen die Wand, und durch die Ruhephase in den letzten Wochen merkte ich, dass sich mein Leben nur noch um Tennis gedreht hatte. Mir war klar, dass ich auf Dauer nicht glücklich sein würde, wenn alles beim Alten bliebe. Es war an der Zeit, meine Mauer, die ich um mich herum aufgezogen hatte, einzureißen. Ich musste nicht länger Angst vor den Dingen haben, die mich vom Tennis ablenken könnten.

Hätte ich nicht immer wieder neue spannende Dinge abseits der Tenniswelt erlebt, hätte ich das schon früher als Problem empfunden. In der Zwischenzeit hatte sich mein Oberschenkel wieder gebessert, und eigentlich wusste ich ja, dass man nichts erzwingen konnte. Das hatten mir auch meine Freundinnen zu verstehen gegeben. Dennoch war meine Euphorie angesichts meines Plans, mich gegenüber dem „anderen Leben" zu öffnen, komplett zusammengebrochen.

Und dann fing langsam das Training wieder an und meine vertrauten Abläufe mit Tennis, Fitness etc. rückten in den Vordergrund. Obwohl sich das öffentliche Leben zu der Zeit noch im Ausnahmezustand befand und die rigiden Hygieneverordnungen in sämtlichen Einrichtungen auf Kontaktbeschränkung ausgelegt waren, ermöglichte mir der Status als Profisportler Zugang zu den meisten Trainingsstätten.

Ich freute mich im Spätherbst auf die nächste Saison, die Vorbereitung war eine willkommene Abwechslung zur Tatenlosigkeit während des Lockdowns. Und genau in dieser Zeit lernte ich jemanden kennen, der eine neue Phase in meinem Leben einläutete – was ich freilich zu diesem Zeitpunkt noch nicht wissen konnte.

Ich hatte eine Weile gebraucht, bis ich mich darauf einlassen konnte, aber ohne es zu erzwingen, öffnete sich wie natürlich ein Spalt zu einem neuen Leben, auf das ich fortan nicht mehr verzichten wollte. Die Vereinbarkeit beider Welten, die ich zuvor noch ausschloss, wurde meine neue Realität. Fortan wurde meine Entourage um eine wichtige Person ergänzt. Hätte ich mich nicht geöffnet, das spürte ich sehr deutlich, konnte es sein, dass ich es bereuen würde. Natürlich waren meine Ängste geblieben, die ich auch schon vorher hatte, aber musste Liebe nicht auch riskiert werden? Ich wollte – und das war für mich eine ganz neue Erfahrung – sehen, ob wir so viel miteinander teilten, dass daraus mehr werden konnte.

Die neue Vertrautheit hatte ich bislang nur bei meiner Familie und engsten Freunden erfahren – und nun erlebte ich sie bei jemandem, der mir eigentlich noch sehr fremd war. Zugleich war es aber auch so, als würden wir uns ewig kennen, und es gelang mir, immer mehr von mir zu erzählen, meine Mauern einstürzen zu lassen. Ich probierte es einfach und war erstaunt, wie selbstverständlich sich unser Alltag zunächst annäherte und zu einer gemeinsamen Planung verschmolz. Kaum zu fassen. Ich war fast erschrocken, mit welchem Tempo sich die erste Zeit gestaltete, und atmete fast erleichtert auf, als ich zwischendurch mal wieder allein bei einem Turnier war und die nächsten Schritte somit automatisch auf sich warten lassen mussten. Mein Bauchgefühl sagte mir, dass ich auf einem guten Weg war, dennoch wollte ich nichts überstürzen. Hinzu kam, dass ich trotz aller Anfangseuphorie meine Rationalität bewahrte – so gut es eben ging.

Als ich schließlich entschied, mich voll und ganz auf das neue Abenteuer einzulassen, fühlte ich mich nicht nur stärker, sondern auch ganz leicht.

MAN SOLLTE NIE NIE SAGEN – EIN EPILOG

Stundenlang bin ich durch die Wälder meiner Eltern und Großeltern gestreift, ein Hauch Herbst lag in der leicht milchigen Luft. Lange habe ich auf die Wasseroberfläche einiger Seen geschaut, als ob sie mir eine Antwort hätten geben sollen. Dabei suchte ich gar keine Antworten – vielleicht spiegelte sich auf ihnen nur meine Sehnsucht wider, die Sehnsucht, dass ich gern dabei gewesen wäre. Bei den US Open, jetzt Anfang September 2022. Ich vermisse es so sehr, das Tennisspielen. Mein ganzer Körper will nichts anderes, als auf dem Court zu stehen. Nein, stimmt nicht, mein Körper stellt sich gerade auf eine Schwangerschaft ein. In den letzten Wochen hatte ich mit Müdigkeit und Übelkeit zu kämpfen, zum Glück hat sich das inzwischen gelegt. Einige werdende Mütter, so heißt es, merken so gut wie gar nichts, davon konnte bei mir nicht die Rede sein. Die ganz schlimme Phase ist aber vorbei. Das ist eine große Erleichterung, denn die gemischten Gefühle verziehen sich, die Freude gewinnt wieder die Oberhand. Dennoch, da wiederhole ich mich gern: Ich vermisse die Tour schmerzlich, es ist alles noch so frisch für mich, ich muss mich erst in meiner neuen Rolle finden.

Anfangs hatte ich tatsächlich sogar noch überlegt, nach New York zu fliegen, doch es war nur ein kurzer Gedanke gewesen. Es wäre grundsätzlich möglich gewesen, doch die ersten Wochen der Schwangerschaft gingen einher mit einem schier unstillbaren Bedürfnis nach Ruhe und Schlaf, was einen regulären Trainingseinstieg unmöglich machte. In dem Ausmaß hatte ich nicht damit gerechnet – woher sollte ich es auch besser wissen. Es war eine komplett neue Situation. Und da meine Devise lautet, dass ich, wenn ich etwas mache, es auch richtig machen will, schob ich meine US-Open-Pläne bis zum letztmöglichen Zeitpunkt auf und dann schweren Herzens beiseite. Nur auf dem Platz zu stehen, um Hallo zu sagen, irgendwie den Schläger in der Hand zu halten und zu spielen, das bin ich nicht.

Nach meiner Absage für die US Open wurde mir bewusst, dass ich zweiundfünfzig (!) Grand-Slam-Turniere am Stück bestritten hatte, ohne Pause. Es bedeutete mir viel, ein Teil der Tenniswelt zu sein, mit all ihren Akteuren und Facetten, und ich sehe mich auch in Zukunft wieder in New York, aber aus reiner Loyalität zu meinem Sport, dafür musste ich nicht in die USA reisen.

Und im nächsten Moment blitzte auch schon wieder das auf, woran ich mich wohl erst noch gewöhnen muss: Ich nehme an einem großen Turnier nicht nicht teil, weil ich eine Verletzung habe, sondern weil ich ein Kind bekomme – dem wohl schönsten Grund auf der Welt, um gerade mal nicht Tennis zu spielen. Die Prioritäten meiner Welt werden sich, das merke ich, für immer verschieben. Mein Sport gehört zu mir und hat mich tief geprägt, aber jetzt wird Tennis nicht mehr die alleinige Hauptrolle spielen. Und ein Kind zu bekommen und heranwachsen zu sehen wird trotz aller emotionaler Höhenflüge, die ich bisher erleben durfte, noch einmal etwas komplett anderes sein, das weiß ich tief in meinem Herzen.

Nun, nach dem langen Spaziergang mit den vielen Gedanken, setze ich mich in meiner Wohnung aufs Sofa und klappe den Laptop auf. Ich spiele jetzt nicht Tennis, ich schaue zu. Serena betritt die Bühne, die sie so liebt, den Centre Court, in einem schwarzen Glitzerkleid, das an die Outfits von Eiskunstläuferinnen erinnert, darüber ein bodenlanger Mantel, nicht weniger funkelnd, wie ich höre, von ihr selbst entworfen. Die Show ist ihre, das ist klar, es ist ihr Abschied von der Tenniswelt. Sie läuft auf den Platz zu *Diamonds From Sierra Leone* von Kanye West und Jay-Z. Und dass die Show ihr gehört, das weiß auch der Stadionsprecher, er kündigt sie entsprechend an: „Serena Williams, The Greatest of All Time." Das stimmt, denke ich, dreiundzwanzigmal hat sie einen Grand-Slam-Titel gewonnen; ein Rekord, der nach allen Maßstäben schier unglaublich ist, gerade wenn man weiß, wie schwer es ist, „nur" einen davon zu gewinnen. Sie ist vierzig geworden, sie hat nun entschieden, dass es an der Zeit ist, die Bühne zu verlassen, die sie mit ihrem herausragenden Spiel geprägt hat.

Bis ich vierzig bin, überlege ich, habe ich noch sechs Jahre. Als ich mit Serena im Wimbledon-Finale stand, war sie gerade Mutter geworden, hatte eine Tochter bekommen. Es war nicht ihr letztes Finale, sie stand danach noch mehrmals auf dem Platz, um den Titel zu erkämpfen. Sie und viele andere Spielerinnen haben mir gezeigt, dass es möglich ist: Mutter zu sein und weiter auf Tour zu gehen und Tennis zu spielen. Das Leben mit einem Baby bedeutet längst nicht mehr, zu Hause bleiben zu müssen und seine beruflichen Träume begraben zu müssen. Wenngleich es natürlich eine große Herausforderung bedeutet – im Profisport wie auch in anderen Berufen. Heute nehmen Kolleginnen von mir, die Mutter geworden sind, ihre Kinder mit zu den Turnieren, haben sich so organisiert, dass beides funktioniert: das Spielen und das Muttersein. Es wird spannend zu sehen, wie es für mich sein wird. Auch hier muss sicherlich jeder seinen eigenen Weg finden.

Für mich stand immer fest, dass ich eines Tages Kinder haben möchte, als Teil einer Familie. Lange Zeit war es schwierig, überhaupt eine Partnerschaft zu führen, geschweige denn, an eine Schwangerschaft zu denken. Ich hatte mich nach einem Leben gesehnt, das über den Sport hinausgeht. Denn lange Zeit war ich ausschließlich auf den Sport fixiert. Es schien mir unmöglich, beides zu verbinden. Vielleicht lag es daran, dass mein bisheriger Weg nicht der einfachste war. Meinen ersten Grand-Slam-Sieg erreichte ich erst mit achtundzwanzig. Hätte ich ihn schon mit zwanzig gewonnen, ich wäre nicht bereit für ihn gewesen. Mit achtundzwanzig wusste ich, was für mich die wichtigsten Werte waren. Ich konnte mit Sieg oder Niederlage umgehen, konnte beides wegstecken, denn auch ein Sieg muss gelernt sein, man muss Verantwortung übernehmen. Verantwortung für sich selbst. Und so wurde aus einem recht zurückhaltenden Mädchen eine Grand-Slam-Siegerin. Eben ich.

Als ich Wimbledon gewann, hatte ich verinnerlicht: Das Wichtigste bist du selbst, die Person, die du bist, ganz egal, ob du gewinnst oder verlierst. Und ich glaube, dass ich das ganz gut hinbekommen habe. Ich habe Widrigkeiten überstanden, bin immer wieder aufgestanden, es war mir gelungen, mich stets wieder zurückzukämpfen, obwohl ich nicht nur einmal nahe dran war, aufzugeben. Ich gab aber nie auf, weil der Sport das ist, was ich über alles liebe. Und jetzt bin ich bereit für etwas, von dem ich spüre, das es mir noch mehr bedeutet als jeder Grand-Slam-Sieg.

Letztlich habe ich auf meine innere Stimme gehört, habe viel Geduld gehabt, viel Disziplin. Über die Jahre verzichtete ich auf eine Menge, aber aus einem guten Grund heraus: Ich habe meinen Traum gelebt. Ich bin meinen Weg gegangen, unabhängig davon, ob die Menschen um mich herum an mich glaubten oder nicht. Das ist auch das, was ich anderen als Botschaft mitgeben möchte: den eigenen Weg zu gehen, so steinig er auch werden kann, an sich selbst zu glauben, an das Bauchgefühl, an die persönliche Intuition. Denn: Jeder hat seine eigene Geschichte, jeder muss sich darauf fokussieren, was ihm guttut. All dies zu wissen hat mir am Ende geholfen, jedes Mal nach einem Dämpfer zurückzukommen und dadurch auch die großen Erfolge zu genießen.

Dazu gehört auch Mut. Mutig zu sein und einfach etwas zu probieren. Natürlich hatte ich am Anfang meine Zweifel gehabt: Soll ich es wagen oder lieber doch nicht? Soll ich Profispielerin werden oder mich besser nach einem stetigeren Beruf, mit mehr Planungssicherheit, umschauen? So viel konnte schiefgehen, jede größere Verletzung hätte das Aus bedeuten können. Es war mir klar, dass ich vieles investieren musste, zeitlich, physisch, mental und auch finanziell. Und mir war ebenso bewusst, dass ich eine Menge verlieren konnte, selbst Freunde und Familienmitglieder, weil von niemandem verlangt werden konnte, zu verstehen, warum es im Profisport erforderlich sein kann, alles seinen Träumen und Zielen unterzuordnen. Zeitweise fast bis zur Selbstaufgabe. Aber ich habe die Erfahrung gemacht, wenn andere sehen, dass man mutig und unbeirrt Entscheidungen trifft und sich durch nichts ablenken lässt, dann fangen sie an, dich zu akzeptieren, und helfen dir sogar, weiter die selbst gestellten Ziele zu verfolgen.

Und so habe ich mich entwickelt, konnte irgendwann mit den verschiedensten Situationen umgehen, ebenso mit Zweifeln, hatte Vertrauen in mich selbst gefunden. Das Vertrauen war nicht vom Himmel gefallen, zu Beginn war es noch nicht sehr stark ausgeprägt. Man hatte mir gesagt, ich sei eine gute Tennisspielerin, ich hätte Talent. Dass ich mit fünfzehn, sechzehn, siebzehn die Deutschen Meisterschaften gewann, war eine Bestätigung dafür. Ich trainierte damals höchstens einmal am Tag, manchmal auch gar nicht. Irgendwann begriff ich: So schaffe ich es nicht, dahin zu kommen, wo ich gern hinwill. Nach und nach gewann ich an mentaler Stärke. Ich wollte es mir unbedingt beweisen, auch wenn ich es nicht schaffen sollte. Mir war bewusst: Ich kann einen Grand-Slam-Titel gewinnen oder ich kann schon nach der ersten Runde draußen sein. Ich wollte einfach nur sehen, was ich wirklich kann. Wenn mir kein Sieg gelingt, so sagte ich mir, ist das nicht weiter schlimm, weil ich alles gegeben habe. Wenn ich gewinne, ist es großartig. Es ging mir darum, alles aus mir herauszuholen, was in mir steckte.

Wichtig dabei war die schon erwähnte Geduld. Ziele, besonders wenn sie größer ausgerichtet sind, erreicht man nicht von heute auf morgen. Man kann etwas nicht nur für eine Woche wollen, man muss schon einige Jahre dafür veranschlagen. Das meine ich auch damit, wenn ich sage, dass ich Wimbledon nicht in zwei Wochen gewonnen habe, sondern zwölf Jahre Vorlauf gebraucht habe. Das Langfristige habe ich mit kleinen Steps kombiniert, sonst hätte ich womöglich schon nach drei Monaten die Lust verloren. So wie man etwa im Fitnessstudio in zwei, drei Wochen die Bank mit fünf Kilo mehr drücken will oder beim Jogging jede Woche einen Kilometer weiter läuft. Diese kleinen Schritte müssen realistisch sein und umsetzbar – und man muss sich auf sie freuen. Sicher, es gibt immer wieder Tage, an denen man sich nicht gut fühlt, an denen man das Gefühl hat, Rückschritte zu machen. Das sind ganz normale Tage. Sie muss man akzeptieren und innerlich Ruhe bewahren. Es gibt eben schlechte Phasen im Leben. Das ist unangenehm, und aus ihnen herauszukommen, macht es nicht einfacher – ich kenne das nur zu gut. Aber es passieren dann auch immer wieder unerwartet schöne Momente. Trotzdem: Die schlechten Momente habe ich nicht vermissen wollen, sie haben mir eine Menge gezeigt. Ohne die schwierigen Zeiten wäre ich nicht die Person geworden, die ich bin. Das muss man sich immer wieder bewusst machen.

Niederlagen hinzunehmen ist nie ganz leicht. Man gibt alles und verliert dann doch. Unzählige Male habe ich mich gefragt: Woran hat es gelegen? Ich habe doch alles probiert, habe mich bestens vorbereitet, und dennoch hat es nichts gebracht, dieser ganze Kampf, dieser ganze Schweiß. Alles vergeblich. Doch schon im nächsten Moment sagte ich mir: Vielleicht kannst du diese Erfahrung später gebrauchen, nur gerade jetzt nicht. Der richtige Augenblick wird noch kommen. Deshalb sollte man sich nicht zu sehr auf Niederlagen fokussieren und sich mit ihnen herumquälen. Womöglich soll es ja so sein.

Dieser Spruch, alles im Leben hat einen Sinn, geht mir inzwischen ziemlich auf die Nerven, da ich ihn bestimmt Tausende Male gehört habe. Aber in der Rückschau wird mir bewusst, dass sich mir dadurch viele neue Türen geöffnet haben. Wenn ich heute niedergeschlagen bin, versuche ich etwas Positives darin zu sehen. Sicher kann man heulen, schreien, jammern, wenn etwas danebengegangen ist, das ist auch unbedingt notwendig. Man darf auch mal ein paar Tage richtig wütend sein, aber dann sollte man sich auch wieder aufraffen und sich sagen: Okay, es geht weiter. Damit geht einher, vermeintlichen Krisen auch etwas Konstruktives abzugewinnen, sie dürfen einen nicht davon ablenken, dorthin zu gehen, wohin einen das Herz trägt.

Zugleich sollte man sich stets bewusst sein, dass jeder Sieg vergänglich ist. Jede Erfolgswelle bricht. Viele Sportlerinnen und Sportler denken, wenn sie es bis ganz nach oben geschafft haben, werden sie dort auch bleiben, es geht immer so weiter – ein fataler Trugschluss. Egal wie erfolgreich eine Karriere war, es kommt eine Zeit, in der jede Siegerin, jeder Sieger an Aktualität verliert und nur noch in der Ahnengalerie eine Relevanz haben wird. Besser wäre in dieser Hinsicht eine gewisse Demut. Über Sieg oder Niederlage entscheiden oft nur zwei, drei Punkte, und am Wochenende darauf spielt man schon wieder woanders, und der Sieg von vergangener Woche ist schnell vergessen. Man sollte Siege genießen, das auf jeden Fall. Ich genieße es immer noch, dass ich meine Grand Slams gewonnen habe, noch mehr als in dem Trubel, der damals um mich herum war. Sieg und Niederlage sind wirklich so nah beieinander. Man sollte deshalb nie denken, dass man durch einen Sieg die ganze Welt erobert hat und über den Dingen steht. Die Realität holt einen schneller ein, als man es glauben möchte. Daher ist es fatal, sein Fundament, die eigene Identität und Wertvorstellung, zu verlassen und falschen Illusionen nachzueifern.

Während ich mir die Zeit genommen habe, die Geschichten für das Buch zusammenzutragen, überkam mich immer wieder das Gefühl der Dankbarkeit – all die Möglichkeiten gehabt zu haben, die Chancen und Unterstützung, meinen Sport mit Liebe und Leidenschaft zu leben. Ich habe erfahren, dass es für alles eine Lösung gibt, man muss sie lediglich finden. Kein Weg ist vorgegeben. Man sollte nur wissen, warum es sich lohnt, niemals seine Ziele und Träume aufzugeben. Es gibt zwei Möglichkeiten: Man versucht es und schafft es, wird als Siegerin ausgerufen – und alle Mühen haben sich gelohnt, alle Tränen, all das, auf das man im Vorfeld hatte verzichten müssen. Die ganzen Hürden, die man hatte nehmen müssen. Die negativen Phasen im Leben, wo man immer kurz davor war, aufzugeben. Tennis ist dann Emotion pur. Ein unfassbares Gefühl. Dies war meine Motivation, jeden Morgen aufzustehen und meine Trainingseinheiten zu absolvieren.

Es gibt aber auch die andere Seite, wenn die eigenen Ziele verfehlt werden. Spielerinnen, die dieselben Träume verfolgen, sich genauso aufopfern, es über Jahre versuchen – doch es klappt nie. Daher ist es umso wichtiger, hinter dem ganzen Prozess und dem langen Weg zu stehen und bewusste Entscheidungen zu treffen. Viele Erfahrungen habe ich in schwierigen Zeiten gemacht, die mich dann später dazu befähigt haben, die richtigen Entscheidungen zu treffen.

Wichtig ist allein, den Anspruch zu haben, sich als Mensch weiterzuentwickeln und stets voranzukommen. Ich bin nie stehen geblieben, habe es jedenfalls versucht. Sicherlich waren auch Zeiten dabei, die einen Rückschritt bedeuteten. Auch das gehört zur Wahrheit dazu. Aber es ist am Ende mein Weg, den ich bis hierhin gegangen bin, so bin ich erwachsener geworden, habe neue Blickwinkel eingenommen, neue Gedanken verfolgt.

Alles kommt zu der Zeit, zu der es kommen soll. Dass ich schwanger wurde, passierte dann doch überraschend schnell. Doch diese neue und wunderschöne Situation ist jetzt Teil eines neuen Lebens, für das ich unendlich dankbar bin. Hoffentlich werde ich auch diesen Abschnitt meistern und die neuen Puzzleteile zusammenfügen. Meine kleine Familie, den Wunsch noch einmal auf die Centre Courts zurückzukehren – in dem Sport, der mir so viel gegeben hat. Und alles andere, was noch an Herausforderungen auf mich zukommen wird. In die Zukunft blicke ich mit Zuversicht und Demut, denn mittlerweile dufte ich viele Erfahrungen sammeln, um zu verstehen, worauf es für mich ankommt.

An dem Traum, meiner aktiven Karriere noch einen letzten Abschnitt hinzuzufügen, den finalen Akt, halte ich fest. Doch ich lasse mir die Entscheidung offen, wie genau sich das gestalten wird – vieles kann man sich wünschen, und dann passieren plötzlich unvorhergesehene Dinge. Wenn die Chance dazu besteht, dann möchte ich es auch richtig machen. Ich möchte spielen, weil ich einfach diese brennende Leidenschaft in mir spüre. Mein Körper ist noch fähig, diese Intensität mitzugehen – was in den vergangenen Jahren zugegebenermaßen nicht immer so war. Und mit dieser Leidenschaft werde ich stets an den Sport herangehen.

Auf jeden Fall möchte ich mich vom Platz verabschieden, nach meinen eigenen Maßstäben, wenn ich spüre, dass die Zeit gekommen ist, das Kapitel endgültig zuzuschlagen. In jedem Fall wird es nicht einfach werden. Doch es wird eintreten, auch wenn ich insgeheim ewig spielen wollen würde. Den richtigen Zeitpunkt zu erwischen und in Würde von der Bühne abzutreten, ist ein Kunststück, das nicht immer gelingt.

Gerade sehe ich auf dem Bildschirm meines Laptops das Ende des letzten Matches von Serena, ihren emotionalen Abschied und Gang aus dem Arthur Ashe Stadium, nach ihrer Niederlage in der dritten Runde. Ihr letztes Spiel nach einer unglaublichen Karriere, ihre letzte Show.

Auch wenn ich eines Tages nicht mehr aktiv Tennis spielen werde, würde ich definitiv weiter in diesem Sport bleiben wollen. Ich könnte mir vorstellen, eine Mentoren- oder Trainerrolle einzunehmen, jungen Spielerinnen das zurückzugeben, was ich gelernt habe. Ich weiß ja nur zu genau, wie unfassbar schwierig es sein kann, seinen Weg zu finden, ich weiß, wie man fallen kann, das habe ich über die Jahre nicht nur bei mir, sondern auch bei anderen Spielerinnen gesehen. Und ich weiß ebenso, wie wunderschön Tennis sein kann und wie man diese Reise zu genießen lernt. Jedenfalls würde ich gern das tun, was ich selbst in meiner Jugend vermisst habe. Nicht jeder Rat, den ich anfänglich bekam, hat mich weitergebracht. Das richtige Umfeld ist entscheidend, aber ich musste meinen Weg weitgehend allein gehen und sehen, wie ich mich aus einem Tief wieder herausholte. Die Wahrheit ist, dass es nur mit Eigenverantwortung geht. Die Bereitschaft zu lernen, wie man etwa mit Druck umgeht, wie mit den Gefühlen bei einem Sieg, wie man es schafft, dass man sich nicht verletzt.

Ich klappe den Laptop zu. Gehe wieder hinaus, in den Spätsommer und in die Landschaft mit den vielen Bäumen und Seen. Meine Familie lebt in der Nähe, was für mich als Familienmensch wichtig ist – aber nicht nur das, ich brauche auch meine Freunde um mich herum. Die Geborgenheit und das Vertrauen, gerade jetzt, da alles im Umbruch ist. Ich bin niemand, der Veränderungen mag, das dauert seine Zeit und fällt mir zuweilen schwer. Ich weiß noch nicht, wie die nächsten Monate genau aussehen werden, es ist vielmehr eine vage Vorstellung. Nicht wie sonst, wenn jede Woche durch meinen Turnierkalender einen festen Rahmen hat. Die Reisen werden erst einmal weniger, der Trubel wird abnehmen und mehr Zeit für mich bleiben. Aber das ist in Ordnung. Die Zukunft kann kommen, denn ich weiß, wer ich bin und welchen Weg ich bis hierhin gegangen bin.

DANK

Zuvorderst möchte ich mich bei meiner Familie bedanken, bei meinen Eltern, meiner Schwester, meinen Großeltern. Sie waren und sind meine treuesten Begleiter, immer für mich da, auch in Zeiten, die nicht einfach für mich waren. Ohne den Rückhalt, die Unterstützung meiner Familie und Freunde hätte ich es nie bis ganz nach oben geschafft und hätte folglich auch diese Geschichte nicht erzählen können. Einmal mehr möchte ich sagen, wie wichtig meine Familie für mich ist und welch großen Platz sie in meinem Herzen hat.

Riesengroßer Dank gebührt Ulrike „Ulli" Weinrich, Sportjournalistin, und Regina Carstensen, Autorin, die mir geholfen haben, diese Geschichte aufzuschreiben. Ulli war vorwiegend für die Tennisfakten zuständig, hat manche Jahreszahl, manches Ergebnis, manche Anekdote richtig erinnert, wo ich mir nicht mehr sicher war. Regina kümmerte sich um den wunderbaren Wohlklang der Sätze und stellte viele richtige Fragen meine Karriere, mein Leben, mein Denken betreffend. Beide sind sie Vollprofis in ihrem Bereich, das schätze ich sehr.

Herzlich bedanken möchte ich mich auch beim Team des Edel Verlags, das mein Buch mit großer Begeisterung in sein Programm aufgenommen hat und in allen Belangen spitzenmäßiges Engagement zeigt.

Nicht zuletzt möchte ich mich bei Stefan Mayr bedanken, der mich über all die Zeit, die dieses Buch in Anspruch nahm, klug beraten hat, etwa zum Aufbau des Buches und zur Erzählweise.

Ein erfahrener Büchermacher, dazu leidenschaftlicher Fan des Tennissports, das habe ich stets gespürt.

Bleibt mir noch Danke zu sagen bei meinen Fans, die mich durch meine Karriere begleitet haben und nun auch durch dieses Buch. Ich hoffe, es hat Vergnügen bereitet, zurückzureisen in die Vergangenheit, meine Erfolge, aber auch meine schwachen Phasen mitzuerleben und bei meinem Wimbledon-Sieg noch einmal mitzufiebern. Ich bin gespannt, welche Leseeindrücke ihr habt, was ihr aus meinem Buch mitnehmt auf euren Weg – ich freue mich, wenn ihr mir davon berichtet.

Wir haben uns bemüht, alle Rechte bezüglich der verwendeten Fotos zu klären. In einigen Fällen ist es uns trotz intensiver Recherche nicht gelungen, die Rechteinhaber zu kontaktieren. Bei etwaigen Rechtsansprüchen wenden Sie sich bitte an uns.

Edel Sports
Ein Verlag der Edel Verlagsgruppe

© 2022 Edel Verlagsgruppe GmbH
Neumühlen 17, 22763 Hamburg
www.edelsports.com

Projektkoordination: Svetlana Romantschuk
Coverfoto: Ben Hassett © Ben Hassett 2016
Layout und Satz: Datagrafix GSP GmbH, Berlin | www.datagrafix.com
Gestaltung von Umschlag und Bildstrecke: Groothuis. Gesellschaft der Ideen und Passionen mbH | www.groothuis.de
Lithografie: Frische Grafik, Hamburg
Druck und Bindung: GGP Media GmbH, Pößneck

Alle Rechte vorbehalten. All rights reserved. Das Werk darf – auch teilweise – nur mit Genehmigung des Verlages wiedergegeben werden.

Printed in Germany

ISBN 978-3-98588-057-7